百年中国教科书图文史

1840—1949

音乐

石鸥 主编

邓兰 编著

国家出版基金项目
NATIONAL PUBLICATION FOUNDATION

SPM 南方传媒
全国优秀出版社
全国百佳图书出版单位
广东教育出版社
·广 州·

图书在版编目（CIP）数据

百年中国教科书图文史 ：1840—1949. 音乐 / 石鸥主编 ；邓兰编著. -- 广州 ：广东教育出版社，2024. 10. -- ISBN 978-7-5548-6446-3

Ⅰ. G423. 3-092

中国国家版本馆CIP数据核字第2024CR6164号

百年中国教科书图文史　1840—1949　音乐

BAINIAN ZHONGGUO JIAOKESHU TUWENSHI　1840—1949　YINYUE

出 版 人：朱文清
丛书策划：李朝明　卞晓琰
项目负责人：林检妹　黄　倩
责任编辑：程亚兰
责任校对：邓丽藤
责任技编：杨启承
装帧设计：邓君豪
出版发行：广东教育出版社
（广州市环市东路472号12—15楼　邮政编码：510075）
销售热线：020-87615809
网　　址：http://www.gjs.cn
邮　　箱：gjs-quality@nfcb.com.cn
发　　行：广东新华发行集团股份有限公司
印　　刷：广州市岭美文化科技有限公司
（广州市荔湾区花地大道南海南工商贸易区A幢）
规　　格：889 mm × 1194 mm　1/16
印　　张：15.25
字　　数：305千
版　　次：2024年10月第1版
2024年10月第1次印刷
定　　价：148.00元

导　论

小课本，大启蒙，大学问，大政治。

需要构建中国特色的课本的学问——教科书学。

教科书学只能建立在多领域、多维度研究成果基础上，尤其是建立在教科书文本丰富、教科书发展史得到基本梳理、教科书理论研究成果突出、教科书使用研究取得明显进展等基础上。

很显然，教科书发展史的研究是重要维度。教科书发展史就是教师教什么、学生学什么的历史，就是教育教学内容的历史，就是一代又一代的先辈对后辈的期望的历史。这种历史的研究，要依赖过往人们的教育活动所保留下来的实物或遗存来进行。本套教科书图文史就是注重遗存的教科书实物的体现——聚焦于1840—1949年我国教科书文本实物。

一

19世纪中叶以来，中华大地风起云涌，巨大裂变在社会的各个领域发生。1862年京师同文馆的成立与大量洋务学堂的创办，标志着我国古代教育的开始退出和新式教育逐渐兴起。新式教育能否成功，很大程度上取决于能否提供适应时代的新式教科书。一代开眼看世界的知识分子行动起来，新式教科书如雨后春笋般涌现，新知识、新思想、新观念如开闸之水，轰然涌入古老的中国。中国传统的知识系统为西方以近代学科为分类标准构建起来的新知识系统所冲击，中华民族壮丽的启蒙大幕徐徐拉开，中国近现代教科书事业也走上了一条可圈可点之路。

教科书是时代的镜子。1840—1949年中国近现代教科书发展历程，折射出中国艰难曲折的变革之路、复兴之路。教科书的发展史，就是中华文明的进步史，是中国社会的变迁史，是中华民族的心灵史。

（一）西学教科书的引进时期

大约处于19世纪中至19世纪末这一时期。科举时代，没有近代意义的新式教育和新式学堂，只有启蒙教育和科举预备教育，学生初学“三百千千”，进而学“四书五经”，我们称之为“教材”，但不是现代意义上的教科书。现代意义的教科书是从19世纪后期开始，伴随着新式学堂而逐渐发展起来的。当时大量西学教科书被教会学校和洋务学堂引进，拉开了中国现代教科书发展的帷幕。这一过程表现出如下基本特征：

第一，现代教科书处于萌芽阶段。作为教科书，这些西式教材的基本要素不全，没有分年级编写，基本上还没有使用“教科书”一词，多用“读本”“须知”“入门”“课本”等来命名。不仅“教科书”文本还未出现，即便现代意义的“科学”也没有找到恰当的名称，所以当时出现了不少类似于“格致”“格物”“火学”“汽学”“名学”“计学”等教材。这些教材整体上处于前教科书阶段，或现代意义的教科书的萌芽阶段。

第二，教科书多从西学编译而来，且多出现在科学技术领域。这些西式教材主题多为洋务运动中最急迫需要的知识类型，如工兵、制造、天文、算学等，同时也适应了当时洋务学堂的教学需要。教材的编译和出版多与教会的印刷机构以及洋务运动的教育与出版机构相关，如墨海书馆、美华书局、京师同文馆、江南制造局翻译馆等。西式教材的编译者主要由中国学者和欧美传教士共同组成。

第三，教科书与一般科技类西学书籍没有明显界限，广泛流布于社会和学堂。19世纪中晚期的中国，从国外译介的西学著作和教材几乎是相同的，没有本质区别。它们既是开明知识分子了解西学的门径，也被充作教会学校和早期新式学堂的教学用书，甚至中国一些地方的书院也多以它们为教材。

（二）自编教科书的兴起与蓬勃发展时期

这一阶段起始于19世纪末南洋公学自编教科书，止于清朝终结。这是教科书的引进与自编自创结合、引进逐渐为自编自创所取代的阶段，是教科书涉及学科基本齐全的阶段，也是教科书要素日益完整的阶段。这一时期产生的教科书，我们一般称为“新式教科书”，以区别于前一阶段的以翻译为主的“西式”或“西学”教科书。有学者认为，“西学”与“新学”二词意义相仿，但新学在1894年后方见盛行。西学更重在引进之学[1]，新学则已经有国人自动、主动建设，用本国语言消化的味道了[2]。这很能够说明近代西式和新式教科书的微妙区别。这一时期的标志性事件是我国第一个近代学制的颁布，延续1300多年的科举制度的废除，以及第一套现代意义的教科书产生。这一时期教科书发展的主要特征是：

第一，学堂自编教科书不断涌现。伴随着科举制的取消，新式学堂迅猛出现，对新式教科书的需求激增，以南洋公学、上海澄衷蒙学堂、无锡三等公学堂等为代表的学堂自主编写的教科书影响大、使用范围广，逐渐打破了编译的西学教科书垄断的格局。

第二，我国最早的现代意义的教科书产生。适应1904年《奏定学堂章程》的正式实施，中国第

[1] 王尔敏. 中国近代思想史论[M]. 北京：社会科学文献出版社，2003：18.

[2] 孙青. 晚清之“两政”东渐及本土回应[M]. 上海：上海书店出版社，2009：12.

一套现代意义的教科书——《最新教科书》（商务印书馆1904年版）出版发行，紧接着由清学部编撰的第一套国定本教科书也开始陆续出版发行。这些教科书首先是以“教科书”命名，其次要素基本齐全，分册、分年级、分学科编写，有配套教授书发行，已经是很完整的现代意义的教科书了。[1]

第三，教科书编写主体发生变化。这一阶段的教科书作者大多是中国学人，以留日学生群体为主，部分教科书原型也来自日本教科书。以商务印书馆和文明书局等为代表的中国本土民间书坊开始加入教科书编写与出版队伍。

（三）教科书的兴盛与规范化时期

时间大致定位在中华民国成立到壬戌学制颁布及其相应的教科书编写出版使用[2]。中华民国的建立，把教科书推向了重要的发展阶段。清末到民国早期，各种思潮纷至沓来，形成了中国历史上教科书受各种新思潮、新主义影响，发展最开放、最活跃的时期之一。新教育思潮下多样化的教科书不断涌现，为民国共和思想的传播和民国教育的发展作出了重要贡献。这一阶段的主要特点有：

第一，清末旧教科书全部退出，民国新政体要求下的新教科书迅速登场。为适应1922年新学制需要，成套而完整的教科书逐渐实现对学校教学的全覆盖，零散的、单本单科的、小型出版机构的教科书逐渐被挤出学校、挤出市场，新教科书编写与出版机构以商务印书馆、中华书局以及后起的世界书局为突出代表。

第二，教科书编写主体再次发生变化。1922年新学制的出台，以适应该学制的教科书的编写出版，把留欧美学生推上了教育的前台。留欧美学生逐渐取代留日学生成为教科书的主要编撰队伍，大批崭露头角的学者参与到教科书的编写中。

第三，以白话文编写的教科书逐渐取代文言文教科书，横排教科书逐渐取代竖排教科书，教科书外在形式基本定型。从表面来看，白话文只是一种语言形式，它与教育内容的新旧无必然的关系。但白话文具有平民性和大众性，对国民文化的普及，对塑造国民全新的世界观、价值观都意义重大，可以说，白话文是传播新文化、新思想的有效载体。民初白话文的使用，使得现代教科书以摧枯拉朽之势普及。同理，没有海量的教科书，任胡适等知识分子如何呼号呐喊，白话文的普及都可能非常缓慢。

（四）多种政治制度并存下的教科书发展时期

这一阶段大致从1927年开始，一直持续到1949年。前期是教科书稳定、制度化并略显沉闷时期；中后期是教科书全面服务抗战、服务尖锐的阶级对抗的时期，是一个统整和分化并行的时期。

[1] 在我们看来，现代意义的教科书要符合如下基本条件：分册、分开级编写，按学科编写，有配套的教授书或教授法。

[2] 因为根据新学制编写的教科书全面投入使用总会滞后于新学制实施几年，所以此阶段约到1927年前后。

抗日战争的爆发致使中国政治格局发生新的变化，由土地革命战争时期中国共产党领导的革命根据地和国民党统治区域，到解放战争时期逐渐分割成解放区、国统区、沦陷区的不同政治气候，形成了不同政治语境下的教科书新格局。

第一，国民党的党化教育、三民主义教育在教科书中强势出现。国统区教科书的编写与出版逐渐往国定本集中，教科书逐渐进入相对平稳甚至沉闷的发展时期，日益规范化、标准化，但也少了开放的生气，少了创新的锐气，教科书发展的兴盛时期结束了。

第二，中国共产党领导的抗日根据地及解放区的教科书呈现出服务抗战、服务党的宣传的鲜明特征。它们为共产党的事业发展和壮大作出了重要贡献，为新中国教科书建设铺垫了基石。

第三，抗战时期，沦陷区教科书的奴化教育色彩浓厚，尤以伪满洲国的教科书为甚。

总体而言，抗战期间的地缘政治导致教科书分化发展，教科书的社会动员与政治宣传功能发挥到极致。

二

尼采说过：重要的不是怀念过去，而是认识到它潜在的力量。而要认识教科书的潜在力量，恰恰又需要认清楚教科书的过去或过去的教科书。这是我们编撰这套教科书图文史的初衷之一。

首先，早期教科书对于我国现代科学具有重要的启迪、导引甚至定型价值。著名学者托马斯·库恩（Thomas kuhn）认为“任何一门科学中第一个范式兴起的附带现象，就是对于教科书的依赖”[1]。中国一些学科的早期发展与定型，几乎都离不开早期教科书。比如，有研究认为张相文《初等地理教科书》和《中等本国地理教科书》的出版，标志着中国民族的新地理学的产生[2][3]。台湾学者王汎森认为，在近代中国建立新知的过程中，新教科书的编撰具有关键的作用，很多学科的第一代或前几代教科书，定义了我们后来对许多事物的看法，史学就是其中的一个[4]。傅斯年在20世纪30年代写了《闲谈历史教科书》一文，称编历史教科书“大体上等于修史”，可见其对教科书的“充分看重”[5]。

其次，早期教科书是传播新思想、新伦理的最适切的工具，是新教育得以成功的最重要的保障。在漫长的传统教育里，“三百千千”“四书五经”等都是不可撼动的经典教材，但是当新学校创办、新课程实施以后，这种不分科、不分年级，不顾教与学，只重灌输的旧教材日益暴露出它的不适应性。旧教材是可以“修之于己”，但不易“传之于人”的文本。旧学堂先生大多是凭经验和

[1] 托马斯·库恩. 科学革命的结构[M]. 金吾伦，胡新和，译. 北京：北京大学出版社，2003：85.

[2] 杨吾扬. 地理学思想史纲要[M]. 开封：河南大学地理系，1984：98.

[3] 林崇德，姜璐，王德胜. 中国成人教育百科全书：地理·环境[M]. 海南：南海出版公司，1994：192.

[4] 王汎森. 执拗的低音：一些历史思考方式的反思[M]. 北京：生活·读书·新知三联书店，2014：33.

[5] 傅斯年. 傅斯年集[M]. 广州：花城出版社，2010：401.

理解来教的，学童大多是凭禀赋和努力来学的，大多的结局是“人人能读经而能经学者无几，人人能识字而能小学者无几，人人能作文而能词章学者无几”[1]。所以，在西学知识大量涌入中国、新式教科书逐渐进入新学堂的时代，理论上旧教材就已经失去了作为新学堂教材继续存在的基础。尤其是废科举、兴学堂之际，旧教材被取代已经是大势所趋。传统旧教材不敌按照现代教育学理论构建的、关注教也关注学的新教科书。当时的士人事实上已经意识到旧教材与新教科书之间的巨大差距，甚至认为，即便教旧内容，也应该用新形式。许之衡1905年就指出，经学乃孔子之教科书，今人能够完全理解者极少，这因为旧教材与今天的新教科书不同，“使易以今日教科书之体例，则六经可读，而国学永不废”[2]。这实际上等于已经承认旧教材不如新教科书效果好。张之洞更是明确表示，中学之“存”不能不靠西学之“讲”。[3]可见，现代意义的教科书闪亮登场完全是时代所需，是应运而生，而且一出现，就以摧枯拉朽之势取代了旧教材，新式教科书地位得以确立。到《最新教科书》出现时，教材的性质发生了巨大的变化，在文本意义上真正实现了教与学的统一，以“教科书”命名的现代新式教科书全面登场，完成了由纯粹的教本、读本向教学结合文本的转型。

再次，早期教科书为我国的现代化进程培养与输送了大批新式人才。到第二次鸦片战争之后，洋务派及当时的先进知识分子基本上已经认识到中国落后于西方，主要是人才的培养落后，是科学技术落后。因此，中国要改变落后挨打的局面，就必须发展新式教育，大力培养人才。而新式教育的成功，依赖于新式教科书。19世纪末20世纪初，中国历史的进程到了一个极具转折意义的时刻，新式学堂如雨后春笋般涌现，一批最不能遗忘的教科书诞生了，演绎了一幕思想大启蒙、科学大传播的历史教育剧，它们为启民智、新民德，培养大批现代社会的呐喊者和建设者，作出了重要的知识贡献和人才储备。

章开沅先生曾经为戊戌变法的失败找原因：“百日维新是幸逢其时而不得其人。”[4]这是非常有道理的。不过，戊戌变法的失败也许还与新教育即开而未开，新教科书即出而未出，即将找到但还没有大规模实践传播改革思想的媒介或工具有关。在这一意义上，确实是“不得其人”。即便在士大夫精英中，有新思想、新知识者也寥寥无几，更不要说普通民众了。这个时候，任变法者颁布的维新诏令雪花般飞舞，也只能看作主观愿望，一厢情愿。社会还没有准备好，心态、舆论、思想、观念都还没有准备好迎接这场变法。所以，不管是谁，都无法完成这场不能完成的变法，它失败得如此迅速也就在情理之中了。谭嗣同曾经自责性急而导致事情不成。其实，性急也就意味着时候还不到，之所以时候不到，是因为新思想之星火还未成燎原之势，人才还没有储备到基本够用。

几年后情况变了。维新变法以后十余年，几乎是新思想、新观念如火如荼的燎原时期，其中新教育、新式教科书教材起了重要作用，它把新思想、新观念传播到千家万户，由此推动了近代中国

[1] 罗志田. 裂变中的传承：20世纪前期的中国文化与学术[M]. 北京：中华书局，2003：143.
[2] 许之衡. 读国粹学报感言[J]. 国粹学报，1905（6）：4.
[3] 罗志田. 裂变中的传承：20世纪前期的中国文化与学术[M]. 北京：中华书局，2003：143.
[4] 章开沅. 改革也需要策略[J]. 开放时代，1998（3）：12-13.

启蒙高潮的形成。严格地说，辛亥革命的成功一定程度上与当时的变革舆论的传播和革命思想的宣传有密切关系。当时初步的民主自由的思想、宪政共和的观念随着海量新式教科书铺天盖地而来。以《最新教科书》为例，1904年一经出版便势不可挡，在那毫无现代化营销渠道的时候，“未及数月，行销10余万册”[1]。1907年有传教士惊叹，商务印书馆“所编印的优良教科书，散布全国”[2]。民智为之而开，民德为之而新，武昌的枪炮声尚未完全平息，许多地方已经插上了革命的旗帜。读书声辅佐枪炮声，革命的成功乃成必然。没有教科书的普及，就不会有民众思想与观点的前期储备，就不会有辛亥革命的一呼百应。某种意义上，教科书的出现比康有为等人深邃的著作，对普通民众的影响更大。

最后，早期教科书是中国课程与教学论的重要研究领域，它对今天的教科书建设仍具有难得的参考价值。早期教科书的内容结构与形式呈现，选文的经典性与时代性、稳定性与变迁性，作业设计与活动安排等，都是今天课程教学论需要研究的，都是教科书编写值得参考的。课程教学历史不是一个个文本，可离了文本，历史难以企及。今天看来，几乎教科书的所有要素、结构与类型，都发生并完成在19世纪后期至20世纪20年代，以后只是在这些基础上的漫长提质过程。我们完全可以从今天的教科书中看到百年前教科书的样子。遗憾的是，总体上我们对这一时期的教科书研究还不够，这是一个学术开拓空间非常广阔的研究领域。教科书是一个跨学科、综合性的资料库和研究域，种类繁多的教科书，对政治、经济、文化、教育有全方位的反映和描述，是研究该时期社会思潮、观念认识、语言形态、乡风民俗、价值观、人生观等领域的鲜活而宝贵的历史材料。大部分学科可以从中获取本学科需要的早期研究史料及发展素材。这是一个没有断裂的、连续的而又变化的学科发展史的活资料库。难怪不同学科的科学史专家对现代科学引入、发展与定型的研究几乎都要盯着早期教科书。[3]

三

几乎没有教科书可以溢出教科书史的范畴，也几乎没有一个教科书文本能够挣脱教科书史的发展谱系而天然地、孤立地获得价值。教科书一定是继承的，也是创新的；一定是独立的文本，也是系列文本。站在教科书的历史延长线上，摆在我们面前可资借鉴的精神遗产既广阔又复杂。系统梳

[1] 王建军. 中国近代教科书发展研究[M]. 广州：广东教育出版社，1996：111.

[2] 林治平. 近代中国与基督教论文集[C]. 台北：宇宙光出版社，1981：219.

[3] 比如郭双林著《西潮激荡下的晚清地理学》（北京大学出版社2000年版）、邹振环《晚清西方地理学在中国：以1815至1911年西方地理学译著的传播与影响为中心》（上海古籍出版社2000年版）、杨丽娟《地质学在中国的传播与发展：以地质学教科书为中心（1853—1937）》（浙江古籍出版社2022年版）、张仲民等《近代中国的知识生产与文化政治：以教科书为中心》（复旦大学出版社2014年版）等，甚至本杰明·艾尔曼《中国近代科学的文化史》（上海古籍出版社2009年版）等，都把早期教科书与早期科学的发展紧密关联起来。

理其实很难，厘清它们的背景与意义更难。本套书涉及的教科书覆盖1840—1949年晚清民国中小学主要学科。而在清中晚期，学堂课程并未定型，很多学科边界也不明晰，教科书本身也未定型，诸如格致教科书、博物教科书、蒙学课本、蒙学读本等均属于这种情况，均有综合类教材的色彩。一些教科书按今天的课程命名不好归类，一些教科书更是随着课程的选取而昙花一现，这都给我们今天的梳理带来了困难。所以，有些早期教科书也许出现在不同分卷上，比如格致教科书，有可能出现在物理卷，也可能出现在化学卷、生物卷。同理，也有些早期教科书因为分类不明晰，所以各卷都可能忽视、遗漏了它。也有些教科书实在不好命名，比如早期的修身、后来的公民一段时期也出现过“党义”“三民主义”等等，都和今日之课程名称不能完全对应。

教科书发展史的梳理需要依赖过去师生用过的文本，这是历史上的课堂教学活动仅存下来的几种遗存之一。本套书的一个特点就是看重教科书实物，这遵循了我们的研究原则：不见课本不动笔，不见课本慎动笔。我们很难想象离开教科书实物的教科书脉络的梳理。无文本，不研究，慎研究。就好像中国的小说史、诗歌史、电影史研究，甚至任何文本研究，离开文本，一切都是浮云。特别是教科书，它和其他任何文本不一样，因为其他文本都有独一无二的名称，独一无二的作家，一提起某某人的某某书，大家就有明确的指向性，绝不会混淆犯晕，研究者和读者可以在同一文本上展开对话。比如曹雪芹的《红楼梦》，茅盾的《子夜》。唯有教科书是名称高度雷同的文本，我们说“历史”，说“数学”，几十年上百年一直这么说，成百上千的、完全不一样的文本都是这个名称，因此让研究者和读者很难迅速在同一文本上展开对话的命名，如果不展示文本的实物图像，很容易让人云里雾里一时半会进不了主题。如何让读者明白我们是在讨论这本《历史》，而不是那本《历史》？

由此，本套书特别关注图文结合，简称“图文史”。适时展示教科书实物照片，让读者能够比较清晰地知道我们在讨论哪一种教科书。而且，以图证史、以图佐文也是我们的重要追求（沿袭了《新中国中小学教科书图文史》的风格）。南宋史学家郑樵曾在《通志·图谱略》中谈到图文结合的价值是“左图右史”“索象于图，索理于书”。足见图像对学理呈现的重要性。确实，有时图像比文字包含更多的东西。英国著名史学家彼得·伯克（Peter Burke）在《作为证据的图像：十七世纪欧洲》（*Images as Evidence in Seventeenth-Century Europe*）一文中提出，图像是相当重要的历史证据，要把图像视为“遗迹”或“记录”，纳入史料范围来处理。他著有《图像证史》（北京大学出版社2008年版）一书，专门研究怎么让图像说话。在他看来，现在的学界已经出现了一个“图像学转向”（Pictorial Turn）。

本套书以时间为经，以学科为纬，以文领图，以图辅文，由语文（国语、语文）、数学（含珠算）、外语（英语、日语、法语）、科学、物理（含格致等）、化学、生物、德育（修身、公民、政治）、历史、地理（含地文学、地质学等）、音乐、体育、美术共13册组成。这套书与《新中国中小学教科书图文史》（广东教育出版社2015年版）衔接贯通，比较系统地呈现出一个多世纪以来中国近现代中小学教科书的发展历史，也算了却我们一个心愿。

这套书的编写非常艰难。一是作者的组织不易。从事教育史、学科史研究的学者相对较多，即便是学科课程史也有不少研究者，但长期研究教材史（像内蒙古师范大学的代钦教授之于数学教材史、上海师范大学的胡知凡教授之于美术教材史）的学者还是相当少的，长期研究教材史而又有暇能够参与本套书编写的人更少，能够集中一段精力主动参与本项目的研究者更是少之又少。二是虽然我们最后组织了一个小集体，但这些作者多是高校的忙人，有的还是大学的校级领导，尽管他们已经尽力了，但让他们完全静下心来如期而高质量地完成任务还是很难。三是项目进行期间遭遇三年新冠疫情，而要较好地完成这套书，需要翻阅大量教科书文本实物，疫情使得我们几乎没有办法走进首都师范大学教科书博物馆，更不要说将书中文本与实物一一对应，而有些文本的照片及其清晰度又几乎是必不可少的。这一切因素都直接影响了本套书的进展，也影响了书中一些照片的品质，加之受限于作者和主编的水平导致各卷质量多少有些不均衡，难免遗憾。还有方方面面不必一一言说的困难。说实在的，我这个主编有时候很有挫败感，也很难受。不仅我难受，有些作者也被我逼得很难受，逼得他们害怕收到我的微信，逼得他们害怕回复我的要求。对不起这些作者！感谢之余，希望得到他们的谅解。

主编难，作者难，责任编辑也很难。

难为广东教育出版社的卞晓琰、林检妹、黄倩及其团队成员了。他们要面对作者，面对主编，面对多级领导，面对一而再再而三进行的审读与检查，面对有时候模糊不清的照片和让人提不起神的文字。他们要一一解决，一一突破。他们做到了，只是多耗了一杯又一杯的猫屎咖啡，多熬了一个又一个的漫漫长夜。面对他们的执着与认真，我们还能松懈、还敢松懈吗？我们的水平不易提高，态度还是可以端正的。感谢他们！

感谢广东教育出版社社领导多年来的支持与看重。曾经有学界朋友对我说：你们的成果要是在北京的国家级出版社出版就好了！我笑笑。我以前说过：我看重认真做我们的书的人和出版社。今天我还是这么说，我依然把郑重对待一个学者的学术成果作为选择出版社最重要的标准，这就是我们选择广东教育出版社的原因。感谢他们！感谢广东教育出版社几任社领导及其具体操持者对我们作品的看重！

感谢时任教育部教材局局长、现在是我的同事的田慧生教授长期对我们的关心！感谢首都师范大学孟繁华教授对我们研究成果的支持！感谢首都师范大学教育学部、教育学院及首都师范大学教科书博物馆提供的各种帮助与便利！感谢我的同事和我们可爱的博士、硕士团队！感谢给我们直接、间接引用了其研究成果或给我们以启发的所有专家学者！感谢在心，感激在心，感恩在心。

2024年7月20日于北京学堂书斋

（石鸥，首都师范大学教育学部教授、博士生导师）

目 录

1840 1912

1927 1937

第一章

晚清音乐教科书的滥觞与发展（1840—1911）

1840年的鸦片战争，是一场民族之殇，它打破了清政府自以为是的瑰丽假象，却也铺开了一场对中华传统文化造成猛烈冲击与重构的叙事。中国的音乐文化发展在猝不及防中被打乱了秩序，与中国几千年来传统宫廷音乐、戏曲音乐、民间音乐、器乐音乐都不同的西洋音乐，也随着西方传教士的脚步进入中国。这些西方音乐披着神圣的教会思想外衣，又或者是教会思想披着音乐的外衣，以期温和地、浸入式地传播。但撇开思想的入侵不谈，教会音乐自有其独立的审美价值，它的传播有着非常重要的中国近代音乐启蒙意义，为了系统地、准确地传播它而编写的教会学校音乐教科书，是中国近代音乐教科书的发端。

真正由中国人自己编写的音乐教科书是伴随着现代学制的出台和普惠大众的学校教育而出现的，也是伴随着抵御外敌、自强不息、振兴中华的使命诞生的。魏源在《海国图志》中提出了“师夷长技以制夷”的主张，在维护封建皇权的前提下，清政府打开了西学之门，发动了一场自上而下的改良运动。教育在这场革新中有着浓墨重彩的一笔，音乐因其独特的精神教育作用而逐渐在各种教育法规和实际教学中占有一席之地，学堂乐歌式的歌集成为中国近代学校音乐教科书发展初期的主要模式。

1911

第一节
教会学校音乐教育及教科书的编写

西方传教士与教会在中国创办学校和设置音乐课程，是传播教会音乐和西洋音乐知识的一个重要渠道。1842年由澳门迁入香港的马礼逊学堂，在原有中文、英文、地理、数学等课程的基础上增设了音乐课，是目前所知中国最早开设音乐教育的新式学堂。

一、教会学校的音乐教育

教会学校是中国人最早在新式学堂中接受音乐教育的场所，是西洋音乐输入中国的重要途径。1839年，马礼逊教育协会为纪念英国最早来华的基督教传教士马礼逊，在澳门创建马礼逊学堂。1842年，马礼逊学堂由澳门迁至香港，并增设音乐课，这是“现知中国人最早在新式学校中接受音乐教育的学堂”[1]。音乐在马礼逊学堂得到了相当的重视，除了借此传播基督教教义、拓展学生的思维之外，音乐课程“还旨在对学生的品性进行潜移默化的熏陶和影响，使学生在德、智、体方面都得到发展”[2]。

继马礼逊学堂之后，一些其他教会学校也开展了音乐教学，尤其在第二次鸦片战争后，随着一系列不平等条约的签订，传教士在中国的活动日益频繁，西洋音乐作为传授教义的重要途径，也得到了极大的传播。1845年，美国基督教会在宁波创办崇信义塾，旨在培养本地传教人士；教学课程以圣经教义为主，另有中国经书、作文、数学、地理、天文、音乐等课程。该校1867年迁至杭州，改名为“育英义塾”，1914年改名为“之江大学”，并开设音乐课。1860年，美国基督教长老会传教士范约翰（John M. Farnham）夫妇在上海开设清心书院，以作养育青年之计，次年附设女塾。清心书院课程设置以切实有用为原则，除国文之外，还包括天文、地理、格物、算术等科目。男女学生分堂教授，课程悉同，但只有女校开设音乐课，且极为重视，教学效果甚佳，以至数年后该校学生的音乐水平和才能在上海都有了一定的知名度和社会影响。

除狄考文（Calvin Wilson Mateer）和其妻狄邦就烈[3]（Julia A. Brown）1864年在山东所办的登

[1] 孙继南．中国近现代音乐教育史纪年：1840—2000[M]．济南：山东教育出版社，2004：4.

[2] 宫宏宇．基督教传教士与中国学校音乐教育之开创：上[J]．音乐研究，2007（1）：7.

[3] 邦就烈为原名，婚后改名狄邦就烈，研究者多简称狄就烈。

州蒙养学堂外，1861年，范约翰夫妇在上海创办了清心女校，应思理（Elias B.Inslee）夫妇在杭州创办了男女书塾。

纵观当时教会学校的音乐教育，主要有以下几个方面的特点：

第一，取音乐教育的功利性价值，用以传教布道。教会学校重视音乐教育的主要目的不在于培养提升学生的音乐素养或促进中西方音乐交流，而在于通过音乐这种喜闻乐见、富有感染力的形式传播教会的信仰，以达成西方知识文化体系的渗透。

第二，引进或自创新的教学法，教授西方音乐知识体系。教会学校是近代西方音乐得以传入中国的主要途径，中国传统口传心授式的教学法，显然不是教授西方音乐体系的有效途径。比如，在马礼逊学堂校长布朗眼中，中国传统的教育方式存在着许多缺陷，其中最有害的一点就是对儿童创造力、想象力的束缚。针对中国旧式教育为通过科举而强调死记硬背这一缺陷，他主张在教学中引进西方现代科学和艺术方面的知识。[1]因此，传教士积极引进或自创了一些新的教学法，以系统教授视唱、乐理、歌曲的学唱、器乐音乐的学习等，如传教士倪维思的妻子海伦・倪维思在教学中就摸索出了一套自认为教授中国学童学习外国音乐体系“最实际可行的方法”。“结果，‘中国儿童很容易的就学会了识谱’，而且还掌握了多声部歌唱技巧。”[2]同时，“除了引进集体歌咏这一新的演唱形式，五线谱、Tonic Sol-fa记谱法、符号五线谱等音乐知识外，教会学校也是最早提供西洋器乐教育的场所”[3]。

第三，汲取中国传统音乐的养分，有效展开音乐教学。在教学过程中，许多传教士意识到，以中国人熟悉的音乐语汇进行教学，能够使人们更愿意和易于接受，如长老会的范约翰夫人、英国基督教新教浸礼会的李提摩太夫人、美国基督教新教监理公会的查尔思・禅朴尼思（Charles S. Champness）和活跃于华中地区的阿瑟・波塞（Arthllr Bonsey）等都曾经尝试用五声音阶配歌，将一些经典的圣诗乐曲按中国的音阶进行改编，以及选取没有半音的西方乐曲进行教学活动。

上述这些教会学校的音乐教学特色，既动态地体现在教学过程中，也静态地体现在当时的教会音乐教科书中，是当时音乐教科书编写的基本原则。

二、教会学校音乐教科书的编写

最初的教会学校已经非常重视音乐教科书的编写，一开始是传教士自己编写、翻译，其中影响较为广泛的是狄邦就烈编写的《圣诗谱・附乐法启蒙》。该教材的要旨在于对学生进行西方基本乐理知识的传授和视唱训练，以便指导学生更好地学唱圣诗。1877年5月，基督教在华传教士会议在

[1] 宫宏宇. 基督教传教士与中国学校音乐教育之开创：上[J]. 音乐研究，2007（1）：7.

[2] 宫宏宇. 基督教传教士与中国学校音乐教育之开创：上[J]. 音乐研究，2007（1）：8.

[3] 宫宏宇. 基督教传教士与中国学校音乐教育之开创：上[J]. 音乐研究，2007（1）：16.

上海举办，会议推举韦廉臣、狄考文、傅兰雅、林乐知等人组成学校与教科书委员会（亦称“益智书局”，后更名为“中华基督教教育协会”），专门负责教科书的编辑出版工作，这意味着教会学校教育开始进入整体性和系统性的轨道。计划内统一编订的教会教科书随之出版，分别供初等学校和高等学校使用。其中，音乐教科书有声乐和器乐两种，主要有：由韦廉臣夫人和狄邦就烈共同负责编撰的音乐教科书《声乐和器乐》；狄邦就烈补编后的《乐法启蒙》经多次重印，1892年以《圣诗谱·附乐法启蒙》为书名在全国发行。此外，还有李提摩太（Timothy Richarde，1845—1919）编写的音乐教科书《小诗谱》。

教会学校音乐教科书所作的最大努力不在于呈现什么样的知识，而在于如何呈现知识。为了让中国人能顺畅地接纳这种外来的音乐形式，教科书的编写者努力在西方抽象的音乐名词和中国传统乐学概念之间建构联系。于是我们可以看到西方乐谱与工尺谱的对比呈现，可以看到西方的赞美诗和带有中国民歌意味的颂歌同时出现，可以看到用“甲、乙、丙、丁、戊、己、庚”来对应音名“C、D、E、F、G、A、B”，还有“元、亨”等这样一些符合中国话语体系的符号。正是在这种尝试亲近的表达中，捧着音乐教科书的中国人，慢慢了解了西方的音乐常识、乐理知识；慢慢从演唱单声部歌曲到二声部歌曲再到四声部歌曲；直至尝试运用学到的创作技法进行歌曲创作或填词歌唱。中国的音乐文化从被动接受慢慢变成了主动进取，学堂乐歌应运而生，这一批捧着教会学校音乐教科书的学生也慢慢变成了中国近代音乐文化发展的先驱。

第二节
晚清中小学音乐教育及教科书的发展

一、现代学制与音乐课程的开设

1. 音乐课在学制中的缺失和地方音乐课程的开设

康有为在光绪二十四年（1898）六月向光绪帝呈交了《请开学校折》，指出当时清政府不设学校只设科举的制度不利于人才的普遍性培养，故应向欧美各国学习，“而创国民学，令乡皆立小学。限举国之民，自七岁以上必入之。教以文史、算术、舆地、物理、歌乐，八年而卒业”；同时指出“请远法德国，近采日本，以定学制”。[1]这是中国近代史上第一次正式提出学校应开设音乐课程。1902年8月，清政府颁布了“上溯古制”，参照欧美和日本学制拟定了一系列学堂章程，即《钦定学堂章程》，又称“壬寅学制”。这是我国近代第一个正式颁布的系统完备的学制规定文件，不过其中所规定的从小学到大学的课程科目中并没有音乐课程，而且该学制最终也并未得到实际实施。

1904年1月，清政府颁布《奏定学堂章程》（又称“癸卯学制”），根据初等教育、中等教育、高等教育等几个阶段的划分，对学校教育的课程设置、教育行政及学校管理等作了明确规定。在其《学务纲要》中对音乐课开设的建议是：“至于移风易俗，莫善于乐。秦汉以前，庠序之中，人无不习。今外国中小学堂、师范学堂，均设有唱歌音乐一门，并另设专门音乐学堂，深合古意。惟中国古乐雅音，失传已久。此时学堂音乐一门，只可暂从缓设，俟将来设法考求，再行增补。”由此可见音乐课还不在正式的课程之列。其他零星之处是在蒙养院的教学规定中提到“歌谣”，在中小学堂、师范学堂章程内的“读古诗歌”中隐晦提及，由此可以看出，清政府对于开设音乐课的态度颇为含糊：虽认同音乐课的价值，也认为应该在体制中予以体现，但认可的理由仅在于音乐能“移风易俗”，而且只推崇古乐雅音，否则情愿暂缓。

虽然法定的学堂章程并没有规定要开设音乐课程，但实际上在地方的一些学校中，已经将音乐课纳入了正式的课程，有些还颇为重视。1899年，杭州知府林启创立的养正书塾就开设有音乐课。由吴馨1902年10月创建于上海的务本女塾，尤为重视音乐课，认为“唱歌要旨，在使谙习歌谱，以

[1] 张静蔚. 中国近代音乐史料汇编：1840—1919[M]. 北京：人民音乐出版社，2004：98-99.

养温和之德性，高洁之情操”，并聘用日本人为音乐教习。1902年，学部侍郎严修于天津创办严氏女塾，聘日本籍教习教日语及音乐，学制分初小、高小两级，均开设音乐课。1903年，沈心工自日本留学归来，在上海商务学堂附属小学堂开设唱歌课，并率先授以简谱歌曲，积极开展乐歌活动，影响极大。1903年5月，爱国女学开设唱歌课，该校由蔡元培等人在1902年发起、创办，校址在上海。爱国女学1904年公布的学校章程将唱歌正式列入计划，学制分预备科、普通科和特别科三级，其中预备科和普通科每学年均将唱歌作为必修课开设；1914年，添设体育师范科，学制二年，该科学生可选习音乐课，每周课时6小时，声乐、钢琴、理论各2小时，为学生毕业后能兼任体育和音乐教学做准备。1903年，内蒙古喀喇沁亲王府内创设毓正女学堂，每周开设两节音乐课。1904年，教育家杨白民在上海创立城东女校，设文艺科，尤重音乐、图画、手工、文学等课。1905年，无锡私立竞志女学建立，周佩珍为专任乐歌教员，校长侯鸿鉴及其妻子为兼任乐歌教员。1906年，上海崇实商学会建立附设小学堂，分初等、高等及商业速成三科，各科均设有乐歌课。

2. 音乐课在学制中的逐渐显现

1907年，清政府学部颁布了《学部奏定女子小学堂章程》，该章程规定女子学堂分为初、高两等，学制各4年，并第一次将“音乐”列为初、高等小学堂的随意科目，规定“音乐一科可置专科教习”。对于音乐教学的说明为：“其要旨在使学习平易雅正之乐歌，凡选用或编制歌词，必择其切于伦常日用有裨风教者，俾足感发其性情，涵养其德性。其教课程度，在女子初等小学堂，宜不用表谱，授以平易之单音乐歌；在女子高等小学堂，先准前项教授，渐进用表谱授以单音乐歌。”同年颁布的《学部奏定女子师范学堂章程》将音乐课列为必修科目，前两年每周1小时，后两年每周2小时，但同时指出：“其音乐一科，生徒中察有实在学习困难者，可不课之。”关于音乐教学的原则规定为：“其要旨在使感发其心志，涵养其德性，凡选用或编制歌词，必择其有裨风教者。其教课程度，授单音歌复音歌及乐器之用法，并授以教授音乐之次序法则。”这两部章程的颁布使得音乐课程在我国近代国家教育体制中有了一席之地。1909年，清政府批准的《学部奏变通中学堂课程分为文科实科折》中记载有：“乐歌乃古人弦诵之遗，各国皆有此科，应列为随意科目，择五七言古诗歌词旨雅正音节谐和、足以发舒志气，涵养性情，篇幅不甚长者，于一星期内酌加一二小时教之。”1909年5月15日，清政府批准《学部奏改〈初等小学堂章程〉》，增加乐歌为随意科。1910年12月30日，学部奏改两等小学堂课程，规定在高等小学堂增设乐歌为随意科。[1]

上述两个关于开办女子学堂的教育章程，促进了女子学堂的开办，彰显了音乐教育的地位。1907年，中国体操学校在上海成立，学制一年半，招收高小毕业生，其中音乐课是女子部的主要课程之一。1909年9月，天津中西女子中学创立，该校是一所教会学校，音乐为必修科目，音乐教师

[1] 孙继南. 中国近现代音乐教育史纪年：1840—2000[M]. 济南：山东教育出版社，2004：39-40.

有美籍传教士苏明德等，所使用的音乐教材是直接从国外订购的。1909年，江宁女子美术专修学堂成立，开设琴歌课。1908年，湖南周南女学堂设体操、音乐专修科。

随着学校音乐教育的逐步展开，清政府在音乐师资培养方面也开始设立专业机构。1908年2月，直隶学务公所附设体操音乐传习所在天津成立，这是中国近代官办最早的一所专门培养音乐、体操师资的教育机构。该所的负责人毕业于日本东京音乐学校，开设的音乐课程有乐典、和声学、唱歌、独唱、洋琴、风琴、洋弦等，学制一年。音乐师资的培养，是音乐教育专业化进程中不可或缺的一项，是音乐教材内容得以有效实施的重要保障，反过来也促进了音乐教材向着专业化和系统化的方向不断完善。

二、乐歌与乐歌课

1. 基本概念界定

这一时期出现了一个十分重要的词汇——“乐歌”，“学堂乐歌”指的是随着新式学堂的建立而兴起的歌唱文化。1903年2月，沈心工自日本留学回来，在上海商务学堂附属小学堂开设唱歌课。1904年，沈心工为“养成小学唱歌教员”、传授“新编学校用歌及风琴手法”，在上海创办乐歌讲习会，“乐歌”一词由此在民间得以普及、应用和推广。以沈心工等人为代表的乐歌创作者，多重于引入西方的音乐创作手法，以弥补中国传统音乐的不足。采用国外的曲调，填入中国的歌词，是当时最典型的创作手法，后人所称的“学堂乐歌”特指此类。然而，我国最早的学堂乐歌并非出自沈心工，有史料载：江苏同乡会于1903年9月、10月在日本东京编印出版的《江苏》杂志第6、7两期曾先后发表了曾志忞的《乐理大意》和《唱歌之教授法及说明》，并刊出五线谱与简谱对照的《练兵》《游春》《扬子江》《海战》《新》《秋虫》等6首歌曲，这是目前所见我国最早公开发表的源于西方的乐理教材和学堂乐歌。不过“最早公开发表”并不等同于“最早创作”，中国学堂乐歌创作的历史还可以再往前推衍。据孙继南考证，山东登州《文会馆志》“文会馆唱歌选抄”中所载的10首歌曲，大多是当时在文会馆上乐法课的学生所作，《文会馆志》有曰：“昔者，文会馆同学一堂，每以讴歌相尚，或行赛论会、庆贺毕业生，尤须预事演习，兴高采烈。累年所积，计数百篇。兹择词谐调和、长幼乐咏者排印于左……”这些歌曲多根据欧美流行歌曲或赞美诗曲调填词，这些才是目前所见最早形式的学堂乐歌，其中周书训（1888年毕业于文会馆）编写之《赏花》，有可能是我国近代最早的乐歌。而冯志谦的《恢复志》则是中日甲午战争后的作品，中日甲午战争时他正在文会馆接受狄邦就烈的音乐教育，这是我国早期一首反映中华民族在灾难中觉醒和崛起的爱国歌曲。“文会馆唱歌选抄”当属目前所见我国近代最早的一本乐歌歌集。[1]

[1] 孙继南．我国近代早期“乐歌”的重要发现：山东登州《文会馆志》“文会馆唱歌选抄”的发现经过[J]．音乐研究，2006（2）：73-77.

“乐歌”一词最早见于官方，则出现于1909年5月15日清政府批准的《学部奏变通中学堂课程分为文科实科折》中。文件提出将“读古诗歌”改为“乐歌”，同一天，清政府批准《学部奏改〈初等小学堂章程〉》，增设“乐歌”为随意科。自“乐歌”在上述文件中被提出后，就开始替代“音乐”和“唱歌”一词，被广泛地运用于学校课程名称中。这种现象一直延续到1912年中华民国成立后教育部所颁各级教学规程对音乐课的命名，除小学一度称“唱歌”外，中学、师范、高师一律称“乐歌”。有研究认为，教育领域“乐歌”一词的提出，与时任学部编译图书局局长的袁嘉谷不无关系。据载，袁嘉谷是中小学教育史上负责编写中小学教科书的第一人，如今通用的“星期”“乐歌”等名词，即是当时由袁嘉谷规范的。不管民间和官方对“乐歌”内涵的理解是否存在偏差，但以“乐歌”来称当时的音乐课却是双方的共识，且这一时期的音乐课基本上是唱歌课。

2. 乐歌创作的特点和价值取向

这一时期，无论是学堂乐歌的创作、乐歌教材的编写，还是乐歌课的教学，都受日本影响巨大。明治维新失败以后，有志之士纷纷赴日留学，从理念、制度、内容、形式、场所、设备等各方面对日本音乐教育做了全方位的考察，并在经验总结的基础上进行了教育实践探索。以梁启超为例。他在流亡日本期间对音乐教育的价值进行了大量的论述，如他在《新民丛报》上连续刊出的《饮冰室诗话》提到，“欲改造国民之品质，则诗歌音乐为精神教育之一要件”，“今日不从事教育则已，苟从事教育，则唱歌一科，实为学校中万万不可阙者。”[1]中国近现代音乐教科书创始人沈心工于1902年4月赴日本弘文学院学习。日本聘请的美国音乐教育家在音乐课程的设置、音乐师资的培训、音乐教材的编写、传授西洋音乐文化上对日本进行协助，在振奋民众、发展国力上取得了卓越的成效，这给了他极大的触动。于是沈心工组织中国留学生成立了“音乐讲习会”，专门聘请日本音乐教育家铃木米次郎为师，讲授乐歌的创作，这是国人举办近代音乐讲习活动的首创。沈心工也借此尝试创作了他的第一首乐歌《男儿第一志气高》（又名《体操》），这是我国近代音乐史上最早的乐歌之一。沈心工还是第一个把简谱从日本引进我国的音乐教育家。另外，还有项文瑞在《东游日记》中提到：幼稚生……即排座唱歌，初唱《天长节歌》、次唱《蝶歌》……次唱《雀歌》、次唱《桃太郎歌》……次唱《花炭歌》……次唱《教育歌》……次唱《君代歌》……又唱《铁道歌》……次唱《落花歌》……《拾花歌》。[2]缪荃孙在《日本考察公务游记》中写道：“记音节之方法，仿之欧洲，乐器皆自欧洲来，而曲中词义音节，则本国教育家、文家及音乐家所议定。”[3]

对于日本音乐教育在内容上的循序渐进性、歌曲的教化性、记谱法和乐理知识仿欧美性的考察

[1] 孙继南. 中国近现代音乐教育史纪年：1840—2000[M]. 济南：山东教育出版社，2004：16.

[2] 张静蔚. 中国近代音乐史料汇编：1840—1919[M]. 北京：人民音乐出版社，2004：86.

[3] 张静蔚. 中国近代音乐史料汇编：1840—1919[M]. 北京：人民音乐出版社，2004：88.

与汲取，广泛影响了当时中国学堂乐歌的创作和与之相应的音乐教科书的编写。这一时期学堂乐歌的创作，曲调大多出自国外，以日本为最，其次是欧美国家和地区，如《十八省地理历史》的曲调来自日本小山作之助作曲的《日本海军》，《中国男儿》的曲调也是用小山作之助的《宿舍院中的旧吊桶》，《体操》的曲调来自日本游戏歌曲《手指游戏》，《扬子江》的旋律来自日本多梅稚作曲的《铁道唱歌》，《何日醒》的曲调引自日本奥中朝贡作曲的《樱井的诀别》，《送别》的曲调采用了美国奥德威作曲的《梦见家和母亲》的旋律，《白兰花》采用的是爱尔兰民歌《夏日最后的玫瑰》的音调，《春游》的曲调引用了美国梅森作曲的《一泓泉水》，等等。

也有为数不多用中国传统曲调或民歌来填词的学堂乐歌，如李叔同作词的《祖国歌》的曲调来自民间乐曲《老六板》；沈心工作词的《缠足苦》的旋律来自民间小调《孟姜女》，《采茶歌》的曲调来自安徽民歌《凤阳调》；华航琛作词的《女革命军》的曲调来自民间小调《梳妆台》等。还有一些音乐人自己作词作曲的少量学堂乐歌，如杨度作词、沈心工作曲的《黄河》，沈心工作词、宋云生作曲的《美哉中华》，沈心工作词作曲的《革命必先格人心》《军人的枪弹》和《采莲曲》，李叔同作词作曲的《春游》（三部合唱）、《早秋》；李叔同作曲、叶清臣作词的《留别》（二部合唱）等。[1]

学堂乐歌的题材广泛，以塑造学生的“新国民品性”为核心价值取向，在激发爱国心、塑造强健体魄、宣传新思想、弘扬新道德、培养新人格、普及新知识等方面不遗余力地进行着表达。在激发爱国心方面，最有代表性的当数梁启超填词的《爱国歌》：“泱泱哉我中华！最大洲中最大国，廿二行省为一家。……结我团体，振我精神，二十世纪新世界，雄飞宇内畴与伦！可爱哉我国民！”王光祈曾将其词、谱全部引录于《各国国歌评述》中，并说：“十五年前，中国学校内所最流行的爱国歌要算是梁任公先生的‘泱泱哉我中华’。……其中所含激刺国民感情的成分确不少。”[2]激励塑造强健体魄的乐歌当以沈心工的《体操》为代表。宣传新思想的乐歌值得一提的是通过宣扬女权主义的歌曲，来彰显“自由”“平等”的思想，如《勉女权》《女军人》《自由结婚》《平权》《女国民》等。这一时期弘扬新道德的题材多与传统旧式的道德规范相背离，甚至在对旧道德的批判中刻意划清界限。但在清政府尚处于统治阶级的革新社会，新旧道德的博弈在所难免。光绪三十三年三月初七日（1907年4月19日）的天津《大公报》（第1712号）之“提学司示谕”一栏就有对《女学唱歌集》中《复权》歌词的批评，原文如下——“出示严禁事：案奉学部札，开查文明书局所改《女学唱歌集》，内有‘自由结婚’歌云‘记当初指环交换，着平生最敬爱的学堂知己’，又云‘可笑那旧社会，全凭媒妁通情’等语，与中国之千年相传礼教及本部《奏定女学堂章程》均属违悖。且查法国之制，男子二十五岁以上（下？），女子二十一岁以下结婚者，不能不经父母。即男子二十五岁以上，女子二十一岁以上者，亦须请命于父母，或请命于尊

[1] 马达. 二十世纪中国学校音乐教育发展研究[D]. 福州：福建师范大学，2001：35.

[2] 李静. 学堂乐歌中的“现代国民”[J]. 读书，2014（5）：158.

长。法国久尚自由，然于婚姻之道犹复周详慎重如此。兹如该局此书所言，实属有伤女教之课本。新书应即分别禁止，以维风化”[1]。在这样的博弈中，便出现了既宣传新道德，又不丢旧伦理的中庸之作，比如由田北湖填词的歌曲《公德养成》：“公德公德不可忘，国民细思量。自由平等有纪律，切勿逞荒唐。孔子之道忠与恕，圣教宜遵仰。爱众亲仁谨而信，孝悌重伦常。读书识字明大义，莫逞强权强。文明野蛮非空谈，慎哉勉为良。”培养新人格的歌词多呈现出一种欣欣向荣、积极向上、锐意进取的精神面貌，如《四时读书乐》《学堂之好友》等。普及新知识的歌曲则将关于历史、地理、修身、理科、体育等方面的知识都融于歌词中，如《汽车》《轻气[2]球》《新闻报》等。还有一些乐歌教材编写时和体育活动相结合，既适用于音乐教学也适用于体育教学，如一些名为“唱歌游戏”的教材等。

上述种种题材丰富、曲调各异的学堂乐歌是这一时期乐歌教科书的重要素材来源，钱仁康在1947年以“乐如”之名发表于《音乐与教育》中的文章《音乐教材的今昔——学制的嬗变和课本的演进》中就专门提到，上述歌集中“沈心工的《体操歌》（首句‘男儿第一志气高’），吴怀疚的《春游歌》（首句‘云淡风轻，微雨初晴，假期恰遇良辰’）和《秋之夜》（首句‘暑气兮全消，云淡青天高’）都列入初等小学歌集，梁任公的《爱国歌四章》（首句‘泱泱乎，我中华，最大洲中最大国’），黄公度的《军歌二十四章》（首句‘四千余年古国古，是我完全土’）都列入高等小学歌集”。[3]教科书以其广泛的影响力，使这些乐歌在青少年中广为传唱，对青少年的精神建构产生了深刻的影响，从而影响了全社会的发展。

三、晚清中小学乐歌教科书的发展

晚清虽然进行了教育改革，但由于时间紧迫，并未提供与新学制、新学堂相配套的教科书，所以初期只能听任民间自行编写发行，乐歌教科书亦如是。1904年清政府颁布《奏定学堂章程》，其中的《学务纲要》对教科书的编写进行了特别强调，鼓励民间自编教科书，这一规定在一定程度上为民间自编教科书提供了宽松的环境。因此，这一时期的音乐教科书大多为民间个人自编出版，归国留学生作为主要社会力量，编撰出版了许多乐歌教科书。比如沈心工于1904年编写出版了《学校唱歌初级》，这是我国最早出版的学校唱歌集；曾志忞于1904年出版了《教育唱歌集》，这是我国最早出版的学校唱歌教科书。[4]有学者统计，“从1903至1907年，仅4年时间，主要由中国留日学生

[1] 李静. 近代学堂乐歌对现代国民的想象与塑造[J]. 南京师范大学文学院学报，2017（2）：47.

[2] 轻气，今写作氢气。

[3] 乐如. 音乐教材的今昔：学制的嬗变和课本的演进[M]//俞玉姿. 中国近现代学校音乐教育文选：1840—1949. 上海：上海教育出版社，2011：210-211.

[4] 马达. 二十世纪中国学校音乐教育发展研究[D]. 福州：福建师范大学，2001：29.

编创的学校唱歌集就达23册，收录近500首乐歌，并在中国各地，特别是以上海为中心的东南沿海城镇的新式小学和中学中传唱开来”[1]。

由官方出版的教科书比较有代表性的是《初等小学乐歌教科书》，由学部编译图书局统编出版。另一部《鄂督张宫保新制学堂唱歌》一书，因其编撰者为当时的湖广总督张之洞，被认为带有半地方官办性质[2]。

女性在受教育的权利及社会中角色和地位的彰显，也带动了女子音乐教科书的产生与发展。在《学部奏定女子小学堂章程》中对于女子教科书有明确规定：“女子小学堂所用教科书须经学部所检定有著作权者，如同一教科之图画，受检定有数种者，可呈明提学司采用之。” 这极大地刺激了民间编写女子教科书的积极性。在1907至1908年间，各书局迅速编辑出版了一系列经由学部审定通过的女子教科书，如商务印书馆在清政府两部“女子学堂章程”颁布后，便迅速出版了系统成套、科目相对完备的女子教科书，其中就包括《女子新唱歌》。这些女子音乐教科书，在重构女性自我认知及整个社会对女性的认知上起到了极大的作用。

这一时期的部分乐歌教科书还有一个很特别的现象，即有词无谱。如1906年，古今图书局营业部出版了一部《新选学校唱歌三百首》，其为陌南小学堂编辑部所编，由日本东京秀光社代印，包括《初等小学歌集》《高等小学歌集》和《中学歌集》三部分，在当时是搜集歌曲最广的一部教科书，但里面的歌曲只有歌词而没有谱例，只在书后附“唱歌三百首调例附略”，不过也只收录了少部分歌调。为什么会出现这样看似没有音乐特性的教科书？这种教科书里的歌曲要怎么学唱呢？从冯友兰在回忆录里描述的一些情景中，我们或许可以得到一些线索，他说：“我们这些小孩也学唱这个歌，其实也无所谓唱，因为本来没有谱子，只要大声念，再把腔拉长一点，就算是唱了。”[3]从这些表述中，我们大概可以想象儿童学唱的情景，儿童以一种吟诵的方式读歌词，曲调一拉长再结合中国话本来就有的声调和抑扬顿挫，旋律自然就出来了。实际上，这种吟诵而歌的形式甚至在官方文件中也得到了倡导。1904年的《奏定初等小学堂章程》中提道：“又如唐宋人之七言绝句词义兼美者，皆协律可歌，亦可授读，皆有合于古人诗言志，律和声之旨，即可通于外国学堂唱歌作乐、和性忘劳之用。”[4]对于这种现象，有学者认为，这一时期的歌曲，多以歌词为主，格调不过聊备一格而已，初等小学堂歌曲的歌词也是文绉绉的长短句。这种重歌词多于曲调，与前述学堂乐歌所承担的“新国民”培育的功利化倾向不无关系，音乐的审美性被隐藏在了语言教化的背后。

[1] 马达. 二十世纪中国学校音乐教育发展研究[D]. 福州：福建师范大学，2001：32.

[2] 孙继南. 中国第一部官方统编音乐教材——《乐歌教科书》的现身与考索[J]. 音乐研究，2010（3）：5.

[3] 冯友兰. 冯友兰自述[M]. 北京：中国人民大学出版社，2004：9.

[4] 课程教材研究所. 20世纪中国中小学课程标准·教学大纲汇编：音乐·美术·劳技卷[M]. 北京：人民教育出版社2001：3.

当然，大部分乐歌教材还是有乐谱呈现的，并且都为简谱。比如，商务印书馆曾于1903年设置编译所，计划编辑适用于小学的教科书，包括国文、修身、历史、地理、唱歌、字帖等。历时两年后，1905年出版了简谱本《小学唱歌教科书初级》一册，编者为金匮华振[1]。

清末学校学堂乐歌式教本，不仅是音乐的课本，又是政治的课本，还是思想启蒙、知识学习、强健体魄的课本。所以，在看似单一的乐歌形式下，这一时期的音乐教材呈现出来自激进与保守的政治观念碰撞的，来自不同价值取向影响的，来自新旧文化博弈的，来自不同编写者个性阐发的探索性、丰富性和多样性。

[1] 金匮，即金锡，即现在的无锡。华振，为人名，音乐教育家，彼时在无锡任教。

第三节 晚清学校音乐教科书的呈现

一、教会学校音乐教科书

1. 《圣诗谱・附乐法启蒙》

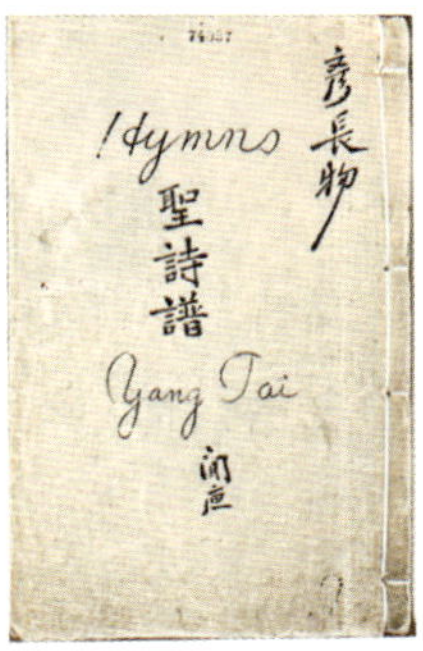

1—1

图 1—1 《圣诗谱・附乐法启蒙》，[英]狄邦就烈编，美华书馆，1892 年增补重印

《圣诗谱・附乐法启蒙》由英国新教长老会传教士狄邦就烈编写。狄邦就烈于1864年1月受总会派遣随丈夫狄考文（美国基督教北长老会传教士）赴山东登州进行传教活动。随后两人创办了男童寄宿学校——登州蒙养学堂，意在培养中国籍传教士。狄邦就烈在学校主要承担音乐、地理、历史、算数等学科的教学工作。除了是一个虔诚的基督教徒，狄邦就烈同时也是一个“懂学生心理、有实际教学经验的儿童教育家”[1]，在来中国之前，她就已经具备了专业教师的资格，有一定的教学经验。她积极参加教会组织的唱诗班，学到了乐理知识，掌握了歌唱训练的技巧，这些都反映在她的音乐教学当中。她积极寻求简易有趣的教学法来传授乐理知识，比如用七种形状符号记谱法来取代一开始实施的固定五线谱教学法；利用唱歌来活跃学校生活，她认为歌曲不仅“可以被用作训练歌唱圣乐的练习”，还具有“抚育和表达年轻人纯真的欢悦、使黯淡的生活变得活跃而有趣味、培养爱国主义和真正的英雄主义精神、改正过错并吸取重要的经验教训、激励人与人之间的友爱并使之变得高尚”等多种实际功用。[2]正是秉承这些教学理念，在其编写的《圣诗谱・附乐法启蒙》中，既含有乐理知识，也涉及一些与演唱相关的问题。

1878年，登州蒙养学堂更名为登州文会馆（Tengchow College），由一般小学升格为学院，并

[1] 宫宏宇. 基督教传教士有关中国学校音乐教育之主张与实践：以狄就烈为例[J]. 音乐探索，2014（1）：73.

[2] 宫宏宇. 基督教传教士有关中国学校音乐教育之主张与实践：以狄就烈为例[J]. 音乐探索，2014（1）：73.

开设“乐法启蒙”课程，系统地传授西方乐理知识和歌唱技巧。会馆所使用的教材就是狄邦就烈编著的《乐法启蒙》，这是继《律吕正义》之后又一部系统介绍西方乐理的著作，也是已知我国最早的圣诗集。该教材由上海的美华书馆出版，1872年初版和1879年再版时书名分别为《乐法启蒙》和《西国乐法启蒙》，1892年增补重印时改名为《圣诗谱·附乐法启蒙》，后又于1907年及1913年重印增补版。

关于教材的编写和出版的目的，狄邦就烈在1872年初版的“序言”中有详细说明：第一是集西方各国当时的各种乐理知识于一体，弥补原有《律吕正义》在知识点上不足且偏难的问题，使教材更适合普通中国民众学习，同时还含有演唱的杂调小曲和圣诗调谱；第二是弥补中国乐法在学习西方曲调时的不足，因为中国的传统五声音阶乐法，不太合适用来学唱西方圣诗，“而且中国所行的腔调，大概都属玩戏一类，若用他唱圣诗敬拜神，是不合式［适］的”[1]。

关于教材的增补重印，狄邦就烈在“补序”中提及“其所以重印的缘故，是为从前印的已经卖完，而等用的人很多，因此不得不再印刷”[2]。由此可见该教材在当时的流行程度之高。

《圣诗谱·附乐法启蒙》一书共分为“乐法启蒙”和“圣诗谱”两大部分。其中，“乐法启蒙”介绍了西方基本乐理，包含了音阶、节奏、音程、调式调性等乐理知识和吐字发音等演唱问题。“圣诗谱”部分含圣诗369首，讽诵歌17首，中外杂调小曲25首（以五线谱与工尺谱对照形式抄录）。

“乐法启蒙”部分在编写上主要有两个特点。第一，通过问答的形式讲授西方乐理的基本内容，全书共18段292问，语言通俗易懂、深入浅出、逐步推进。如在第一段中首先问：“乐音是什么？”答：“凡耳朵爱听的声，就是乐音。”再以此为基础问：“乐是什么？”答：“乐是几个乐音，高低相配，彼此相连，教人听得好听。”第二，入乡随俗，中西结合，尝试用中国传统语言文化解读西方乐理。比如，在第三段“高低”中，不仅将音名“C、D、E、F、G、A、B”音译为“士、地、以、弗、治、哀、避”，同时还用“甲、乙、丙、丁、戊、己、庚”7个天干字来代表。具体来说，各段内容如下：

第一段“总论”共6问，解释了“乐音”“乐”“腔调”的基本概念。第二段“高低”共12问，是关于“音阶”“半音”“全音”的概念，但其表述不同于今日，分别为“乐级子”“半步”和“整步”；唱名“do、re、mi、fa、sol、la、si”用汉字表示为“多、类、米、乏、所、拉、替”，并用7种不同的符号标记代表7个唱名，以便于识谱。第三段“高低”共16问，包含了五线谱表、谱号、音名的介绍。“乐表”即五线谱，“排号”即谱号，“高排”指高音谱表，“低排”指低音谱表，“乐字”指音名。第四段“长短”共有9问，对全音符、二分音符、附点的音值进行了说明，分别用“全号”“二分号”“加点”来表述。第五段“长短”共19问，解释了二拍子、三拍

[1] 张静蔚. 中国近代音乐史料汇编：1840—1919[M]. 北京：人民音乐出版社，2004：94.
[2] 张静蔚. 中国近代音乐史料汇编：1840—1919[M]. 北京：人民音乐出版社，2004：96.

子、四拍子、六拍子的用法和强弱规律，文中分别用“二分准”“三分准”“四分准”“六分准”来表述。第六段“长短”共4问，具体讲述休止符（歇号）的用法。第七段“杂号”共13问，是关于五线谱中各种记号的名称、标记及其用途，并附有谱例予以进一步说明和运用。第八段“高低”共12问，是关于音程的分辨和男声、女声、童声区域的划分。第九段“相协”共19问，讲述协和音程（相协）、和声声部（外品）、旋律声部（正调）的定义与分类，将4个声部分为“正品”“副品”“下品”“上品”，分别指代女高音、女低音、男低音、男高音。第十段“高低”共17问，讲述了钢琴键盘中5个变化音的名称、升降记号以及还原记号的写法与用途，并用符号记谱法列出了上行和下行的半音阶（全备级子）。第十一段“高低”共16问，讲述了主音（首音）的概念和转调（挪级子）的方法及原则。第十二段“高低”共41问，解释了升号调的五度循环规律。列举了G大调（属戊的级子）、D大调（属乙的级子）、A大调（属己的级子）、E大调（属丙的级子）的音阶、调号以及其转调的方法。第十三段“高低”共40问，介绍了降号调的五度循环规律，分别列举了F大调（属丁的级子）、♭B大调（属庚柔的级子）、♭E大调（属丙柔的级子）、♭A大调（属己柔的级子）的转调方法、调号及音阶。第十四段“高低”共13问，将腔调分为大调（满调）和小调（亏调）两大类。第十五段“式样”共12问，介绍了关于声音的气力分类，即力度标记，包括强、中、弱、极强、极弱5种。第十六段“式样”共19问，讲述声音的吐嘱，可以分为均声、放声、收声、鼓声、顿声、贯声、颤声、突放声和突收声。第十七段“清浊”共8问，讲述了乐音（清声）和噪音（浊声）两种音色式样，并提倡清声。第十八段“结语”，共16问，讲述了演唱的表情处理和演唱技巧。

1892年增补重印的《圣诗谱·附乐法启蒙》，和之前两版相比，在内容上有两项很重要的改变。一是增加了四声部歌曲，这与国人音乐素养的提升不无关系。对此，狄邦就烈在“补序”中提道：“初次印的时候，中国慕道的人还少，会唱的人更是不多，因此老本的圣诗调，大半是两品的。但从那时以来，教中会唱的人，越住越多，而且歌唱的武艺，也是越演越精，所以现在新印的圣诗调，大概都印成了四品，使人可以谐声和唱，以尽歌咏之佳趣。”[1]

二是采用了一种新的记谱法——7种形状符号记谱法。《乐法启蒙》和《西国乐法启蒙》用的都是普通的五线谱，这是狄邦就烈惯用的欧洲记谱法，但在针对中国民众的教学中，她发现要快速且准确教唱五线谱是一件非常困难的事情，更不用说还有音符的移位转调。于是，在1892年整编“圣诗谱”时，她开始尝试采用当时在美国广泛使用的首调概念的符号记谱法，用她自己的话说，即采用这些不同的形状符号就是为了学起来方便，歌者不用完全依靠音符的位置来确定音名，只需扫一眼音符的形状就可以一目了然[2]。关于这一点，我们可以比较一下1879年《西国乐法启蒙》和1892年《圣诗谱·附乐法启蒙》中的“六八”谱列：

[1] 张静蔚. 中国近代音乐史料汇编：1840—1919[M]. 北京：人民音乐出版社，2004：96.

[2] 宫宏宇. 狄就烈、《西国乐法启蒙》、《圣诗谱》[J]. 中国音乐，2008（4）：93.

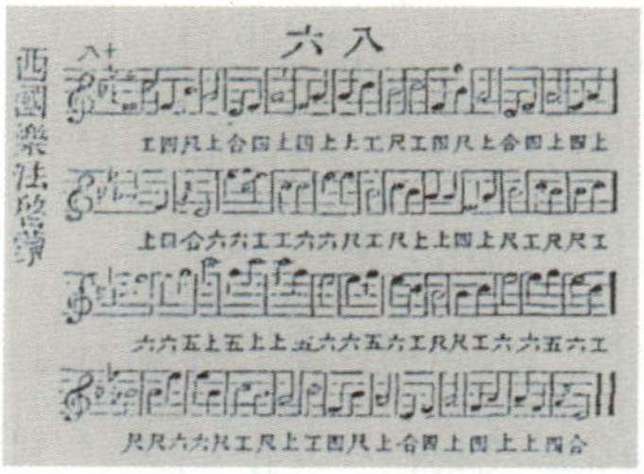

1—2

图 1—2 《西国乐法启蒙》的“六八”谱例

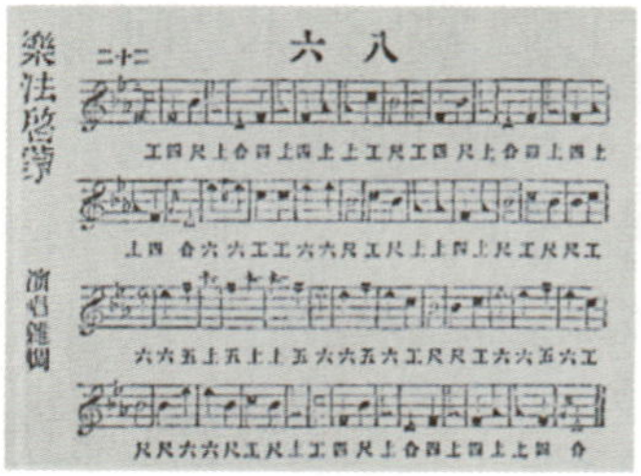

1—3

图 1—3 《圣诗谱 · 附乐法启蒙》的“六八”谱例

2. 《小诗谱》

1—4

图 1—4 《小诗谱》，[英] 李提摩太编，山西太原，1883 年

迄今所见《小诗谱》共有两个版本，一个版本于1883年在山西太原首次刊行，是木刻本，主要在当地使用；第二个版本是1901年由上海广学会增补出版的石印本，向全国发行。但据李提摩太回忆录《留华四十五年记》载，《小诗谱》的正式出版年份是1898年，这可能是第三个版本，但至今国内未见。[1]

关于《小诗谱》的作者，两个版本不尽相同。1883年初版标明编者为“英国教师李提摩太”，1901年上海广学会重印本标明作者为“by Mrs. Timothy Richard”，即李提摩太夫人。李提摩太的回忆录及苏慧廉《李提摩太在中国》也明确表示《小诗谱》的编者是李提摩太夫人——玛丽 · 马丁（Mary Martin）。只有在1883年的木刻版本中，标明编者为“李提摩太”。

李提摩太是英国基督教新教浸礼会传教士、共济会员。他于1869年11月受浸礼会差会派遣前来中国传教，1870年12月抵达上海，随后在山东、山西等地传教。1878年10月，李提摩太与苏格兰长老会传教士玛丽 · 马丁在烟台成婚，随后一同到山西传教。1890年7月，受李鸿章之邀，李提摩

[1] 刘奇. 李提摩太夫妇与《小诗谱》[J]. 音乐研究，1988（1）：23.

太出任天津《时报》主笔，就中国改革问题发表了大量文章，1894年结集《时事新论》出版，李鸿章和曾纪泽还以《西学的重要性》为题为此书作序。1891年，李提摩太到上海任同文书会（后改名“广学会”）总干事，主持《万国公报》二十五年。在华四十五年里，李提摩太与中国的各级政治人物都有接触，如恭亲王奕䜣、李鸿章、张之洞、康有为、梁启超、孙中山等，尤其对康梁维新派的影响颇深。晚年的李提摩太还经手筹办了中西结合的山西大学堂，分为中、西两斋。1916年李提摩太回到英国，1919年去世。

《小诗谱》的英文书名是*Tune—book in Chinese notation*，直译为“用中国记谱法的歌集”。据《哈佛音乐辞典》和《新格罗夫音乐辞典》的解释，“Tune book”是指一种带有音乐教学引言的圣诗歌集（Psalm tunes），主要用于18、19世纪的美国和美洲英属殖民地歌唱学校（singing schools）。[1]前面介绍的《圣诗谱·附乐法启蒙》也同属这一性质。

关于《小诗谱》的编写缘由，李提摩太在《小诗谱·序》的开篇这样写道，“或有问于余曰：诗谱何为而作也？余应之曰：致礼以治躬，致乐以治心。古圣王所以感天神而和人鬼者，莫不需此乐也。则乐之为用，安可忽而弗讲哉？余数年来斤斤于斯，非徒欢欣鼓舞之调，正欲感化人心而乐颂扬上帝也。昔已著《中西乐法撮要》分为三段：一曰乐理、一曰工尺谱、一曰圣诗谱。因其浩繁，有常人所不必用者。今复著《小诗谱》，有课有调”[2]。由此可见，《小诗谱》的主要作用在于通过音乐的学习，达成通往人心灵之径，使人自然而顺从地信仰上帝，同时也是为了去繁就简，解决以前所著乐理教材繁复偏难的问题，使音乐的学习更能惠及大众。

《小诗谱》主要用于视唱教学，内容包括“课”和“调”两部分。

第一部分“课”含两份考卷，共31条，分为“元”“亨”两个等级。“元等”表示初级执照，“亨等”表示中级执照，第1~13条是考“元等执照”的要求，获得“元等执照”者，可以教初学者；第14~31条是考“亨等执照”的要求，获得“亨等执照”者可以考初学者。两份考卷内容涉及音阶、音程、分解和弦等练习曲，包括12首“中国曲调”、3首美国“欢歌”、3首轮唱曲，还配有赞美诗歌词。

第二部分“调”共包含7部，分为“短部、长部、中部、杂部、应答、数班等，皆为常用之调，以便学习乐法”[3]。共有70个曲调，其中“应答调”共有14首，“数班调”共有5首（包括二声部合唱2首、四声部合唱3首，均为赞美诗调）。内容包括英国教会的赞美诗调（为主要内容）、英国国歌、俄国国歌、伊斯兰教托钵僧咏经调和中国佛教歌调。“1901年广学会增补石印本，最后加了20首‘中国调’，其中10 首是‘祭孔调’（Tunes sung at Worship of Confucius），5首是‘念调’（Confucian Chant），一首‘短念调’，此外还有一首民歌《十朵花》及两首未署

[1] 刘奇. 李提摩太夫妇与《小诗谱》[J]. 音乐研究，1988（1）：23.

[2] 张静蔚. 中国近代音乐史料汇编：1840—1919[M]. 北京：人民音乐出版社，2004：97.

[3] 张静蔚. 中国近代音乐史料汇编：1840—1919[M]. 北京：人民音乐出版社，2004：97.

名的‘中国调’。”[1]

《小诗谱》采用的是中西结合的记谱法。李提摩太夫人坚持使用中国的工尺谱，是考虑到汉字的记谱法对于中国人而言更为熟悉和易于学习，但同时她也看到了工尺谱的弊端，于是便尝试采用柯温体系记谱法来弥补中国工尺谱的不足。她采用“小工调”等工尺谱的标调法，把中国十二律与十二平均律的固定音名对照起来，用“黄钟均”表示C调、“大吕均”表示♭D调、“太簇均”表示D调等，并用“大”“夹”“勾”“夕”“乇”等表示升高或降低的半音。此外，她还引入了五线谱中常用的延长号和力度记号，每一“课”“调”，都用节拍器的速度（♩= ）加以限定。

二、官方和半官方音乐教科书

1.《初等小学乐歌教科书》

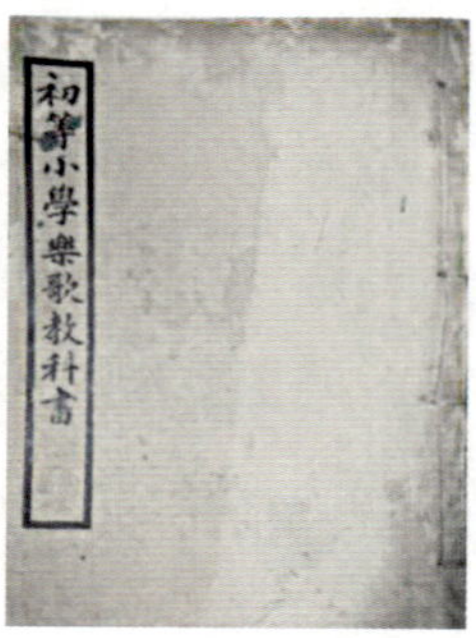

1—5

图 1—5 《初等小学乐歌教科书》，学部编译图书局编，学部编译图书局，1907 年

《初等小学乐歌教科书》由学部编译图书局编纂和印刷，于清光绪三十三年（1907）六月出版，是中国现见第一部由官方统编的音乐教科书。

这本教科书以五线谱和简谱共同呈现，教师可以根据实际情况选择其中一种进行教学。书中共有歌曲53首，分别为《早起》《入学》《鹅》《乌》《雁》《鸡》《好学生》《好军人》《观莲》《悯农》《农语》《里语》《燕》《孺子歌》《体操》《游子吟》《春草谣》《越谣歌》《渔父词》《江南曲》《国旗》《爱时》《孝经诗》《暑假》《教育宗旨》《慈乌夜啼》《爱日堂》《萱庭春意》《蓼莪》《棠棣》《伐木》《无衣》《淇澳》《击壤歌》《帝舜歌》《皋陶赓载歌（又歌）》《南风歌》《卿云歌》《八伯歌》《中国历史》《中国地理》《爱国》《车铭》《车遥遥》《前出塞》《壮游》《敕勒歌》《满江红词》《长歌行》《预备立宪》《龙旗》《四时读书乐》《放假》。

教材在编写理念和内容呈现上有以下特点：

第一，词曲选编上既采古曲，亦录今创。教材的凡例中提到，书中词曲来源一为“采辑古书”，二为“最录近人之作”；歌词与乐谱之间的改编与呈现原则有三，即“歌、谱均仍其旧”，“仍其歌而略易其谱”，“仍其谱而略易其歌”。

[1] 刘奇. 李提摩太夫妇与《小诗谱》[J]. 音乐研究，1988（1）：26.

第二，题材重精神教化，兼顾生活景象。“词旨正大”是凡例中提到的歌词创作与选编原则，教材的53首歌曲中，宣扬忠君爱国、进行传统道德教化的歌曲占了近半数，其中最具代表性的当数《教育宗旨》。《教育宗旨》共有五段歌词，分别涉及“忠君”“尊孔”“尚公”“尚武”“尚实”等内容。作为官方统编教科书，它对民众进行统一的精神教化的意旨昭然若揭，这种意旨在教科书的整体编写中也得到了一以贯之的体现。对此，孙继南也分析认为：“五段歌词，不仅为‘教育宗旨’分别作了全面、浅近的解读，而且各段含义在教科书其他乐歌题材中亦从不同角度有所反映，相得益彰，俨然一篇纲领式的歌唱课文。这种以官方教育宗旨为题材立意的歌曲，在当时坊间同类出版编著中甚为罕见。”[1]

除了军、国、民等题材外，教科书的其他类歌曲都与学生的日常和学校生活息息相关，其中不乏活泼生动之作。

第三，曲调多和谐中正，犹存古韵遗风。清政府在音乐方面仍坚持着传播中国古乐雅音的思维，因此在音乐的选取和创作上多以中国传统音乐为准则。如《暑假》《爱国》两首歌比较具有代表性，孙继南对两者的词曲相宜作了分析：“基本采用的一字一音、逐句行腔、间以休止符等略带几分中国诗歌吟诵特色的旋法，书中则多处可见。”“就歌谱本身而言，上列两谱，高吟低哦，朗朗上口，在当时可属中上乘之作，如《爱国》歌谱即便于清朝覆灭之后，仍继续被民国初期的小学唱歌教科书所选用；《暑假》一曲，不仅当时受到学生喜爱，广为流传，迄至民国十七年（1928），还有人吟唱于昆明街头。这种吟诵式的‘自度’旋法，在盛行以外来曲调填词的当时可谓独树一帜，其风格为中国诗人词家所独有，用之得当，不失为一种可取的歌曲创作方式。”[2]

教科书甚少采用当时流行的学堂乐歌选用外国音乐填词式的创作手法，只偶见于《春草谣》采用法国《马赛曲》填词，《爱时》采用美国歌调填词，《中国历史》采用德国民间曲调填词。

2.《张相国新撰唱歌教科书》

1–6

图 1–6 《张相国新撰唱歌教科书》，张之洞编，1906 年

张之洞（1837—1909），字孝达，号香涛，晚清名臣、洋务派代表人物。1863年中进士，授翰林院编修。1867—1873年任湖北学政。1874年起任四川学政，光绪八年（1882），授山西巡抚，为任封疆大吏之始，此后开始积极从事洋务运动，成为洋务派的主要代表人物。1883年中法战争

[1] 孙继南. 中国第一部官方统编音乐教材——《乐歌教科书》的现身与考索[J]. 音乐研究，2010（3）：7.

[2] 孙继南. 中国第一部官方统编音乐教材——《乐歌教科书》的现身与考索[J]. 音乐研究，2010（3）：8-9.

爆发后，因力主抗法升任两广总督。1889年7月调任湖广总督。1907年升任军机大臣。张之洞在中国教育由封建传统向近代化迈进过程中作出了历史性贡献。在督鄂期间，张之洞力主广开新学、改革军政、振兴实业。为培养洋务人才，他尤注重广办学校，创办了算学学堂（1891）、矿务学堂（1892）、自强学堂（1894）、湖北武备学堂（1897）、湖北农务学堂（1898）、湖北工艺学堂（1898）、湖北师范学堂（1902）、两湖总师范学堂（1904）、女子师范学堂（1906）等，并多次派遣中国学生赴日、英、法、德等国留学，学习范围涵盖普通教育、军事教育、实业教育、师范教育等层面。张之洞十分注重音乐教育，他于1895年在南京仿德国军制组建自强军而成立西式军乐队。有史料载，1905年3月，时任湖北督学使者张宫保见湖北省各学堂基本已建设完备，唯音乐一门尚未提上日程，故令学务处筹议章程，研究创设音乐学堂事宜。报道云："闻所需经费无多，尚易筹划，大约今春即可开办。"[1]

《张相国新撰唱歌教科书》版权页不详，但据学者考据官方文件，且以1904年12月4日的上海《时报》上登载的张之洞撰写的《中国大地形势歌》为据，可以判断该书正文部分为张之洞所作，创作时间在1904年12月左右，但印刷出版则是在1907年他担任了军机大臣、有了"相国"称谓以后。[2]

《张相国新撰唱歌教科书》虽名为"唱歌"，但却并不是一本以音乐学习为主要目的的教科书，它的政治性远大于音乐性。

首先，这是一本罕见地将官职放入书名中的唱歌教科书，且应用范围较广，既适用于普通学堂，又适用于军队，并且有专门的官方文件督促其推行，钦定性质和政治意味浓厚。光绪三十年（1904）十二月初六日的《札学务处发学歌、军歌》中写明"前由本部堂自撰《学堂歌》及《军歌》各一，通饬发各学堂学生、各营兵勇，令其熟读歌唱，以期感发其忠爱之忱，鼓励其自强之志。详加体察各学生、各兵勇于唱歌之际，大足以振奋精神，发皇志气，实属大有裨益。亟应广为刊布，遍发湖北通省各学堂、各军营，一体歌诵，以助训士训兵之用。除《军歌》另行饬发刊刻外，合行札发该处，即便遵照。将发去《学堂歌》五千份，并附发《军歌》一百份查收，先行分发省城各学堂，散给各学生，令其熟读歌唱，以资感发。务须人给一纸，不可遗漏。一面仍将《学堂歌》迅速放大字样，工写精刊，用好纸刷印一万本，装订成册，呈解来辕听候，酌发省外各学堂，勿稍延缓"[3]。文件中提到的《学堂歌》及《军歌》，就是教科书中的歌曲。官方如此看重乐歌教科书在学堂和军中的实施，很显然是要利用唱歌引发共鸣、阐发情感，激发学生和将士的忠勇之心，教科书由相国直接编写，更是这种政治导向的保证。

---

[1] 孙继南. 中国近现代音乐教育史纪年：1840—2000[M]. 济南：山东教育出版社，2004：26.

[2] 吴小鸥，艾琼. 张之洞与新式教科书的编撰：以《张相国新撰唱歌教科书》为例[J]. 湖南师范大学教育科学学报，2009，8（2）：10.

[3] 陈景磐，陈学恂. 清代后期教育论著选：下[M]. 北京：人民教育出版社，1997：406.

其次，教科书是唱歌集，但通篇没有一个乐谱，均以文字呈现。西方的曲调此时正是我国音乐界积极引入并在学习的东西，学堂乐歌正是看重西方音乐规范的创作形式和听觉体验，又苦于自己无法马上进行合格的、大量的新音乐的创作，才会退而求其次使用西方经典曲调，填以中国的歌词。真正强调音乐学习的教科书必不会省略曲谱的呈现，由此可见，这本唱歌集文字本身的意义传达要远大于音乐。

最后，教科书文字呈现的内容教化意义明显。唱歌集由“学堂歌浅释、《中国大地形势歌》、《军歌》”三部分构成，以押韵的歌调，吟诵着在当时十分先进的人才观、世界观、科学观、军事观等。张之洞“将自己对历史、世界、人生的总体理解和把握熔铸在一本小小的教科书中”[1]。

“学堂歌浅释”由正文及浅释构成，正文13字为一句，呈“三三七”句式排列，浅释是对正文句的解释，长短不一。正文分为13段，第一段7句，论述体育、德育、智育的重要性；第二段12句，论述五大洲的方位，特别提及京都、武昌、北京在地球上的位置；第三段16句，从历史的角度论述清朝的疆域、种族；第四段27句，论述历代王朝的政治文化发展概况；第五段32句，介绍近代各门学科的基本功用，特别提及学习各门外国语言的功用；第六段6句，论述知识分子的人品及作用；第七段8句，论述历史上与湖北有关的忠良，特别提出湖北的要塞作用；第八段9句，论述当时湖北兴学的情况；第九段11句，举例说明中外由学而兴邦；第十段5句，举例说明中外由弱而遭辱；第十一段12句，用五戒奉劝人们要跟上时代步伐；第十二段14句，批评革命的举动，力图维护封建统治；第十三段5句，呼吁成栋梁、兴国邦。[2]

我们以教科书中论及各学科知识的作用，强调全面学习的重要性的歌词为例，来感受教科书中歌词的韵味及其先进的思想理念：

读五经　诵勿忘　先讲大义后精祥［详］　修身学　重伦常　孝弟［悌］爱众尊师长

历史学　知已往　世界变迁弱变强　地理学　先本乡　由近及远分方向

中国外　由列强　勿学井蛙拘坳堂　算数学　简为上　比例代数捷非常

八线表　不用想　能通几何包九章　博物学　穷天壤　卫生益智心开朗

理化学　原质祥［详］　配化制造通阴阳　辨炭［碳］酸　分硫养　火药全仗硝磺镪

电矿汽　力声光　理化门门有专长　图画学　摹物状　先用毛笔后尺量

政法学　治国方　后生浅学莫躁妄　陆军学　分两堂　战术计划戒鲁莽

沟垒速　地形相　火器测准马善养　体操学　关衰旺　人人胜兵其国昌

不过从这里也可以看出来，虽然有了近代的“科学”教育理念，但中国传统经学道理却依然作

[1] 吴小鸥，艾琼. 张之洞与新式教科书的编撰：以《张相国新撰唱歌教科书》为例[J]. 湖南师范大学教育科学学报，2009，8（2）：10.

[2] 吴小鸥，艾琼. 张之洞与新式教科书的编撰：以《张相国新撰唱歌教科书》为例[J]. 湖南师范大学教育科学学报，2009，8（2）：11.

为一种需恪守的德行占据首位。

《中国大地形势歌》14字一句，呈“七七”句式排列，中间用空格分开，共15句，论述了中国的地理概况。

《军歌》18字一句，呈“九九”句式排列，中间用空格分开，歌词激励将士要懂得用科学的知识武装自我，自立自强：

莫说武夫学问难通晓　外国武官学比文官高

枪炮线路须知算学妙　应敌安营先将地图描

物理化学亦须略知道　钢铁涨缩拉力细推敲

…………

我国文弱外人多耻笑　若不自强瓜分岂能逃

请看印度国土并非小　为奴为马不得脱笼牢

然而，《军歌》首先强调的还是一个“忠”字，以歌颂清政府的仁义厚泽开始：

大清深仁厚泽十余朝　列圣相承无异舜与尧

刑罚最轻钱粮又最少　汉唐元明谁比本朝高

爱民恤士善政说不了　我祖我父世世受恩膏

况我兵丁重饷蒙温饱　养之千日用之在一朝

我等天性忠勇思报效　作歌奉劝军中我同袍

我朝龙兴长白非荒渺　医巫闾山古名经书标

无怪乎有学者在评价这本教科书时说：“在这本教科书中，我们看到了张之洞放眼世界、励精图治培养新锐人才的努力，同时，又深深感受到身为朝廷重臣，殚精竭虑、力图挽救和维护清王朝统治的‘卫道’忠诚。”[1]

三、唱歌游戏类教科书

1. 《唱歌游戏》

《唱歌游戏》是由日本山田源一郎写的一本教材，由王季梁、胡君复编译，商务印书馆于1906年初版。

这本教科书的引进证明了我国近代音乐教育初期受日本影响之深。游戏唱歌的教学模式盛行于日本19世纪80年代末90年代初学校教育中，也就是将游戏与唱歌结合起来，让儿童用身体的律动感知旋律，用形象的方式理解歌词内容，有些游戏还带有一定的竞技性。这种活泼生动的教学法颠覆了我国长久以来恪守师道尊严、修身律己、正襟危坐的教学模式，尊重儿童活泼好动的天性，使

[1] 石鸥. 唱响在晚清的别样教科书——张相国新撰唱歌教科书[J]. 书屋，2008（9）：1.

儿童从惧怕、厌烦学校生活，到喜欢、享受学习——“我国旧儒，夙守师严道尊之说，以束缚其生徒，为之生徒者，徒苦拘挛，不见学校之可乐。今则反之，试一临学校之运动场，见其生徒之动作进退，皆具活泼愉快之精神，抑何与向者相去之远耶”[1]。唱歌游戏一经传入我国，便大受推崇，流行甚广，“顷岁以来，小学游戏之法，流入我国，远近仿效，内地之人，求师资于沪上，归以教其乡里者，踵相接，可谓盛矣”[2]。因此，编译者才引进了这本教科书，用它的曲调、游戏设计，配上我国的歌词，以供教学之需。

1—7

图 1—7　《唱歌游戏》，[日]山田源一郎著，王季梁、胡君复编译，商务印书馆，1906 年

对在学校教育中实施唱歌游戏的意图，教科书的“绪言”中也有一番解读，可概括为两种不同的侧重点，一个侧重点在于唱歌的学习，也就是游戏是辅助唱歌用的，目的是让学生在这样的一种形象、愉悦、直观的过程当中去感知音乐。另外一个侧重点是以“竞争”为主，这实际上涉及了体育能力的获得，在类似体操动作的规范训练下，获得体能的训练。而教科书的宗旨是两者兼顾，游戏的设计不制定严苛的规则，尽量让所有学生都能享受胜利的愉悦，同时又能快乐地习得唱歌，而唱歌与游戏又互相独立存在，“绝无不唱歌即不能游戏之弊”[3]。这从游戏的各项名称中也可以看出来，教科书中的游戏歌曲包括：《方圆进行》《掷球》《笼球》《揖让》《送球竞走》《豆囊竞争》《跳绳》《群龙夺球》《蛇目竞走》《短艇竞走》《胜地》《落帽游戏》《旱路进军》《盲人伏球》《运球》《电报》《织女》《智仁勇》《拾果》《拾数》。

教科书中每首游戏歌曲的设计都非常复杂精细，大部分配有详细的图解，带有真正的运动性、游戏性和与现实相关的教育性，有些已经有了情景教学的样式，比如《相见礼》等。与体育运动相联系的游戏歌曲如《跳绳》，其游戏设计为：

准备　分生之全员为二队，各队如第五图排列，与其前面相离三丈之处，如图，画方形线，而立以小旗，再由两队中，各选出二人，走向操场之中央，对向，与以一丈二尺长之麻绳，二人各持一端立定。

[1] 山田源一郎. 唱歌游戏[M]. 王季梁，胡君复，编译. 上海：商务印书馆，1906：绪言2

[2] 山田源一郎. 唱歌游戏[M]. 王季梁，胡君复，编译. 上海：商务印书馆，1906：绪言1-2.

[3] 山田源一郎. 唱歌游戏[M]. 王季梁，胡君复，编译. 上海：商务印书馆，1906：1.

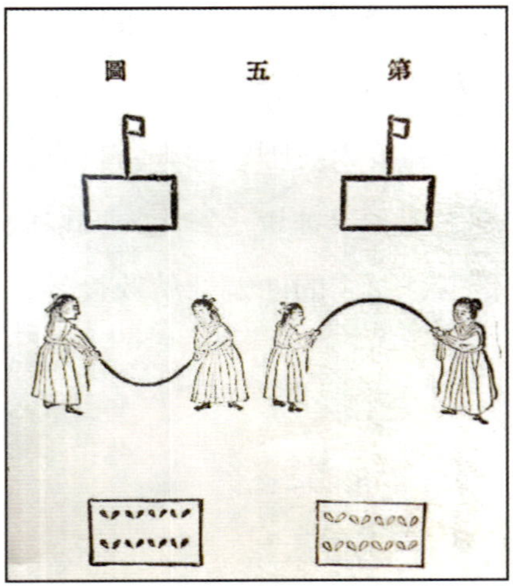

1—8

图 1—8　《唱歌游戏》中《跳绳》的游戏图示

演习　（起始）之令下，两队同唱左歌。教师待歌词终。下（走）之口令。于是在中央之二生，各持绳端，上下回旋摇动，同时两排由第一名之生徒起，一一走前向绳，如通常跳绳法，跳跃进内而通过之，速至对面画方线之处止，以全体皆先到者胜。

跳跃最后到之人，走进本队之方线，拔取小旗高揭。[1]

与生活场景相关的游戏歌曲如《纺织》，其中用到了一个比较大的道具——木柱："于体操场之中央，立一长一丈八九寸直径二三寸之木柱一根，其顶上从上至下，以长二丈四尺之绵［棉］布，裂为二条或三条均可，使许多条数垂下，各生各持一条。"[2]

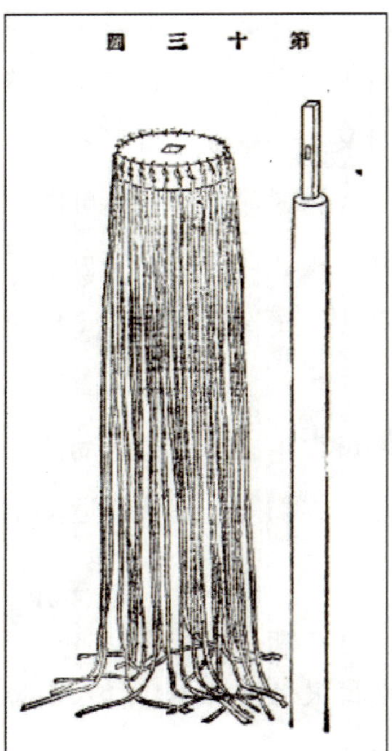

1—9

图 1—9　《唱歌游戏》中《纺织》的游戏道具图示

由上述两例游戏可见，唱歌游戏的一些设计对于音乐教学设施的要求是比较高的。

[1] 山田源一郎. 唱歌游戏[M]. 王季梁，胡君复，编译. 上海：商务印书馆，1906：22.

[2] 山田源一郎. 唱歌游戏[M]. 王季梁，胡君复，编译. 上海：商务印书馆，1906：61-62.

2.《表情体操教科书》

1—10

图 1—10 《表情体操教科书》，徐绍曾、孙掞编，科学书局，1907 年

《表情体操教科书》又名《唱歌游戏》，编者为徐绍曾、孙掞，由科学书局印行。

教科书分上、下两编，上编主要是关于体操的一些常识解读，下编是歌曲以及体操动作解说。上编的基本结构如下：

（1）总论

（甲）表情体操之组织法

（乙）爱表情体操者之心理

［子］自然的表情体操

［丑］教授的表情体操

（2）表情体操与体操科之关系

（3）表情体操之种类

（甲）徒手的表情体操

（乙）用器的表情体操

（4）表情体操之法律

（甲）编辑时之注意

（A）用精神的动作

（B）采纯熟的歌词

（C）要优美的状态

（D）尚改良的编撰

（乙）教练时之注意

（A）须先预备

（B）演习次之

（C）团体的教练

（D）教授之变化

（5）表情体操之能力

（甲）运动会

（乙）社会上

（丙）家庭中[1]

下编的歌曲均为单声部歌曲，包括《体操》、《运动会》、《快枪》、《轻气球》、《祈战死》、《春游》、《花园》（其一）、《花园》（其二）、《花园》（其三）、《扬子江》（其一）、《扬子江》（其二）、《出军》（其一）、《出军》（其二）、《出军》（其三）、《出军》（其四）、《出军》（其五）、《出军》（其六）、《出军》（其七）、《出军》（其八）、《送春归》、《决死赴战》（其一）、《决死赴战》（其二）、《决死赴战》（其三）、《军中》（其一）、《军中》（其二）、《军中》（其三）、《军中》（其四）、《军中》（其五）、《军中》（其六）、《军中》（其七）、《军中》（其八）、《陆军》（其一）、《陆军》（其二）、《练兵》（其一）、《练兵》（其二）、《海战》（其一）、《海战》（其二）、《旋军》（其一）、《旋军》（其二）、《旋军》（其三）、《旋军》（其四）、《旋军》（其五）、《旋军》（其六）、《旋军》（其七）、《旋军》（其八）、《雪中行军》、《中国男儿》、《勇男儿》。

这本教科书虽然是以体操训练为主要目的，但非常讲究词、曲和动作的配合，甚至可以称之为德、智、体、美兼顾的用心之作。教科书的德育主旨鲜明，即尚武崇德，这尤其体现在歌词的摘选上。在“例言”中所提到的七个方面中有四条是关于歌词的。首先，歌词具有简单易学的特点，绝不涉及晦涩深奥的内容。其次，歌词重涵养儿童德性之功效，鼓舞活泼之精神。再次，强调发展儿童的军事思想，所以选用的歌曲中有一半以上是与军事有关的慷慨激昂的题材，以初步培养儿童尚武精神，这也是对清政府教育指导思想的回应。最后，与上述各项原则相违背的歌曲，如对儿童德性教化有不利影响的、歌词过于复杂的歌曲都不予录入。

这本教科书体现了一种体育和美育融合实施的宗旨。在“总论”中首先对“表情体操”作了解读，即优美之意，其目的在于使学生在歌唱中首先感知到歌词之美，引发兴趣，进而在自然而然的随乐律动中获得体操的训练。对于音乐美和歌词美，又强调歌曲是“单音唱歌”，歌词以“情节略复杂而有兴味者”为最佳，方可以“参以最有兴味之动作”[2]。

教科书还体现了当时社会改良的风潮，呈现出一种开放性的样式，如在上编“表情体操之法律”中，最后一项内容为“尚改良的编撰”，首先阐述了“改良”在编者观念形成上的启发：

改良非特指编撰表情体操而言，无论何物若不知改良则无进步，而一物之有进步即受过一次之改良也。不见夫汽船乎，千里之遥瞬息可至，早发而暮临，迅速如御风，其居于社会上，谁不欢迎

[1] 徐绍曾，孙掞. 表情体操教科书[M]. 上海：科学书局，1907：目录1-2.

[2] 徐绍曾，孙掞. 表情体操教科书[M]. 上海：科学书局，1907：1.

之，彼在今日社会之价值若此，试问在于昔日曾改良几次耶？吾意编撰表情体操也亦然。[1]

随后阐述了教材“改良”须遵循德行美、动作美和儿童可接受程度的原则，尤应针对儿童的实际程度进行改良，不可因为苛求德性内容和动作之美，而强求儿童学习繁难的动作，且改良次数越多越好。具体表述如下：

凡成一表情体操，当先考察生徒脑力、体力能合此种运动否。若觉中部有扞格之处，宜随时改良（以改良之数最多者为最妥善），勿为此案精神的动作、优美的状态煞费经营而成者，若改良之势必失其精神的动作、优美的状态也。虽然二者固不可失，若拘执一见而遗害儿童，盖亦教育家所不取。

按精神的动作、优美的状态所成之表情体操，恐改良之而失其精神与状态，此亦理或有之。然试问改良多者岂只能失其精神与状态，独不能增加其精神与状态乎？故编撰表情体操当以尚时常改良为主眼。[2]

教科书每一课的呈现都有完整的结构，每一课分“大旨”和“动作”两部分，“大旨”包括：主眼——用以解读歌曲的内涵、主旨；排列——用以说明体操的队列形式；器械——用以说明是徒手还是需要相关器械；歌词——即歌曲。我们以第一课“体操”为例，将各部分内容呈现如下：

（甲）主眼　此模拟体操时之景象及功用，为将来临战之预备，勇猛前进无回顾怯敌之忧。

（乙）排列　以生徒分两列横队，后列不动，前列六步相［向］前走向后转，面各相对，前列各人（即走六步者）侧面之距离须两臂左右平举，手与手不相接。后列者（即未动之一列）唱歌，前列者（即向前走六步之一列）演动作。

（丙）器械　徒手的。

（丁）歌词

…………[3]

歌曲以简谱教学，有歌曲名、调号、拍号。《体操》这首歌曲的歌词由沈心工填词，内容为：“男儿第一志气高，年纪不嫌小，哥哥弟弟手相招，来做兵队操。兵官拿着指挥刀，小兵放枪跑，龙旗一面飘飘，铜鼓咚咚敲。一操再操日日操，操得身体好，将来打仗向前跑，男儿志气高。”歌曲下面是体操动作说明，动作与歌词严格匹配，在动作说明中有具体对应到哪一个字做什么动作的表述，比如第一句“男儿第一志气高，年纪不嫌小”，其动作说明如下：

（男）两臂向前平举，四指握拳，拇指直出在上（志）两臂向上高举（此时两手握拳）（年）两臂自上落下所握之拳，放开两手撑腰（小）两膝跪（跪下之时先以两踵提起两膝，同时向前跪倒

[1] 徐绍曾，孙掞. 表情体操教科书[M]. 上海：科学书局，1907：9.

[2] 徐绍曾，孙掞. 表情体操教科书[M]. 上海：科学书局，1907：9-10.

[3] 徐绍曾，孙掞. 表情体操教科书[M]. 上海：科学书局，1907：20.

非一膝先跪一膝后跪者）。[1]

第二句“哥哥弟弟手相招，来做兵队操”，动作设计为：

（哥）两膝起（两膝同时立起而后两踵着地，上体稍微向后使重心适中，可免倾跌之患），斯时撑腰之手同时放下（手）两臂向前平举掌向上指亦向上曲（来）两臂放下转成纵队，斯时手指伸直（排头在右则向右转，在左则向左转）（操）各向前两步进。[2]

动作设计上还顾及了男女生生理结构的差异，在一些特殊动作上作了不同的处理，尤其考虑对女生的保护。比如在“两膝跪下”这个动作上，男女生分别设计如下：

两膝跪下，若教授女子须先令两足尖相并，足踵起，两膝向足尖之方向而跪倒。教授男子则不然，可不必令其两足尖并，仍任其足尖开六十度，用两膝即可跪倒。因女子不并足而跪于生理上实有受害处也。[3]

教科书在上述各方面内容的呈现上极为细致，若一首歌有多段歌词，则每段歌词都分别独立设课，包含完整的一课内容。比如《出军》这首歌就因其歌词有八段而被分成了八课来呈现。

四、女子乐歌教科书

《女子新唱歌》

1—11

图 1—11 《女子新唱歌》，叶中泠、胡君复编，上海商务印书馆，1907 年

《女子新唱歌》的编写者为叶中泠和胡君复。叶中泠即叶玉森（生卒年不详），字荭渔，号中泠，江苏镇江人。叶玉森通晓中西文化，涉猎学术多门，既工诗词文赋，谙熟外文翻译，亦善书画篆刻，尤善考释甲骨文字，颇多创获，业绩丰赡，名盛当时。他还精通音律，在音乐创作和教育上颇有建树，注重将文学修养和道德情操教育渗透到音乐教育中。他创作了不少当时耳熟能详的学堂乐歌，为汇文女子书院运动会翻译的美国歌曲《鸠迦进军》（《进军佐治亚》），是中国最早的几首翻译歌曲之一，译词优美，足见其深厚的古文学功底。其词云：“嗟彼黑奴，洋洋入耳，忽作狂叫漪。相彼海鸟，呱呱啼来，为我前导漪。美哉甘薯，踊跃出土，犒吾同胞漪。快哉此时，吾飞

[1] 徐绍曾，孙掞. 表情体操教科书[M]. 上海：科学书局，1907：22.
[2] 徐绍曾，孙掞. 表情体操教科书[M]. 上海：科学书局，1907：22.
[3] 徐绍曾，孙掞. 表情体操教科书[M]. 上海：科学书局，1907：24-25.

渡鸠迦漪。”叶玉森还编写了很多音乐教材，包括《女子新唱歌》初集、二集和三集；《手风琴唱歌》，包括手风琴坐演姿势图、手风琴图、手风琴各部释名、手风琴之优点、手风琴之制作及价值、演奏法等十二部分，并附练习曲、各国国歌、军歌；还有《小学唱歌教科书三集》，附“简谱略释，风琴十二调，黑白用键一览表，手风琴谱”[1]。

胡君复，江苏武进人，生于清朝末年，任职于商务印书馆。胡君复文学造诣很高，曾编辑出版了《集联汇选初编》《古今联语汇选初集》《古今联语汇选二集》《古今联语汇选三集》《古今联语汇选四集》等联书，是近代规模较大的联语集成本。除与叶玉森合编《女子新唱歌》外，他还于1906年与王季梁一起编译了《唱歌游戏》。

《女子新唱歌》初集、二集和三集共包含近150首歌曲，专供女子学校使用。封面使用绿叶衬桃粉色系花蕊构图，有秀丽娇俏之美感。教科书编写的基本原则是旋律优美、遣词雅俗共赏，并富含教化意义。对此，编者颇费了一番心思。在曲调上，“以美妙隽快为主”，“凡谱调之高古淡远，不易动听者不录”[2]；歌词上，“以风发韶流不失温厚为主”[3]。对此，编者还感慨道：“作雅歌易，作俚歌难。俚歌须浅显有味，既不悖乎心理，亦有契乎道德。”[4]三集中的《猫咪咪》《摇篮》《地图手巾》等歌，均按此标准编制。歌曲的选编力求独创性和严谨性，“外间已经刊行者不录，或已见拙著之《唱歌游戏》《小学唱歌》及非教育的唱歌集者亦不录”[5]。而一些与其他歌集曲名相同者，也是“歌辞则各各不同，意境亦各各不同”[6]。

三本教科书的编写在内容编排上虽由浅入深，但并未严格按学年来划分每套教科书的使用对象，基本上是小学和师范共用，如初集中既有适合小学堂各年级演唱的“单音歌曲”，也有适合师范学堂学习的“重音歌曲”和乐器学习指引“手风琴引”，并在“例言”中提到“各歌由浅入深，浅者足充女子蒙小学校之用，深者足充中学暨师范高等之用”[7]；二集的“序”中提到教科书“是编颇足供小学第四年级及师范学校中学校初年级之用”[8]；三集的“例言”中则对教科书的使用建议提到“浅者适于幼稚、小学，深者适于师范、中学”[9]。

与《学部奏定女子小学堂章程》和《学部奏定女子师范学堂章程》中对于音乐教学要以“平易雅正之乐歌”来“感发其性情，涵养其德性”的规定相契合，结合编者自身的音乐修养、文学修养和情操追求，《女子新唱歌》教科书的选曲在内容主题上大致可以分为以下几种：

[1] 佚名. 叶玉森的中小学音乐教育故事[N]. 中国教育报，2006-11-26（4）.

[2] 叶中泠，胡君复. 女子新唱歌：二集[M]. 上海：商务印书馆，1907：序1.

[3] 叶中泠，胡君复. 女子新唱歌：二集[M]. 上海：商务印书馆，1907：序1.

[4] 张静蔚. 中国近代音乐史料汇编：1840—1919[M]. 北京：人民音乐出版社，1998：160.

[5] 叶中泠，胡君复. 女子新唱歌：二集[M]. 上海：商务印书馆，1907：序1.

[6] 叶中泠，胡君复. 女子新唱歌：二集[M]. 上海：商务印书馆，1907：序1.

[7] 叶中泠，胡君复. 女子新唱歌：初集[M]. 上海：商务印书馆，1907：例言1.

[8] 叶中泠，胡君复. 女子新唱歌：二集[M]. 上海：商务印书馆，1907：序1.

[9] 张静蔚. 中国近代音乐史料汇编：1840—1919[M]. 北京：人民音乐出版社，1998：160.

①怡情养性，抒景怀古。这类歌曲或描写有趣温馨的生活情景，如《夏虫》《红叶》《花好月圆人寿》《月》《萤火》《鹦歌》《小猫》《金鱼》《风筝》《饼》《秋千》《蜘蛛》《蟋蟀》《鸡声》《蝶》《观鱼》《蟹》等，在二集中多见此类歌曲。这类歌曲或借景抒情，尤以华丽的辞藻或古诗词歌赋吟之，既向学生呈现美景，亦可培养学生的文化修养，尤其是中华传统文化修养，如《温则宫词》中，叶玉森以奇特的想象和瑰丽的辞藻描写英国女王维多利亚的寝室；而《金陵怀古》的曲调则取自《采茶歌》，歌词古意盎然，唏嘘感慨，叶玉森在“例言”中特别写道：“金陵为六朝名胜区域，尤宜歌咏，故特遴景十二，谱入宁垣女校最流行之曲。遥吟俯唱，感喟苍凉，思古之情亦足以发。”[1]另外还有一些纯粹来自中国古诗词和曲调的歌曲，如《李白清平调》《杜甫明妃村》《阳春白雪曲》《平沙落雁》等。

②惜时勉学，传播知识。教科书中有很多描写学校生活、规劝珍惜时光和勤勉好学的歌曲，如《女学校游艺歌》《勤学》《散学歌》《东家姐》《勉学歌》《劝学》等。其中，《劝学》这首歌不同于一般的劝告女子上学的口号式歌词，而是将学堂要学到的关于化学、自然、生物、音乐、语言、手工、体育等知识，分不同的段落罗列出来，告知女子上学的重要性，引发她们的学习兴趣。其中，关于化学知识的歌词为：“请看绣花针。铁与养［氧］气锈化成。请看银兜索。银触硫气黑色生。磷火为柴。轻气为球。都因化学精。阿侬化学未分明。学堂去报名。”关于音乐学习的歌词为：“请看蔡文姬/文姬幼小能辨琴。请看谢道韫/道韫大雅能咏吟。风琴泱泱。歌声锵锵。都因音乐精。阿侬音乐未分明。学堂去报名。”

另外，教科书中还有一些歌曲直接由知识编成，如《地图手巾》《女界钟》等。《女界钟》每一段都用一个神话中的女性角色引出某个概念，然后用科学知识予以解释，破除迷信传说。如第一段是用女娲：“那知天多高。天文镜好都难查。那知天多大。太阳在天一点沙。炼石补天。希［稀］奇古语。由来说女娲。劝君莫信女娲皇。天无梯可上。”

③不畏侵略，爱国护家。教科书有意识地向女学生渗透“家国社会”的观念，以弘扬她们的民族自豪感，号召女子也要立志气，保家卫国，如《进行》和《鸠迦进军》等，歌曲均悲壮激昂，充满斗志。

④歌颂女杰，宣扬女德。在女子德行教育方面，教科书一方面选取了一些带有妇女解放思想的歌曲，如《妇人从军》《世界十二女杰》等；另一方面也选取了一些与中国传统思想对女性在女仪、妇范、母型等方面要求相契合的歌曲，如《秦女休行》《中国女杰小乐府》等。《中国女杰小乐府》分为“女仪”“妇范”“母型”三个部分，歌词讲述了自古以来女性为救父、救夫、救子而甘愿牺牲自己的故事。

综合上述教科书内容可以看出，当时对于女子的培养是将传统与现代相融合，首先看重的是对女子内在性情涵养的培育，同时通过呈现现代化家国理念，为女子展开一幅民主开放的图景，以增

[1] 张静蔚. 中国近代音乐史料汇编：1840—1919[M]. 北京：人民音乐出版社，1998：160.

强她们的国家观和社会观，培养她们积极参与社会政治活动和公益事业的意识与动力。

五、其他乐歌和乐典教科书

1.《教育必用学生歌》

1—12

图 1—12　《教育必用学生歌》，达文社编辑，达文社，1904 年

《教育必用学生歌》是一本1904年由达文社编辑出版的只有歌词没有曲谱的歌集。编者在“序言”中提到了唱歌对于精神之作用实际上是歌词给予的，甚至提到了“读乐歌”的说法，可见这种无谱的歌唱是建立在吟诵的基础上的：

文之最足感人性情者，说部外惟歌词已。读悲歌，则心凄然；读乐歌，则心怿然；读壮歌，则气以雄迈；读丽歌，则心柔靡；有出军歌而士气咸壮，敢战乐死，有颂圣歌而迷信崇拜之心，敬畏加倍……东西教育家深明斯意，故于幼稚园则有唱歌，大小学堂则有唱歌，其以歌为最要学科者，亦借以为陶铸国民、激励学者之具而。虽其间文义各有异撰，要其宗旨，则莫不以发生爱国心为第一主义，使学者朝歌夕诵，手舞足蹈，国家思想乃深印于脑际不可或拔。[1]

歌集包括学生歌17首，附录包括外国歌曲6首。歌词讲究对仗，有吟诵性，但词意和行文都偏难。编辑体例是竖排，每句边上都附有类似于句号的符号，但又不像同时期一些有同样标记用来断句的文章或歌词，因为有的是一字一个句号，有的是两字或多字一个句号，形式不等，这更像是一种便于整齐吟诵的节奏标记。

学生歌目次包括：《醒狮歌》（一）[2]、《醒国民歌》、《爱国歌》、《新少年歌》、《爱祖国歌》、《励志歌》（一）、《励志歌》（二）、《合群歌》、《醒狮歌》（二）、《警醒歌》、《狂歌》、《爱国自强歌》、《可惜歌》、《上学歌》、《出军歌》、《军中歌》、《旋军歌》。附录中的外国歌曲包括：《日本少年歌》《日耳曼祖国歌》《法国国歌》《德国国歌》《德国男儿歌》《非律宾[3]爱国者绝命词》。并且外国歌词的翻译也使用的是文言文体。

[1] 达文社. 教育必用学生歌[M]. [出版地不详]：达文社，1904：序1.

[2]《教育必用学生歌》分别有两首《醒狮歌》《励志歌》，编著者在歌名后标示“（一）”“（二）”以示区别。

[3] 非律宾，今译作菲律宾。

2. 《最新唱歌教科书》[1]

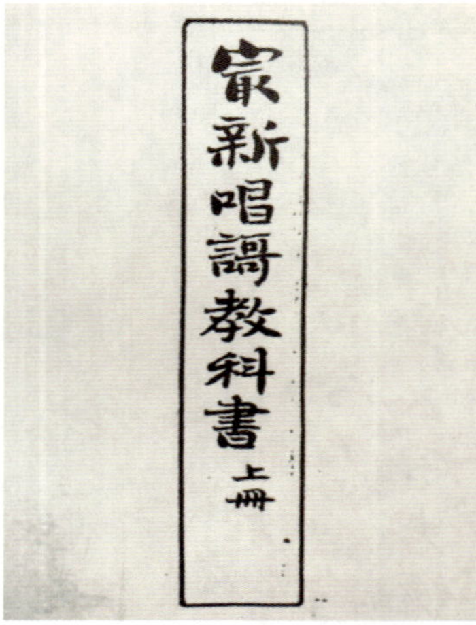

1—13

图 1—13 《最新唱歌教科书》（上册），宋琪编，鸿文书局，1906 年

《最新唱歌教科书》由宋琪编写，1906年鸿文书局出版。教材为线装本，分上、下两册，只有歌词没有曲谱，每首歌词都配有相应的图画。“序言”是编者的手写书法，提到编者在带孩童郊游途中，与儿童一起唱歌嬉戏中，有感歌谣是儿童“舒肺”之良药，故归来后鼓动全塾“以歌谣为课作随意之科，或采辑或撰拟”以求“舒肺气而爽神经”。但在教唱过程中并未严格按谱合拍而唱，盖因塾中还不备有风琴。如此，久而久之也积累成册了。

当编者想把歌集出版时，有人劝他按中国传统雅乐的形式为歌词谱曲，并说：“今为西乐输入时代，昆玉有志编纂一字一音，宜求合谱，否则贻大雅羞云。”[2]一字一音是中国古代歌诗创作的重要原则，一字一音，能够字字分明，使歌词听得最为清楚，从而使歌词为核心，音乐为歌词服务，这是汉字与音乐的自然关系。但编者表现出有心无力的无奈，因为他实在“不解音律”，但他认为音乐首先是一种天籁之音，本来就是从“谣谚”而始，当前正是西乐引进之时，他的歌唱首先要让儿童在自由歌唱中“脑筋有所感触，肺气得所舒展”，再慢慢“进之以谱”，再“授之以器”，这也是新旧音乐过渡时期音乐教科书的一种呈现方式。

《最新唱歌教科书》上册有歌谣56首，包括：《爱我国》《功德》《谨言》《戒傲》《求我》《新少年》《俚谚指谬》《寓言一　不倒翁》《寓言二　假面》《寓言三　扑满》《寓言四　历日本》《寓言五　扫帚》《寓言六　火筒》《铜像巍巍》《黑龙江》《黄河》《长江》《当头棒喝》《勤学》《读书好》《勿畏难》《金乌鸦》《一枝令》《喜鹊》《择友》《礼仪》《军中》《出军》《旋军》《励志》《体操》《练兵》《游春》《卫生》《生骷髅》《渔家乐》《国粹》《空气》《佛无灵》《卫生格言》《抛球》《夺旗》《盲覆玉》《引纲》《拙工》《鱼与鸥》《蟋蟀》《荷与菱言》《修罗场》《龟兔赛跑》《智育发达》《小说批评》《口令》《歌军容》《洋烟害》《猿鸟会话》。

[1] 本书封面为《最新唱歌教科书》，但内部中缝列书名为《绘图唱歌教科书》，上、下册均如此。

[2] 宋琪. 最新唱歌教科书[M]. 上海：鸿文书局，1906：序2.

下册有歌谣38首，包括：《入学》《醒世道情》《叹中华》《惜阴》《群动》《栏中豕》《德国男儿》《狐假虎威》《自由钟》《十八省》《幼稚园》《醒世》《汝小生》《贪得》《贼秃》《钟馗》《朱符》《警警警》《游东洋》《闷葫芦》《五行》《非命》《村先生》《进步》《雷神》《看戏》《栗鼠》《虫豸》《植物分类》《动物分类》《老鸦》《马蚁[1]》《狡猾之马》《谋生》《践言》《女子体育》《傀儡》《大团圆》。

教科书看上去更像是图文并茂的百科全书，其主题内容富有包容性和多样性，可以说是非常开放积极的。其中，爱国励志的题材最多；另外还有宣言孔孟之道、讲述寓言故事、劝勉好学上进等主题；还有讲解地理、历史、科学甚至生理学知识的，比如在《卫生格言》中附上了人体内脏详解图；也有破解迷信的，比如《佛无灵》，不过在《汝小生》中又有歌词“佛亦报亲恩，忘亲乃畜生”，后面还附上了释迦的头像。

教科书中也渗透了编者自己的政治理想和政治倾向，他既不支持守旧党，也不喜欢当时的维新派，在《醒世道情》一曲中，提到守旧派时说“守旧党。暮气深。拥鼻咏。抱膝吟。蟫枯虫死无人问”[2]，提到维新派又说“维新党。大猖狂。崇卢孟。黜康梁。自由革命天天讲”[3]。《叹中华》的歌词批判了革新中出现的形式主义、官僚主义、浮夸主义，充满了批判主义色彩，真实地反映了现实与理想的差距，以及民众对于革新的消极态度。这似乎与教科书的整体风格和整个社会的进步思潮非常不协调，但实际上却是欲扬先抑，说明新法要真正实施需要从现实出发，有效实施，不可急功近利。这样的歌曲在同时期的教科书中是比较少见的，读起来像是编者闲时或不如意时的感叹。其歌词为：

豪杰士，叹中华。思想起中华国运差，老老少少都是这些无能辈，横着良心把那饭碗抓。

开学堂，最可怜，章程定了名目编。中西文法闹得人头痛，学生们黑地又昏天。

讲武备，练洋操，测量算学不懂半分毫，会了几句口号中什么用，一听枪炮早已没命逃。

买山地，把矿开，哄骗人家只说会发财，金银铜铁没有一点儿影，招股章程丢在字纸堆。

种田的，怕完量，差人一到无处可躲藏，何不讲究弄些肥田料，一秋两熟米壳成仓。

造铁路，第一桩，带了工程师先把地假量，一年两年修不好，十年八年付了汪洋。

穷措大，苦哀哉，八股策论一样把头埋。痴心妄想要把功名干，河南会试远远的来。

做工的人，是粗人，赚些铜钱好不幸［辛］苦，只要机器一部代我的手，声名洋溢日日进黄金。

生意人，爱便宜，同行嫉妒处处把人欺，奉劝大众喝齐心酒，贬价招徕其实太调皮。

豪杰士，叹中华，从今新法有了萌芽，栽培方法慢慢儿的想，不怕各国要分瓜。[4]

歌词后附一个带瓜秧的西瓜。

[1] 马蚁，今写作蚂蚁。

[2] 宋琪. 最新唱歌教科书[M]. 上海：鸿文书局，1906：63.

[3] 宋琪. 最新唱歌教科书[M]. 上海：鸿文书局，1906：63.

[4] 宋琪. 最新唱歌教科书[M]. 上海：鸿文书局，1906：64.

3.《教育唱歌集》

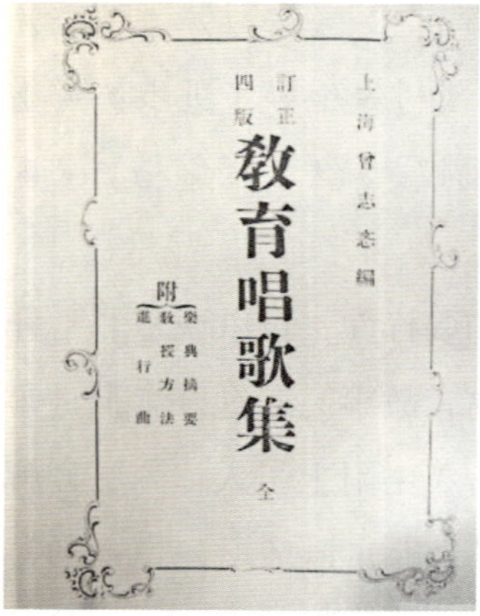

1—14

图 1—14　《教育唱歌集》，曾志忞编，东京教科书辑社，1905 年第 4 版

《教育唱歌集》由曾志忞所编，开明书店于1904年初版。曾志忞（1879—1927），字泽霖，号泽民，上海人。1901年，曾志忞留日学习，在东京专门学校（今早稻田大学）学习法律。他深受明治维新中学习西方音乐热潮的影响，于1902年参加了沈心工在日本东京留学生会馆组织的“音乐讲习会”；1903年考入东京音乐学校，1904年6月组建亚雅音乐会，其宗旨是“发展学校社会音乐，鼓舞国民精神”，亚雅音乐会被认为是中国近代音乐史上正式组建的第一个新式音乐机构。曾志忞在留日的七年间编写、译补了《乐理大意》《教授音乐之初步》《教育唱歌集》《音乐教育论》《乐典教科书》《音乐全书》《和声略意》《音乐四哭》等书籍和文章。1907年，曾志忞学成归国，此时正值中国近代音乐发展的启蒙时期，他怀着满腔热情投身到近代音乐的发展建设中。1907至1913年间，曾志忞凭着丰厚的理论知识和先进的教学理念在上海兴办音乐教育，与高寿田、冯亚雄等人创办了夏季音乐讲习会，创办上海贫儿院，还在院内组建了近现代音乐史上第一支由中国人组成的西式管弦乐队。

曾志忞对西洋音乐和乐理知识在中国的传播贡献巨大，他于1903年发表的《乐理大意》是目前所见中国人最早发表的介绍西方乐理的文章，他由此成为中国近现代第一位在汉语中公开使用“乐理”一词的人。1903年，他在《江苏》第 7 期上以简谱和线谱对照刊印发表的《练兵》《扬子江》《秋虫》等6首乐歌是迄今所能见到的最早公开发表的乐歌。1904年4月15日，曾志忞编著的《教育唱歌集》在日本东京出版，这是我国近代最早的唱歌教科书。1904年8月，他出版了《乐典教科书》，被认为是目前可考我国最早出版的由中国人编译的比较全面系统地介绍西方乐理的教科书，原书为英国人编写的学校音乐理论教科书，由日本高等师范学校的铃木米次郎翻译成日文，名为《音乐理论》，在日本三次再版，后经曾志忞翻译并补充成中译本。1905年3月出版的《乐典大意》是中国最早的一部关于乐理知识的普及读物。1905年9月和11月连续发表的《和声略意》是中国人介绍西方和声学知识最早的一篇文章。[1]曾志忞在乐理知识的传播上对中国近现代音乐教育产生了深远影响，他介绍的简谱记谱法的使用，还有一些音乐术语如“音阶”“音程”“拍子”“室

[1] 刘绵绵. 曾志忞与中国近代音乐教育史上的十个“第一”[J]. 中国音乐教育，2008（7）：46-47.

内乐”“倚音”等，都是当时从日文中翻译过来的；另外，还有在这一时期教科书中常看到但今天已经不再使用的一些符号和用语，如代表A、B、C、D各调性的ィ、ロ、ハ、ニ，表示大小调式的长、短调，表示升降记号的嬰、变号等，也都是由曾志忞引进的。

教材出版单位东京教科书辑译社，成立于1902年，地址设在日本东京，负责人是浙江求是书院留日学生陆世芬。东京教科书辑译社旨在编译中学教科书供国内各省学堂采用。

教材的上海总经销处为开明书店，由中国出版家章锡琛于1926年8月创办，为中国六大书局（商务印书馆、中华书局、开明书店、大东书店、世界书店、正中书店）之一，后来更是和商务印书馆、中华书局呈三足鼎立之势。开明书店拥有一支由夏丏尊、叶圣陶、顾均正、唐锡光、赵景深、丰子恺、钱君匋、王伯祥、徐调孚、傅彬然、宋云彬、金仲华、贾祖璋、周予同、郭绍虞、王统照、陈乃乾、周振甫等学者、作家担纲的知名编辑队伍，后来与青年出版社合并为中国青年出版社。[1]

这本教科书分类明晰，结构完整，包括“幼稚园用”歌曲8首、“寻常小学用”歌曲7首、“高等小学用”歌曲6首、“中学用”歌曲5首，其中署名“志忞”者16首。每首歌曲除用曲谱、歌词整体呈现外，还附单独的歌词，各占一个版面，有些歌曲因歌词有太多段而无法在曲谱版面完整呈现的（如有些歌曲实际有四段歌词，但曲谱版面只能呈现两段），则在单独的歌词版面呈现。书后还附有“师生参考”，包括“乐典摘要”“教授方法”和“进行曲”。

教科书的歌曲部分，在曲调上以轻快活泼为主，多以大调出现，小调和音域低沉的歌曲因其曲趣阴郁而不被采用。在歌词上根据不同的年龄有所侧重，低幼年级的歌词重在引发儿童的快乐情绪，多通过大自然美景、动植物、生活场景等来引发儿童兴趣，较少有训导之词。而小学高年级和中学的歌词题材则要深刻和现实得多。

“幼稚园用”的8首歌曲分别是：《老鸦》《勤》《春朝》《老雄鸡》《手戏》《蜂蝶》《小麻雀》《体操》。这些歌曲旋律简单、歌词工整，多为一字一音，题材与儿童的生活情趣相关，包含品德教育、纪律教育和爱国主义教育；并且根据儿童活泼好动的特点，安排了专门的游戏歌曲《手戏》。游戏设计为让儿童做各种手型，来代表皮球、雨伞、喇叭等各种事物，每一段下面还附有手部游戏的形状图。比如第一、二段的歌词为：

一个小球　圆混混　又小又灵轻

小椎子是　铁打成　拿来重顿顿[2]

“游戏法”中第一、二段的手部动作为：

唱第一段以两手之拇指食指作球状如下页图右侧所示，唱第二段以右拳与左拳相打如下页图左侧所示。

[1] 那秋生. 章锡琛与开明书店[J]. 书屋，2017（3）：77-78.

[2] 曾志忞. 教育唱歌集[M]. 东京：东京教科书辑译社，1905：10.

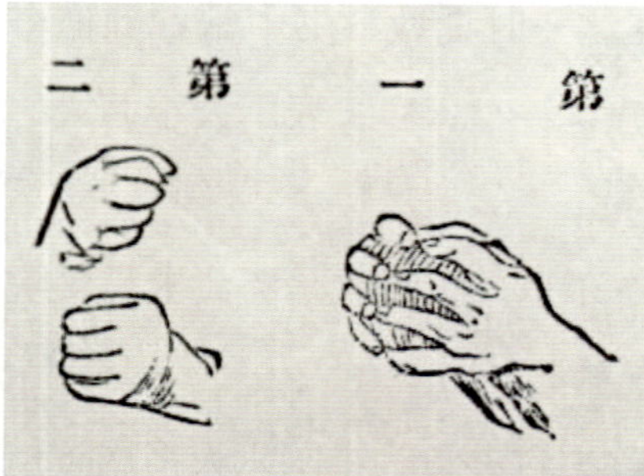

1—15

图 1—15 《手戏》中的手部动作示意图

“寻常小学用”的7首歌曲分别是：《新年》《马蚁》《游春》《练兵》《运动会》《纸鸢》《海战》。《海战》也是一首游戏歌曲，但比幼稚园的游戏动作要复杂精细很多，包括手脚动作的配合、队形变换、情境设计等。

“高等小学用”的6首歌曲分别是：《汝小生》《扬子江》《年假》《黄菊》《四季》《实业》。高等小学的曲调更复杂一些，节奏型开始多样化，也有了变化音的出现，歌词的文学性增强，在题材上有现实主义和实用主义的倾向。比如《汝小生》，曲调是三拍子，出现了附点、切分节奏型，还有变化音，曲调优雅舒缓，但歌词却充满了现实主义的复杂和沉重。这首歌共有10段，每一段从不同的角度分别描述了中华民族濒临的生存危机、社会动乱，教导学生应坚守爱国、孝亲、亲朋、律己的修身信条，并通过全面学习科学知识、强健体魄、发展实业技能以自强不息，最终实现中华民族的复兴和崛起。每段歌词分别以“保种”“爱国”“爱亲”“合群”“独立”“自治”“修学”“实业”“尚武”“复仇”为题。

第一段与“保种”有关的歌词为：

来来汝小生、汝看汝面何种族、芒砀五洲几大陆、红苗蜷伏黑蛮辱、虬髯碧眼独横行、虎视眈眈欲逐逐、于戏我小生、全球半黄人、以何保面目[1]

不过在歌曲最后的“注”中也有提示：此歌词意严锐，教授者须量生徒脑力之能受与否，然后施教。否则蹈从前徒，读孔孟格言之弊殊，非教育唱歌之本意慎之。[2]这说明编者虽然重视唱歌的教育意义，但也遵循因材施教、不违背音乐审美愉悦特性的原则，以使自己不陷入灌输教育的旧模式。

洋务运动中大规模模仿、学习西方工业化潮流也体现在音乐教科书的题材中，其中比较有代表性的是对“实业”的鼓吹，比如上述《汝小生》中第八段就是与“实业”有关的歌词：

来来汝小生、人不可无谋生资、嘴短懒飞雀啼饥、游手坐食民流离、黄金世界正在手、人出只手能维持、于戏我小生、而今廿世纪、便是工战场。[3]

还有专门的歌曲《实业》，描述了农、工、商各行业的特点、利益所得，鼓励学生看长远、早

[1] 曾志忞.教育唱歌集[M].东京：东京教科书辑译社，1905：37.

[2] 曾志忞.教育唱歌集[M].东京：东京教科书辑译社，1905：37.

[3] 曾志忞.教育唱歌集[M].东京：东京教科书辑译社，1905：37.

立志，在各行各业中努力打拼，既为自己谋前程，更为国家谋利益。歌词第一段写道：

问吾将来习何业。何业最利益。山林原隰取不竭。吾其习农业。种瓜得瓜种豆得豆。万事莫能及。还有牛羊犬马鸡豕。生生更不息。海有鱼盐山有薪，水产与森林。吾为国民谋利益，吾其习农业。[1]

歌词最后一段点题为：

吾辈将来习何业。何业最利益。不论农工不论商。利益均第一。做个国民尽个本份［分］。团体不可分。孝弟［悌］忠信礼义廉耻。呼起中国魂。只手擎天臂一振。有志事意［竟］成。愿吾同学少年人。珍重此前程。[2]

“中学用”的5首歌曲分别是：《醒世》《新》《战》《杨花》《黄河》，延续了小学高年级的词曲风格，难度加深。

“师生参考”部分的“乐典摘要”包含以下内容：

音符：介绍七声音阶各音符的简谱记谱法。

唱音：介绍七声音阶各音符的唱名。

音阶：介绍七声音阶、全音阶、半音阶、音名和与之对应的大调音阶，未介绍小调音阶。

音程：简单介绍了音程的概念，并附有相应的练习。其中，“第一练”是二度音程上、下行的练习，对于练习的要求为“此调须每日练习、务使人之发音、与乐器合而为一、豪［毫］无高下、则得矣”[3]。“第三练”为三度音程上、下行的练习，并提示：“以下四度五度、顺次练习、以八度为止、以上音程之练习、日不可间。”[4]

调子：介绍了十五个调名，并将其与中国传统调式的异同进行了比较。

拍子：讲解了一拍的时长“约钟锤之一动”，并介绍了二拍子、三拍子、四拍子和六拍子。

“教授方法”是为了让教师能更有效地根据教科书实施教学而作，这一时期多见于音乐教科书的附录中，后逐渐丰富、细致，发展成为独立的教师用书。本教科书的“教授方法”具体从以下几方面对教师的授课进行了指导——“口授”、“读谱”、“讲歌”（即解读歌词）、“教师之注意”、“人声之范围”、“音声之分类”、“气息用法”、“唱歌上之口形”、“口”、“舌”、“腭”、“发音”、“声力”、“声质”、“容貌”、“品格”、“衣服”。其中“教师之注意”一项，有很多关于教师要尊重儿童身心特点、审美喜好来因材施教、设计教学的建议。比如第F项说的是教学不当的两种表现：

（甲）一堂儿童、坐有前后、前者故易矫正、后者不免有怠懈疏忽、此教授上第一之害弊、故

[1] 曾志忞. 教育唱歌集[M]. 东京：东京教科书辑译社，1905：49.

[2] 曾志忞. 教育唱歌集[M]. 东京：东京教科书辑译社，1905：49.

[3] 曾志忞. 教育唱歌集[M]. 东京：东京教科书辑译社，1905：63.

[4] 曾志忞. 教育唱歌集[M]. 东京：东京教科书辑译社，1905：64.

生徒坐［座］位、务须间日交换、庶易知其高低锐钝、并发音之巧拙、姿势之如何、而力为矫正、

（乙）博生徒之进取、徒多用歌曲、此非真正音乐教授法也、唱歌之教授、与他学科同、须得寸则寸、得尺则尺、务在熟不在多、务在精确不在烦乱、切勿轻忽妄进、[1]

教材最后附进行曲《蜂征曲》（*The bee march*）一首，对于此曲的选用，编者解释道：“其旋法及和弦均极简易。初学勤而习之。不日能成。今世纪、各国所用进行曲。不下千百种。然悉皆复杂。非朝夕所得成。编者搜索群书。得此一曲。喜不自胜。因即付印。并记以弹法及记号略语。以贡诸吾国音乐界。”[2]由此可见编者在选材的普遍适用性和实践指导性方面的良苦用心。

4. 《国学唱歌集》（初编）

1—16

图 1—16　《国学唱歌集》（初编），李叔同编，中新书局国学会，1905 年

《国学唱歌集》（初编）由李叔同编写，中新书局国学会1905年初版。李叔同（1880—1942），名文涛，字息霜，以号行，浙江平湖人。李叔同是著名音乐家、艺术教育家、书画家、戏剧家，是中国话剧的开拓者之一。他从日本留学归国后，担任过教师、编辑之职，1918年剃度为僧，法名演音，号弘一，晚号晚晴老人，被人尊称为弘一法师。1913年，李叔同受聘任浙江两级师范学校（后改为“浙江省立第一师范学校”）音乐、图画教师，1915年起兼任南京高等师范学校音乐、图画教师，并为南京大学历史上第一首校歌谱曲。

《国学唱歌集》与曾志忞编的《教育唱歌集》、沈心工编的《学校唱歌集》同属一个时期，但与这两本教科书风格完全不同，它渗透了李叔同弘扬国学的编撰理想，反映了他在当时西学东渐盛行的社会环境下的文化坚守。教材“序言”写道：

《乐经》云亡，诗教式微。道德沦丧，精力爨摧。三稔以还，沈子心工、曾子志忞，绍介西乐于我学界，识者称道毋稍衰。顾歌集甄录，佥出近人撰著，古义微言，匪所加意。余心恫焉。商量旧学，缀集兹册，上溯古毛诗，下逮昆山曲，靡不鳃理而会粹之。或谱以新声，或仍其古调，颜曰《国学唱歌集》。[3]

由“序言”可见李叔同对于传统国学式微、民族文化渐趋衰败的感慨与惋叹，他提出编写歌集

[1] 曾志忞. 教育唱歌集[M]. 东京：东京教科书辑译社，1905：68-69.

[2] 曾志忞. 教育唱歌集[M]. 东京：东京教科书辑译社，1905：附录.

[3] 李叔同. 李叔同文集：文艺卷[M]. 北京：线装书局，2018：99.

之意旨在于以音乐为载体展现传统文化的声律美、词句美和德行美。与曾志忞、沈心工致力以西洋音乐填白话歌词、展现文化的当代性相比，李叔同更注重在传统国学文化的美学框架内，有限融合、利用西方的艺术，使其发扬光大。

教科书共收录21首歌曲，其中前15首分别采用《诗经》《楚辞》及其他古诗词为歌词，由李叔同配曲，是歌集的主要篇章，包括《葛藟》《繁霜》《黄鸟》《无衣》《离骚》《山鬼》《行路难》《隋宫》《扬鞭》《秋感》《菩萨蛮》《蝶恋花》《喝火令》《柳叶儿》和《武陵花》。在“序言”中，李叔同也将这15首歌曲作了分类：

毛诗三百，老唱歌集。数典忘祖，可为于邑。《扬葩》第一。

风雅不作，齐竽竞嘈。高矩遗我，厥唯楚骚。《翼骚》第二。

五言七言，滥觞汉魏。瑰伟卓绝，正声罔愧。《修诗》第三。

词托比兴，权舆古诗。楚雨含情，大道在兹。《摛词》第四。

余生也晚，古乐靡闻。夫唯大雅，卓彼西昆。《登昆》第五。[1]

教科书中附录部分另有6首歌曲，名为“杂歌十章”，包括《哀祖国》《化身》《爱》《男儿》和《婚姻祝辞》各一章、《出军歌》五章。前五首单章歌曲的歌词均为李叔同所作，曲调多采自国外的乐曲；《出军歌》的歌词由李叔同根据清末诗人黄遵宪的《军歌二十四章》编配，曲调来源不详。这六首歌曲虽然是在附录中呈现，但都是李叔同非常重要的学堂乐歌作品，反映了他对时代的观瞻、对时局的担忧、对奋起所发的宏愿。比如《哀祖国》歌词如下：

小雅尽废兮，出车采薇矣；豺狼当途兮，人类其非矣。凤鸟兮，河图兮，梦想为劳矣；冉冉老将至兮，甚矣吾衰矣。[2]

四部合唱曲《化身》被认为是李叔同的第一首弘扬佛教的歌曲。歌词如下：

化身恒河沙数，发大音声。尔昔千佛出世，瑞霭氤氲。欢喜欢喜人天，梦醒兮不知年。翻倒四大海水，众生皆倦。[3]

有趣的是，虽然《化身》是弘扬佛教的歌曲，但其曲调却来源于美国作曲家洛厄尔·梅森的赞美诗《上帝，我靠近你》的曲调，可见李叔同胸怀之宽广博大。

《爱》展现的是一种心系天下、心怀祖国的大爱：

爱河万年终不涸，来无源头去无谷。滔滔圣贤与英雄，天地毁时无终穷。愿我爱国家，愿国家爱我，愿国家爱我，灵魂不死者我。[4]

即便如《婚姻祝辞》这样的歌曲，也不是落入俗套的祝愿，而是宣传新思想，歌词如下：

[1] 李叔同. 李叔同文集：文艺卷[M]. 北京：线装书局，2018：99.

[2] 李叔同. 国学唱歌集：初编[M]. 上海：中新书局国学会，1905：附录2.

[3] 李叔同. 国学唱歌集：初编[M]. 上海：中新书局国学会，1905：附录6.

[4] 李叔同. 国学唱歌集：初编[M]. 上海：中新书局国学会，1905：附录4.

《诗》三百《关雎》第一，伦理重婚姻。夫妇制定家庭成，进化首人群。天演界，雌雄淘汰，权力要平分。遮莫说男尊女卑同，是一般国民。[1]

《出军歌》的歌词更是气势磅礴，其歌词（五章）如下：

四千余年古国古，是我完全土。二十世纪谁为主？是我神明胄。君看黄龙万旗舞，鼓鼓鼓！

一轮红日东方涌，约我黄人捧。感生帝降天神种，今有亿万众。地球蹴踏六种动，勇勇勇！

绵绵翼翼万里城，中有五岳撑。黄河浩浩流水声，能今海若惊。东西禹步横庚庚，行行行！

南蛮北狄复西戎，泱泱大国风。蜿蜒海水环其东，拱护中央中。称天可汗万国雄，同同同！

剖我心肝挖我眼，勒我供贡献。计口缗钱四万万，民实何仇怨！国势衰嘻人种贱，战战战！[2]

这本歌集名为“初编”，意味着编者有再出续集的打算，但随后歌集并未见后续，这与李叔同留学日本的经历不无关系。一方面是因为歌集出版后李叔同随即赴日本留学，时间上不允许；另一方面是因为李叔同在留学期间，感慨日本音乐教育改革的国际视野，反观自己在国内时所做的音乐普及工作，深感多有不足，具体到对《国学唱歌集》的反思，他曾在《昨非录》（首次发表于1906年李叔同在日本编的《音乐小杂志》中）一文中写道：“十年前日本之唱歌集，或有用1234之简谱者。今则自幼稚园唱歌起皆用五线音谱。吾国近出之唱歌集与各学校音乐教授，大半用简谱，似未合宜。……去年，余从友人之请，编国学唱歌集。迄今思之，实为第一疚心之事，前已函嘱友人，毋再发售，并毁板以谢吾过。”[3]即便如此，其友人仍然在1906年5月将歌集再版发行。

5.《唱歌教科书》

1—17

图 1—17 《唱歌教科书》，辛汉著，普及书局，1906 年

《唱歌教科书》成书于1906年，由辛汉著，铃木米次郎校阅。辛汉（生卒年不详），南京人，字石更。早年曾留学日本帝国大学法科，曾与铃木米次郎学音乐，回国后编制学堂乐歌。其所作歌曲常以“辛汉”为曲作者，以“石更”为词作者，编著《唱歌教科书》和《中学唱歌集》。《唱歌

[1] 李叔同. 国学唱歌集：初编[M]. 上海：中新书局国学会，1905：附录16.

[2] 李叔同. 国学唱歌集：初编[M]. 上海：中新书局国学会，1905：附录11-15.

[3] 李叔同. 李叔同文集[M]. 北京：线装书局，2009：139.

教科书》自出版以来，因其“修辞雅饬，选取精当”，深受大众欢迎，故出版不数月，便重印多次。教科书出版单位是普及书局，创办于清光绪年间，位于福州路惠福里，以出版教科书见长，创办人为陶甲三。

教材共包含歌曲33首，后附“乐理撮要”。歌曲包括《读书乐》《太阳》《自由车》《少年》《小马》《赛马》《陇头吟》《采莲》《春之花》《冬之夜》《练兵》《客中月》《送春归》《晓》《看花歌》《炮兵歌》《步兵歌》《哀江南》《惜春词》《国魂》《军歌》《从征军歌》《陆战》《海战》《师恩》《母之恩》《故乡》《古战场》《亚东帝国》《隋堤柳》《中国男儿》《胡不归》《卒业生之别》。流传最为广泛的歌曲当数《中国男儿》，曾受到周恩来等人的喜爱和传唱；1918年，《中国男儿》成为云南讲武学校校歌。

6.《中学唱歌集》

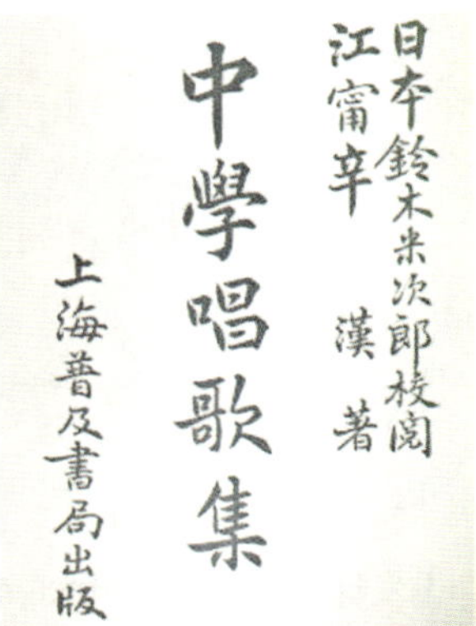

1—18

图 1—18 《中学唱歌集》，辛汉著，普及书局，1906 年

《中学唱歌集》出版于1906年，由普及书局出版。此书由铃木米次郎原著，中文译著出版后又由铃木米次郎校阅，分别由铃木米次郎和石更作序。辛汉之前所著《唱歌教科书》虽大受欢迎，但书中可供中学教科书选用的歌曲较少，随着中国民众音乐素养的不断提升，对教科书的需要也要与时俱进，因此辛汉又编写了《中学唱歌集》，以供中学教学之用。该教科书的编写理念不仅仅限于歌本的汇编，而是依据中学生的身心发展特点，将音乐与精神教育相结合，如铃木米次郎在“叙”中所言：“小学时代，学生之脑力幼稚，故各种科学精神之教育，必附丽于形质；至中学，则智识渐完，优美之思想，完全之人格，必于此时期养成之。音乐之道，何独不然。是编修辞、选曲，多以精神教育为主，其唤起伦理之观念，政治之思想，振武之精神，诸作皆能令歌者奋然兴起。然则是编之出，不独为音乐界进化之先声，其有补于国民之教育者，岂浅鲜哉。”[1]署名为“石更”的“叙”中也说道：“比年以来，国家追今亦云瘳矣。感此无已，沉忧攻中托志声乐，亦咏叹以自聊耳。且弦诵之声通于政教，风雅绍垂面可沦坠。……当此君子想有同者，于以乎此短书，协之乐律，扬吭发声，拂抒所褢，宏此乐育之志。雅视之矣，然非所敢望也。”[2]由此可见，该教科书尤

[1] 钱仁平. 民国时期音乐文献汇编：第七册[M]. 北京：国家图书馆出版社，2015：474-475.
[2] 钱仁平. 民国时期音乐文献汇编：第七册[M]. 北京：国家图书馆出版社，2015：477-478.

为强调音乐和音乐教育在伦理上的品质，旨在通过音乐培养学生在伦理道德方面的品质和潜能。

教材包含歌曲30首，后附“乐理撮要”。以五线谱记谱，每首歌曲除了以歌词乐谱整体呈现外，还单独将歌词列出，在目录中也将每首歌曲有几段歌词标出，以“一首”“二首”等标记，如“（一）我国二首”表示《我国》这首歌曲共有两段歌词。

30首歌曲中含单声部歌曲24首，其余6首为二声部合唱。其中单声部歌曲分别是：《我国》《军舰》《轻气球》《航海》《壮士》《国魂》《中国男儿》《太平洋》《母之思》《师恩》《怀友》《鸣琴》《春燕》《芳草》《避暑》《公园》《归舟》《忆江南》《塞外曲》《荆轲》《岳武穆墓》《隋堤柳》《明故宫》《卒业生之别》。二声部合唱曲分别是：《战场月》《乐天》《菊》《军人》《出军》《独立》。

“乐理撮要”包括：谱表、音部记号、音符及休止符、小节、拍子、音阶、杂记号（即各种表情符号）。

7.《新中国唱歌集》

1—19

图 1—19　《新中国唱歌集》（二集），金一编，小说林社，1906 年

《新中国唱歌集》由金一即金天羽编，小说林社1906年初版。金天羽（1874—1947），原名天翮，字松岑，号鹤望生，江苏吴江人，中国近代诗人、思想家和教育家。金天羽的主要成就在诗文方面。钱仲联先生在《三百年来江苏的古典诗歌》中指出金天羽、黄人、高旭、柳亚子等人是“诗界革命”在江苏的一面大纛[1]。“诗界革命”是维新变法前后由资产阶级改良派发起的文学界变革运动，由梁启超于1899年在《夏威夷游记》中提出“欲为诗界之哥仑布、玛赛郎，不可不备三长：第一要新意境，第二要新语句，而又须以古人之风格入之，然后成其为诗”，他认为具备三者，则可以为中国20世纪的“诗王”。[2]“诗界革命”的精神在金天羽的诗作中得到了很大的体现，他自称其诗“有律令，不趁韵，不咏物”。同时，金天羽也是一个爱国主义诗人，他早期拥护维新变法，后又成为资产阶级民主革命的忠实拥趸，参加了兴中会，在其诗词创作中有大量宣扬资产阶级民主革命、具有强烈时代精神和政治色彩的内容。

[1] 周成强. 金天羽与“诗界革命”[J]. 山东省青年管理干部学院学报，2010（5）：117.

[2] 周成强. 金天羽与“诗界革命”[J]. 山东省青年管理干部学院学报，2010（5）：117.

金天羽非常看重音乐的教化作用。据钱太初记述，在金天羽创办的学校中，“除文史外，重数理及唱歌”[1]。早在1902年，他就与薛凤昌等人依托同川书院创办了自治学社与理化音乐传习所，传授新文化。《新中国唱歌集》是他采用学堂乐歌，取他人曲调填词而编写，其中收录了大量他自己创作的诗词，是他诗作音乐化的集中展现。这些诗词与黄遵宪“明白晓畅，务期达意”“适用于今，通行于俗”的新体诗有异曲同工之妙，充满了浓烈的忧患意识和爱国主义情怀。

教科书出版单位小说林社是一家以出版翻译小说而闻名的晚清出版机构，创办人曾朴在经营生意失败之后转而投身出版事业，于1904年开设小说林社。此后，小说林社得到了快速发展。1907年初，小说林宏文馆有限合资会社成立，随后《小说林》杂志正式问世。一年之后，小说林社因为经营问题而被转让，《小说林》杂志也停办。

《新中国唱歌集》共有三集，分别于1906年六月、八月和十二月初版，封面为蓝底衬绿叶和粉色、嫩黄小花，十分清新自然。版权页均注明“编辑者：吴江金一”“校阅者：常熟初我”“发行所：小说林总发行所”。但初集和二集的发行单位为小说林社，三集的发行单位为宏文馆。

《新中国唱歌集》收录的歌曲均为简谱单声部乐歌，均无序言，开本尺寸均为宽18.6厘米，高13厘米，同样在目录中也以“一首”“二首”等标记注明每首歌曲的段落数。其中初集收录歌曲38首，分别是：《祝自由神》、《历史歌》、《长城》、《踏青》、《慈乌夜啼》、《燕》、《蚕》、《黄菊花》、《物理图》、《八音琴》、《电灯》、《电车》、《汽车》、《轻汽[2]球》、《航海》、《蜡人院》、《寒山寺》、《岳阳楼》、《庐山高》、《边风》、《终军请缨》、《祈战死》、《出军歌》、《出征》、《凯旋》、《欢送征兵》、《野操》、《国民大纪念》、《中国地理》、《秋思》、《织锦女》、《明妃》、《黄鹤楼》、《日本不忍池晚游》、《黄河远上》（附《秦时明月》）、《喝火令》、《清平调》、《易水饯荆卿》。

二集收录歌曲40首，分别是：《黄帝》《国旗》《赛马》《纪念塔》《女青年》《娘子军》《奴痛》《招国魂》《亡国恨》《舍身报国》《征兵》《怀帝乡》《战辽东》《哀印度》《吊埃及》《法兰西马赛革命歌》《摆仑叹希腊》《大操》《陆军》《中国海军》《古行军》《出军》《雪中行军》《凯旋》《练兵》《哀祖国》《大风歌》《大汉纪念歌》《太平洋》《扬子江》《黄河》《大国民》《演孔》《爱国歌》《英文字母》《笑》《幼稚园上学歌》《女学生入学歌》《暑假》《终业式》。

三集收录歌曲20首，分别是：《喇叭招军》《游戏守法》《蝶》《学堂之好友》《兵队操》《雁》《踢球》《温公击瓮》《学堂之钟》《梅花》《送春》《班超》《金陵怀古》《虹》《物类相戕》《九秋》《读书镫[3]》《炮台》《铁道大王》《虫之乐队》。

[1] 李静. 金天翮创编之晚清乐歌集考[J]. 汉语言文学研究，2018（1）：65.

[2] 轻汽，即轻气，今写作氢气。后文同。

[3] 疑编者笔误，疑为“燈”字，即“灯”字。

8.《学校唱歌集》（三集）

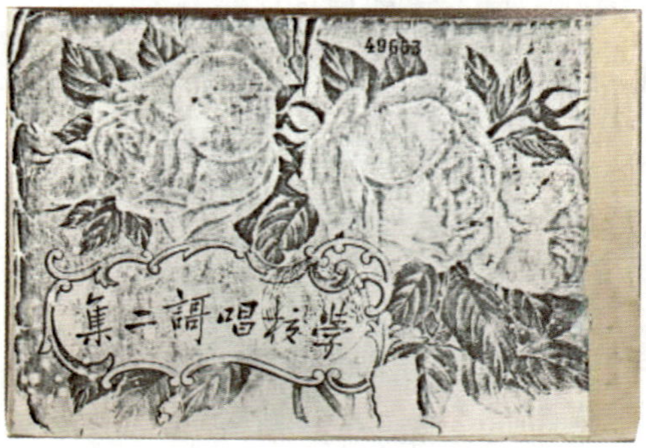

1—20

图 1—20 《学校唱歌二集》，沈心工编，文明书局，1906 年

沈心工（1870—1947），原名庆鸿，字叔逵，笔名心工，上海人，中国音乐教育家，学堂乐歌的代表人物之一。20岁时考取秀才，成为私塾先生。对维新变法和西方新学兴趣浓厚，常赴上海格致书院听英人傅兰雅讲授西方新学，在聆听和学唱赞美诗时接触到欧洲古典音乐作品，并学习了五线谱，从此埋下了研究西学的种子。1895年，应聘到上海圣约翰书院（后改名为圣约翰大学）讲授国学。1897年考入南洋公学（1903年改名为上海商务学堂，不久后改名为商务部高等实业学堂）上院，成为中国首届师范生。同年，南洋公学设外院（附属小学堂），开设国文、算学、史学、舆地、体育课程，由沈心工等十余名优秀师范生兼课。为适应教学之需，沈心工与陈愁治、杜嗣程等合编《蒙学课本》，这是中国近代教学史上最早自编的小学教科书。1902年，沈心工东渡日本，进入东京弘文书院学习，后转入侨胞自办之清华学校。其间获铃木米次郎指导，研习西洋音乐并开始创作乐歌。1903年从日本回国，应聘到上海商务学堂附属小学堂任教，开始了长达20余年的教学生涯。同年3月在学堂开设唱歌课，在教育界引起极大关注，被李叔同称为“吾国乐界开幕第一人”，后又在全国范围首开学校团体集体歌咏之新风气。1904年，编撰《学校唱歌初集》，由文明书局出版，这是我国在颁定“癸卯学制”的当年所编定出版的第一本小学音乐教材，共收录乐歌43首，多为选曲填词。同年5月，翻译出版日本石原重雄著辑记的《小学唱歌教授法》，积极倡导学习西方音乐。在书中，沈心工批判了世人对西学的排斥态度，同时强调了音乐的社会功能，认为“欲感动一时之人情者，必制一时适宜之音乐，此自然之势也”[1]。1906年，编辑出版《学校唱歌二集》。1911年，出版《重编学校唱歌集》（共6集），4月再版。1913年编辑出版《民国唱歌集》（共4集）。1934年，编辑出版《心工唱歌集》，书中精选了他的乐歌作品82首；5月，协同音乐教材编订委员会编成中小学音乐教材初集，共四册，与萧友梅、黄自等12人受聘为音乐教育委员会委员。

沈心工对中国学校音乐教育的发展起到了开山鼻祖的作用，被认为是最早开始编写乐歌教科书的人之一，也是“最先有意识地针对中小学生及学前儿童的特点来编写乐歌教科书的一位作者”[2]。他的大多数乐歌，是“以向小学生进行爱国、民主、文明、进步等教育为主要内容的儿童

[1] 秦启明. 沈心工年谱[J]. 南京艺术学院学报（音乐与表演版），1988（1）：42.

[2] 汪毓和. 中国近现代音乐史[M]. 北京：人民音乐出版社，1984：19.

歌曲”[1]。歌词常与学生的日常生活相联系，从孩童能理解的角度做一些富有兴味的表达，充满童真童趣又富有教育意义。

教科书出版单位文明书局是由无锡名士俞复、廉泉、丁宝书等于1902年在上海创办的一家民营出版机构，初称文明编译书局。文明书局以出版教科书著称，是晚清第一所成立之时就以专门出版教科书为主业务的民营出版机构。[2]文明书局后在与商务印书馆和中华书局的激烈竞争中逐渐式微，于1915年被中华书局盘入名下，1932年完全并入中华书局。

《学校唱歌集》是沈心工担任上海商务学堂附属小学堂唱歌课教师期间自行编写的教材，共三集，《学校唱歌初集》出版于1904年，《学校唱歌二集》和三集分别出版于1906年和1907年，目前仅见《学校唱歌初集》《学校唱歌二集》留存于世。书中所收歌曲主要是编者根据日本及欧美歌曲填词的学堂乐歌，歌词大多以富国强兵、抵御外侮，宣传爱国民主和科学精神为内容。

《学校唱歌初集》有歌曲23首，大部分是沈心工填词的白话文歌曲，另外还包括夏颂莱、吴怀疚、陈颂平等人填词的乐歌。《学校唱歌初集》中的乐歌分为甲种、乙种、丙种三类，按编者所言：“甲种曲调平易，歌意浅显，语多言文一致，跟参以游戏期合乎儿童之心理，凡幼稚园及寻常小学堂均可用；乙种之曲抑扬曲折较难于甲，宜于高等小学及中学堂之程度；丙种为礼式上特用之歌，故别之。”[3]《学校唱歌初集》所选乐歌比较简单，音域在一个八度以内，曲调多为C大调、G大调和F大调，只有丙种里有一首小调歌曲，节拍主要为$\frac{2}{4}$，$\frac{4}{4}$。

《学校唱歌二集》是在《学校唱歌初集》大受欢迎的情况下，1906年在文明书局出版。《学校唱歌二集》含乐歌14首，所有歌曲均注明了选曲出处及原曲的名称，大部分取材于日本，其中有4首选自《日本小学唱歌》、3首选自《日本中学唱歌》，在《日本游戏唱歌》和《学校游戏法》中各选了1首，另有2首选自美国歌曲，这是沈心工出版的教科书中唯一一本标有出处的歌集。《学校唱歌二集》同样十分注意根据学生的年龄特点安排歌曲与活动，将歌曲分为甲种和乙种两类，分别适用于初等小学和高等小学。《学校唱歌二集》所选歌曲以大调、单音的旋律为主，$\frac{2}{4}$拍和$\frac{4}{4}$拍的曲子居多。与《学校唱歌初集》相比，《学校唱歌二集》还添加了两升两降调式的歌曲和$\frac{3}{4}$拍的歌曲。《学校唱歌二集》歌曲均经龙门师范学校、商务部高等实业学堂附属小学及务本女塾诸生一再试唱，再行选定。

教科书中编配有游戏和插画，这也是沈心工音乐教科书编写的一大特点，强调遵循儿童的身心特点来实施教学，提倡边唱边演，这在当时也是一个创举。他在《学校唱歌初集》凡例中写道：“游戏一事，我国讲求者少。是编于游戏法，说明特详，间附以图。”[4]游戏既符合儿童活泼好动

[1] 陈应时，陈聆群. 中国音乐简史[M]. 北京：高等教育出版社，2006：238.

[2] 张梅. 文明书局教科书出版研究[D]. 天津：天津师范大学，2008：14.

[3] 孙小钧. 沈心工乐歌教材览释[J]. 山东艺术学院学报，2011（6）：30.

[4] 李静. 新评沈心工《学校唱歌集》[J]. 人民音乐，2014（9）：52.

的天性，又因其与歌唱相配合的律动，所以能使儿童在愉悦中感知音乐丰富的旋律走向、节奏行进、情绪情感和理解内涵。对此，沈心工的小儿子沈葆中在《记父亲在音乐创作实践方面的几件事》一文中写道，“父亲常这样想：一首歌曲，如果只会唱，而不明白歌词的意义，这歌起的作用不会很大；为使儿童们在幼小心灵里懂得歌词用意，教孩子不仅会唱，还要边唱边演，通过表演，孩子们就能深刻理解歌词意义，就能起更大的作用；这是他运用音乐来教育人的典型事例”[1]。文中还提到他大哥沈葆琦就是父亲当时试行这种歌曲表演的第一人，演唱的歌曲是《男儿第一志气高》。这首《男儿第一志气高》也就是教科书《学校唱歌初集》中的歌曲《体操》（男子用）。《体操》（男子用）的原曲是铃木米次郎所作的《手指游戏》，收录于1900年出版的《日本游戏第三编》，是一首游戏歌曲，游戏设计为让儿童做各种手型，来代表皮球、喇叭等各种事物。沈心工于1902—1903年师从铃木米次郎，《体操》（男子用）便是在这期间创作完成的，在教科书中也有相应的体操动作设计，如第一句（歌词为“男儿第一志气高”）的动作是“左手插［叉］腰，右手挺出，稍向右面之上方，目光直注拇指（四指皆拳）”。如第十、十一句的歌词是“操得身体好”和“将来打仗立功劳”，相应的动作是“第十句：双手插［叉］腰，挺胸、瞪目，以示身体强健之意。第十一句：左手依旧插［叉］腰，右手握拳，屈向前方，头稍右转，怒目而视，巍巍如纪功之铜像然”[2]。这些动作的设计既配合歌曲的节奏韵律，又契合体操动作锻炼身体的主旨，还以“目光直注”“瞪目”“怒目而视”“巍巍如纪功之铜像然”等带有情绪引导和阐发的表述，直观引发儿童的爱国心和抗敌心。

除《体操》（男子用）外，《学校唱歌初集》中配以游戏的歌曲还有《赛船》《雁字》《鸡》《花园》；《学校唱歌二集》甲种歌曲中也安排了三首充满童趣的游戏唱歌，分别是《小兵队》《耕牛》《卖花》，附以游戏法则，鼓励学生用身体的律动生动地将歌词内容表达出来，很符合儿童的天性。

9.《中学乐典教科书》

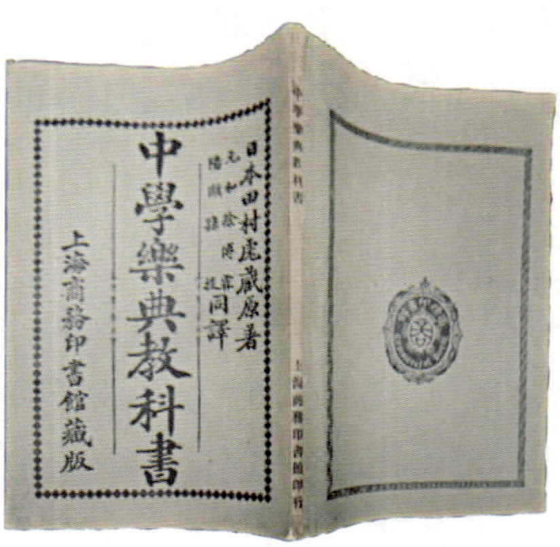

1—21

图 1—21 《中学乐典教科书》，［日］田村虎藏著，徐传霖、孙掞译，商务印书馆，1913 年第 7 版

[1] 沈葆中. 记父亲在音乐创作实践方面的几件事[J]. 中央音乐学院学报，1990（4）：5.

[2] 李静. 新评沈心工《学校唱歌集》[J]. 人民音乐，2014（9）：53.

该教科书为译著，著者为日本田村虎藏，由徐传霖、孙掞译。田村虎藏是日本作曲家，创作了大量的儿童教育歌曲，被广泛纳入各种学校音乐教材。徐传霖曾在1907年与徐一冰、王季鲁等创办了我国近代第一所体育专门学校——中国体操学校。

教科书1907年由商务印书馆初版，后几经再版。这是专门讲解西方乐理知识的教科书，也是我国现见最早正式出版的适用于师范、中学和高等女校的乐理教科书。[1]译本审时度势，对原著中不符合我国国情的日本歌曲进行了删减。

教材共有十八章，分别为“谱表”、“音部记号”、“音名”、“音符”、“休止符”、“纵线”、“反复记号”、“拍子”、“变化记号”、“发想记号”（含各种速度力度记号和演奏记号等）、“音域”、“音程总论”、“音程各论”、“音阶总论”、“长音阶”、“短音阶”、“半音阶”、“日本乐之音阶”。除此之外，教科书还后附六章附录，分别为“旋律之装饰”、“记谱省略法”、“音阶各音度之名称及性质”、“移调及转调”、“略谱”、“拍节机”（即节拍器）。该教科书内容为纯粹的乐理知识介绍，并未附相关练习。

[1] 孙继南. 中国近现代音乐教育史纪年：1840—2000[M]. 济南：山东教育出版社，2004：36.

本章小结

晚清学校音乐教科书的编写开启了中国真正意义上学校音乐教科书的篇章。它有借鉴国外音乐教育和音乐教科书的基本内容，带着全新的风貌，同时又赋予了文本适合中国国情的精神内涵和功能取向。这一时期音乐教科书还是以歌唱集为主，在歌曲的曲调选择、主题编撰上无不映射了社会的改良，寄予了民族的希冀，但又不可避免地带有封建保守主义的桎梏。总体来说，晚清学校音乐教科书的发端与发展呈现出以下特质。

一、在西方音乐体系中彰显中国特色

晚清学校音乐教科书的发端来自教会学校。教会学校的音乐教科书以西方乐理体系为基本要素，将西方音乐的表现形式、创作手法呈现于中国学生面前。当然，此举显然有文化入侵的政治目的，而且因为教会的职责和教会音乐的有限性，教会学校编写的音乐教科书在教学目的、教学内容和教学受众上都有所限制，甚至可以说是比较狭隘。但对于彼时封闭的中国民众而言，它已经起到了先驱的作用，为国人接触和学习西方专业音乐知识打开了一扇窗户。以五线谱为代表的现代乐理知识如音阶、节奏、节拍、音程、调式调性、转调，以及音乐术语、歌唱方法、演唱处理等的学习，不仅为后人创作新音乐打下了一定的基础，也为更有效记载和保存中国传统音乐提供了途径；教科书中呈现的西方乐理知识编写体系，为后来西洋乐理的著述写作提供了诸多可供借鉴的宝贵经验，甚至是当今中国普遍音乐教学体系所依循的雏形，也为后来中国在多声部歌曲的编配与演唱方面的尝试奠定了基础。

虽然是为了传播西方基督教义，但教会音乐教科书的编写者却普遍重视入乡随俗，充分考虑中国人的文化背景、思维习惯和学习特点，将知识点承载于中国人理解的表述方式上来传授，其间不乏对中国音乐文化和知识的深入理解和运用。如狄邦就烈在《圣诗谱・附乐法启蒙》中“用中国文化中的阴柔阳刚的美学范畴来比拟升号与降号、音程的协和与不协和，民族心理中的‘满’与‘亏’来说明大小调式与大小音程的色彩对比，考虑并迎合中国封建社会中央集权的等级、品级制度而用‘正品、副品、下品、上品’来区分比拟合唱的四个声部，用历法中的七个天干字‘甲、乙、丙、丁、戊、已、庚’来代表调式的音级，采用首调唱名法等等。这些中国化、民族化的改良、转换工作都是十分有益、也是十分有意义的尝试与创新”[1]。而李提摩太夫妇把孔庙音乐和他们在五台山听到的佛曲运用到教科书中，是因为他们认为佛教礼拜仪式中的音乐与西方古老教会的应答歌有异曲同工之妙，可以用于基督教礼拜仪式中。所有的这些活动都在一定程度上促进了中国音乐的多元化发展，为中国传统音乐的新发展提供了思路，推动了中国社会的进步。

教会学校为中国20世纪20年代后期兴起的专业音乐教育培养了一定的人才，其中就包括学堂乐歌的创作者。比如，早期学堂乐歌曲作者邹华民和被公认为“学堂乐歌之父”的沈心工，最初都是从教会学校中学到了新的音乐知识。教科书中大量集体歌咏形式的基督教音乐，也为学堂乐歌的创作者提供了素材，对赞美诗进行旧曲填词是学堂乐歌创作的源泉之一。李叔同、沈心工、冯梁、华振、胡君复、张秀山和沈秉廉等人都曾创作赞美诗的填词歌曲。“李叔同编《国学唱歌集》中《无衣》的曲调便是采自美国作曲家萨拉·哈特（Sarah Hart）所作的赞美诗《小小滴水歌》（*Little drops of water*），采用美国作曲家威廉·B.布拉德布里（William B. Bradbury）的赞美诗《耶稣爱我》的歌调写成了《爱》。沈心工还根据基督教赞美诗《流血之泉》的曲调填词创作了《春游》，并且在当时广为流传，受到了音乐教师和中小学生的喜爱，《心工唱歌集》中的《青蛙》《卖布》和《新年》也都是赞美诗曲调的填词歌曲。”[2]由此可见，教会音乐教科书在为近代中国音乐改革者提供音乐启蒙知识的同时，也激发了他们对音乐多元化的探索，为本国音乐教科书的编写提供了丰富的可供借鉴和发展的素材，是中国近代新式学堂音乐教科书编撰的重要文本来源之一。

二、与社会改革相呼应的题材多样性

这一时期的音乐教科书既不同于中国古代各种乐谱集的专业性和私人性，也不同于教会音乐教科书的舶来性和殖民性，而是中国人自己编写的、与中国国情相符的、伴随着现代学制出现的、按年级学段编写的普通学校音乐教科书。

现代意义的教科书有一个很重要的特点，就是按年级学段编写，这个特点在音乐教科书中也有所体现，但又并不十分鲜明。这一时期的音乐教科书虽然基本上有适用学段的规定，但并没有细化，如《中学唱歌集》虽然指定初中所用，但并没有具体说明适用初中几年级，更不像其他学科教科书一样，有严格按每学期课时成块分配的时间布局，即教科书的编写没有“课时”的概念，大多是歌曲的汇集和乐理知识的集中呈现。由此可推断，小学、初中虽然开设有音乐课，但并不是每个学期均开设，开设的学期、课时也没有统一规定，这与当时清政府将音乐定为“随意科”不无关系。因为学校开设音乐课的时间、时长都没有明确规定，所以很难有一本严格按学期进度编写的音乐教科书。

[1] 施咏，刘绵绵.《圣诗谱·附乐法启蒙》探源、释义与评价[J]. 天津音乐学院学报，2006（1）：87.
[2] 徐玲. 近代基督教音乐对学堂乐歌的影响[J]. 渤海大学学报（哲学社会科学版），2007（3）：150.

这一时期教材以学堂乐歌为主，多采用外来曲调。在这一现代音乐创作尚未起步的阶段，曲调的来源要考虑到大众审美的可接受性，因此是有限的，而歌词在这个时候所承担的审美教育、品德教育甚至认知教育的功能都要远大于旋律本身，这是当时普及教育、开化民智、改造社会的教育理想在音乐教育中的体现。而其中所占比例最大的则是关于军、国、民教育的内容。1906 年，学部奏请清廷后将新厘定的“忠君、尊孔、尚公、尚武、尚实”之教育宗旨宣示天下，其中在“尚武”一节中特别指出：“于音乐一科，则恭辑国朝之武功战争，演为诗歌，其后先死绥诸臣，尤宜鼓吹揭扬。以励其百折不回，视死如归之志。”[1]为响应这一号召，音乐教科书中出现了大量的军事主义题材歌曲，这也是音乐教科书以其广泛的影响力介入国家存亡抗争的价值体现。

除了军、国、民、教育的题材外，这一时期歌词的主题因不同的教育功能也体现出多元性。有描写自然风光、大好河山的，如《教育唱歌集》中的《四季》：“春季里不亦乐乎。春天实在好。风吹面。洋洋暖气。风轻身亦轻。满山满水绿层层。奇花满地生。鸟啼蝶舞咏且归。童子六七人。”有倡导好好学习、激励奋进的，如《教育唱歌集》中的《年假》写道：“岁月去如流。又是残冬风雪候。去年今日仍如旧。自问进步否。愿明年开学相期不落他人后。日月不可留。莫把青年等闲负。”有宣扬新思想、倡导新风尚的，如金天羽在《新中国唱歌集》中所作《女学生入学歌》写道：“二十世纪女学生，美哉新国民，校旗妩媚东风轻，喜见开学辰，展师联袂整衣巾，入学去重行行。”有鼓吹科学精神、描绘新事物的，如石更在《中学唱歌集》中所作《轻气球》的歌词唱道：“科学思想日精研/气球白日能升天/仰观日月双镜悬/照我须眉妍/俯视地球形椭圆/世人扰扰若蚁旋/袖底清风足底云烟/气象列万千。”有进行人伦教育、宣讲道德规范的，如《教育唱歌集》中《老鸦》的歌词写道：“老鸦老鸦对我叫，老鸦真正孝。小鸦朝朝打食归，打食归来先喂母。自己不吃犹是可，母亲从前喂过我。”

这一时期，由于歌词的创作远远超出有限的曲调所能承载的数量，所以常出现一个曲调配上多段歌词，或一个曲调配上不同主题歌词的现象，当其过于泛滥的时候，就会导致一种违背音乐本体美的审美扭曲。比如《汝小生》有十段带半白话性质的比较沉重的现实主义叙事性歌词，搭配的是简单的抒情性的三拍子的曲调，词意和曲趣不搭，歌词发音与旋律的走向也不匹配，对此有人批判道：“这一时期的歌曲，大都是旧谱新歌。曲调简陋固不必说，词意和曲趣，句法和曲调组织，往往格格不相入。一首十分单调的曲谱，可以用不同的歌词，反复唱上七八遍，甚至十多遍（如《西湖十景》就唱十遍）。同一曲调，可以咏史述古，也可以抒情写景，更可以讽世劝士；作者但知卖弄文墨，根本没有注意到曲谱的工拙，以及词曲双方的关系。所谓唱歌，不过是变相的吟诗而已。”[2]

[1] 杨慧慧. 晚清学部编审教科书的活动[D]. 长春：吉林大学，2006：7.

[2] 冬宇. 我国最早的音乐教材[J]. 音乐与教育，1947（2）：10.

三、古文与白话文并存的歌词创作

教科书中乐歌的创作者很多是文学造诣颇高的大师，从他们不同风格的乐歌歌词创作中，可以看出在西学东进的大潮中，他们或是坚守古风雅韵，或是顺势而变，或是新旧兼顾。因此，这一时期的乐歌歌词在行文上多样纷呈，不仅有纯文言体风格，也有以古风形式阐发新意境的新体诗风格，还有完全白话文体的风格。可以说，这是彼时中国在文学创作上各种思潮碰撞、中西交汇、新旧更迭的现象在音乐教科书中的集中展示。其中，坚守中国传统风雅词趣的代表人物当数李叔同，而金天羽则是新体诗创作的典范；在白话文的积极倡导和实践上，当以沈心工和曾志忞为重，这也是当时乐歌创作文体中所占分量最多的，与当时文学创作倡导“言文合一”的近代白话文运动相契合。裘廷梁在《论白话为维新之本》中认为，“文字之始，白话而已矣”，呼吁要“崇白话而废文言”，“白话行而后实学兴”。[1]梁启超也认为：“文学之进化有一大关键，即由古语之文学，变为俗语之文学是也。各国文学史之开展，靡不循此轨道。”[2]

沈心工是白话体歌词创作第一人，他的第一首学堂乐歌作品《体操》被认为“标志着近代白话体歌曲创作的肇始”[3]，歌词如下：“男儿第一志气高，年纪不嫌小。哥哥弟弟手相招，来做兵队操。兵官拿着指挥刀，小兵放枪跑。龙旗一面飘飘，铜鼓咚咚敲。一操再操日日操，操得身体好。将来打仗向前跑，男儿志气高。”在陈懋治为其《学校唱歌二集》所作的“序”中写道：“学校歌词不难于谐雅，而难于谐俗。今若院本，国初以来，云亭、西堂风靡一世，其在今日，乃不能与燕秦俚俗之辞，角胜负于歌台舞榭间。风气之变，虽视夫提倡者之何如，然以阅数千年不能人人尽通之文字，又益之以藻饰，其能使家弦户诵，而不为广陵绝响耶？夫乐之所以感人者，非徒以音焉而已。彼乐工日诵《琵琶记》《桃花扇》诸曲，而绝无能解其义者，其感情曾有几何？故谓化俗移风，于乐无与则已，若循春诵夏弦之义，而俾黄口孺子歌《风》肄《雅》，谓能陶淑情性，少知心理者能信之乎？比年以来，斯义渐彰，按谱协律，颇有作者。然其弊病大都不纯，一阕之内，文俗杂糅。求所谓质直如话，而又神味隽永者，自沈君叔逵所著外，盖不数见也。”[4]由此可见，相对于幽深隐晦的古语而言，当时中国教育所急需的，是能快速且直接通达普通大众内心，被大众所理解和接纳的通俗用语。白话体歌曲的大量出现，既达到了以浅显直白、通俗易懂的方式尽可能地在最广大民众中传播新思想、普及新知识、启迪民智的目的，又在很大程度上起到了倡导和普及白话文的作用。

[1] 倪伟. 清末语言文字改革运动中的“言文一致”论[J]. 杭州师范大学学报（社会科学版），2016（5）：49.

[2] 姜异新. 文学革新的内在悖异：戊戌维新启蒙策略选择[J]. 文学评论，2004（2）：49.

[3] 杨成秀. 沈心工与白话文：兼论我国近代白话体歌曲创作的初始阶段[J]. 音乐艺术，2004（3）：79.

[4] 陈懋治. 序[M]//沈心工. 学校唱歌集二集. 上海：文明书局，1906：序1.

四、缺乏统一标准的不规范呈现

这一时期的音乐教科书编撰尚处在自发探索期，音乐创作和白话文歌词的撰写多有不规范之处。如上所述，教科书在歌曲呈现上固然体现了上述进步的文学品性，但有些细节也反映出新的文学范式在使用上的不规范性，最典型的便是标点符号的使用。这一时期的音乐教科书在标点符号的使用上并没有统一的规定，有些甚至完全不用标点符号，如辛汉《中学唱歌集》全书包括“序言”没有一个标点符号；而有些则大量使用标点符号，如曾志忞所编《教育唱歌集》在歌词的呈现和乐理知识的讲述中均使用了标点符号，但在使用上却没有统一的标准。该教科书或通篇使用“。”断句，如《运动会》的歌词呈现：“来来来来。快快快快。快来运动会。草地一色旗五采［彩］。日暖微风吹”[1]；或通篇使用“、”断句，结尾处亦如是，如《汝小生》的第一段歌词：“来来汝小生、汝看汝面何种族、芒砀五洲几大陆、红苗蜷伏黑蛮辱、虬髯碧眼独横行、虎视眈眈欲逐逐、于戏我小生、全球半黄人、以何保面目”[2]；或同时使用“、”“。”，如《新》的歌词呈现：“新新新、新新新、四万万国民。新新新、新新新、日日如临阵。廿世纪、放光明、晓日升天眼界清。新新新、新新新、四万万国民。”[3]还有一首《蜂蝶》在歌谱呈现时，就在标题处用“.”将两个字分开，如“蜂. 蝶.”，歌词呈现页面则用“、”将两者分开，如“蜂、蝶、”[4]。

上述教科书在标点符号使用上的随意性，也从侧面真实地反映了我国标点符号使用历史演进的片段。一般来说，中国古代文书并不使用标点符号，宋代以后，句读符号“。”和“、”被逐渐推广使用。后经北洋政府教育部予以批准，于1920年2月2日颁行了《通令采用新式标点符号文》，规定了12种标点符号及其用法。中国第一套法定的标点符号由此诞生。而这一历史的进程中不规范使用标点符号的部分，似乎在曾志忞所编《教育唱歌集》中得到了比较完整的呈现。

这种不规范性还表现在乐谱的呈现上，如孙继南指出，《初等小学乐歌教科书》中，“谱号及调号，每首歌曲仅在第一行出现，无速度及表情记号，词曲时有错位等等”。[5]

[1] 曾志忞. 教育唱歌集[M]. 东京：东京教科书辑译社，1905：29.
[2] 曾志忞. 教育唱歌集[M]. 东京：东京教科书辑译社，1905：37.
[3] 曾志忞. 教育唱歌集[M]. 东京：东京教科书辑译社，1905：53.
[4] 曾志忞. 教育唱歌集[M]. 东京：东京教科书辑译社，1905：15.
[5] 孙继南. 中国第一部官方统编音乐教材——《乐歌教科书》的现身与考索[J]. 音乐研究，2010（3）：6.

第二章

民初中小学音乐教科书的蓬勃发展（1912—1927）

1927

1912年中华民国成立，中国结束了两千多年的封建专制统治，这种政治现实在音乐教科书中的反映首先体现在“忠君、尊孔”内容的消逝，取而代之的是应和新时代思潮，以宣扬民主、共和、自由、法制、权利和义务等新观念为要义的内容，这甚至成为评价一本教科书的主要标准之一。

同时，美育在教育体系中的独立性得到了更进一步的强调，时任教育总长蔡元培对美育不可或缺性的论证，使艺术的本体美得以脱离其他政治的、历史的、科学的、体育的功能性而被阐述，即便这一时期的音乐教科书仍然带有强烈的功利性取向，这种功利性取向也是建立在审美功能发挥的前提下的。唯有音乐能以其美感打动人心，所以在音乐课程的纲要文件中，“涵养美感”往往在“陶冶德性”之前，音乐课的名称也在“唱歌”“音乐”之间摇摆变化，这实际上反映了人们已经逐渐突破狭隘观念的束缚，对学生音乐素养的培养从单一的唱歌能力到综合多元能力的认知变化。

以课程标准为编写准则的音乐教科书，在内容上也在顺势转型，适应新的教育宗旨、新学制的音乐教科书成为现实的需要，单一的唱歌教科书和综合性的音乐教科书的编写、出版齐头并进，音乐教科书开始呈现全面多样性的发展态势。

第一节 文化新风尚与中小学音乐教育新发展

1912年元旦，孙中山在南京宣布就任临时大总统，定国号为中华民国；3日，任命蔡元培为教育总长；9日，教育部成立；19日，南京临时政府教育部颁布施行《普通教育暂行办法》，规定："从前各项学堂，均改称学校。"3月10日，袁世凯在北京宣誓就任临时总统，另组政府；30日，袁世凯任命蔡元培为教育总长，改学部为教育部。新的政体带来了更为开放的对外交流路径，启发了新思想和新的文化风尚，尤其是美育思潮和新文化运动，对学校音乐教育的改革产生了极大的促进作用，也使音乐教科书的发展形成了新的风貌。

一、美育思潮对音乐教育的促进

1912年2月，蔡元培发表了《对于新教育之意见》一文，从中国古代教育沿袭、心理学不同方面、教育类别、教育家研究范畴、个人全面发展等几方面详细论证了军国民主义、实利主义、德育主义、世界观、美育主义在教育体制中均衡实施、缺一不可的重要性。对于美育，其论述道：

美感者，合美丽与尊严而言之，介乎现象世界与实体世界之间，而为之津梁。……

军国民主义、实利主义、德育主义三者，为隶属于政治之教育（吾国古代之道德教育，则间有兼涉世界观者，当分别论之）。世界观、美育主义二者，为超轶政治之教育。

…………

本此五主义而分配于各教科，则视各教科性质之不同，而各主义所占之分数，亦随之而异。国语国文之形式，其依准文法者属于实利，而依准美词学者属于美感。其内容则军国民主义当占百分之十，实利主义当占其四十，德育当占其二十，美育当占其二十五，而世界观则占其五。

修身，德育也，而以美育及世界观参之。

…………

唱歌，美育也，而其内容，亦可以包含种种主义。

…………

清时代，有所谓钦定教育宗旨者，曰忠君，曰尊孔，曰尚公，曰尚武，曰尚实。忠君与共和政体不合，尊孔与信教自由相违……可以不论。尚武，即军国民主义也；尚实，即实利主义也；尚公，与吾所谓公民道德，其范围或不免有广狭之异，而要为同意。惟世界观及美育，则为彼所不道，而鄙人尤所注重，故特疏通而证明之，以质于当代教育家，幸教育家平心而讨论焉。[1]

1917年，蔡元培在《新青年》杂志上发表了《以美育代宗教说》一文，这是他在北京神州学会上的讲演词，该文从美育足以并且必然替代宗教的角度，阐述了美育之于人精神培养的特殊意义。文章指出，之所以在当时提出“以美育代宗教”，盖因为“宗教之原始，不外因吾人精神作用而构成。吾人精神上之作用，普通分为三种：一曰知识；二曰意志；三曰感情”。而随着时代的进步，科学知识已经可以解释大自然的各种不可思议之现象，文章说：“日星之现象，地球之缘起，动植物之分布，人种之差别，皆得以理化博物人种古物诸科学证明之。而宗教家所谓吾人为上帝所创造者，从生物进化论观之，吾人最初之始祖，实为一种极小之动物，后始日渐进化为人耳”，从而得以替代宗教迷信对于人在“知识”方面的作用。同样地，随着哲学、社会学、生理学、伦理学等学科的发展，宗教关于人之道德常伦具有统一性的说法也遭到了反驳，“宗教家对于人群之规则，以为神之所定，可以永远不变，然希腊诡辩家，因巡游各地之故，知各民族之所谓道德，往往互相抵触，已怀疑于一成不变之原则。近世学者据生理学、心理学、社会学之公例以应用于伦理，则知具体之道德不能不随时随地而变迁。而道德之原理，则可由种种不同之具体者而归纳以得之。而宗教家之演绎法，全不适用”。故而宗教对于人意志的作用也不再生效，唯剩下对于人情感的作用，这种情感又多以美感为载体，如宗教的场所多依山傍水，建筑多精美绝伦，音乐多微妙悦耳。但人的审美情趣也逐渐脱离宗教而独立存在，慢慢美育之附丽于宗教者，常受宗教之累，失其陶养之作用，而转以激刺感情。鉴于此，美育的先进性、包容性和自由性的特点，足可以替代宗教，使人获得审美的、高尚的民主教育，因为“纯粹之美育，所以陶养吾人之感情，使有高尚纯洁之习惯，而使人我之见、利己损人之思念，以渐消沮者也。盖以美为普遍性，决无人我差别之见能参入其中。……各地方之音乐会、演剧场，均以容多数人为快。所谓独乐乐不如人乐乐，与寡乐乐不如与众乐乐，以齐宣王之惛，尚能承认之。美之为普遍性可知矣”。[2]1919年12月1日，蔡元培又在北京《晨报》周年纪念增刊上发表《文化运动不要忘了美育》一文，再次强调美育的重要性。

蔡元培对美育的积极推崇极大地刺激了艺术教育工作者发展美育的热情，一些知名艺术家、艺术教师、学生和艺术爱好者纷纷组建美育社团并开展活动，其中最具代表性的是中华美育会。中华美育会是中国第一个美育学术团体，1919年冬创立于上海，其目的是联合当时全国的艺术工作者和大中小学教师共同推进艺术教育。1920年4月，中华美育会创刊中国第一本美育学术刊物——《美育》杂志（月刊），主张“‘美’是人生的一种究竟的目的，‘美育’是新时代必须做的一件事”。《美育》杂志前后共刊出7期，发表的论文中既有美育的一般原理和规律的探讨，比如吴梦

[1] 孙继南. 中国近现代音乐教育史纪年：1840—2000[M]. 济南：山东教育出版社，2004：353-355.

[2] 高平叔. 蔡元培教育论著选[M]. 北京：人民教育出版社，2017：89-91.

非的《美育是什么？》、欧阳予倩的《民主的文艺与贵族的文艺》；也有针对中国实际的美育实施经验的交流与总结，比如周玲荪的《教授音乐应该怎样？》《新文化运动与美育》、吴梦非的《女子对于家庭美育的责任》、刘质平的《我国音乐教授的缺点》等。中华美育会还曾利用暑假为艺术老师举办讲习会，这种以社会教育方式较大规模地培养音乐师资的做法，在当时尚属首创。中华美育会的上述活动对当时中国的新美育实施起到了积极的推进作用。

二、新文化运动与“壬戌学制”的产生

辛亥革命后，共和思想深入民心，这在政治上、思想上给国人带来了不可低估的解放作用，而新文化运动，则是辛亥革命在思想文化领域的延续。新文化运动倡导民主、科学，以民主与科学反对封建专制和愚昧迷信、以新道德反对旧道德、以新文学反对旧文学，是传播新思想、传授新知识、创作和呈现新文艺的主要阵地。新旧思想的博弈也体现在教育领域的反思和革新上，新文化运动的主要倡导者和领导者陈独秀，就发表了一系列思考新教育的文章及演讲，如《今日之教育方针》（1915年）、《宪法与孔教》（1916年）、《近代西洋教育》（1917年）、《本志[1]罪案之答辩书》（1919年）、《教育界能不问政治吗？》（1923年）、《收回教育权》（1924年）及《新教育的精神》（1920年）、《教育缺点》（1920年）等。在这些文章和演讲中，陈独秀批判了当时学校教育中存在的“主观主义”和“形式主义”现象，提出学校教育要与社会生产、生活实际相联系，用启发式教学促进学生主动学习，要符合学生的身心发展特点。1921年1月，陈独秀在广州高等师范学校发表了《新教育是什么》的演讲，除了阐述上述新的教育理念外，还详细说明了按照新的教学方法，可以对学校的诸多科目进行改革，其中专门提到了唱歌教学，认为唱歌可培养学生的美感、协作精神和遵守规律的习惯。演讲中具体对唱歌教学的建议讲道：“惟选用歌词不可文雅，哥哥妹妹，小猫小狗，树著花，蝴蝶飞，这些眼前事象都是歌词底好材料。现在有许多小学底唱歌中，填满了国家、人群、社会、互助、平等、自由、博爱、牺牲种种抽象名词，这班人对于小学教育完全是门外汉，完全是迷信教训式的教育之结果。”[2]

相比清末维新运动对日本改革的效仿，新文化运动受欧美的影响更大，“壬戌学制”的产生便是吸纳欧美教育思想和教育体系的结果。邀请西方哲学家来中国讲学，是新文化运动吸纳新思想的路径之一，其中对中国思想界和教育界影响比较大的学者是杜威。1919—1921年，杜威受邀来中国讲学，其哲学和教育哲学思想传入中国并得到广泛传播，尤其是他的“实用主义”和“儿童本位论”思想，对教育界影响甚广，国人开始摒弃对日本式教育的效仿，转而效法美国式教育。1919年10月，在第五次全国教育会联合会议上，各委员向北洋政府教育部提出了“请废止教育宗旨宣布教

[1] “本志”即《新青年》。

[2] 陈独秀，李大钊. 新青年精粹3[M]. 北京：中国画报出版社，2013：252.

育本义案”，这一提案重要的理论依据就来自“儿童本位教育”，其论证道：“新教育之真义，非止改革教育宗旨，废止军国主义之谓。若改革现时部颁宗旨为别一种宗旨，废止军国主义为别一种主义，仍是应如何教人之问题，非人应如何教之问题也。从前教育只知研究应如何教人，不知研究人应如何教，今后之教育应觉悟人应如何教，所谓儿童本位教育是也。施教育者不应特定一种宗旨或主义以束缚被教育者，盖无论如何宗旨、如何主义，终难免为教育之铸型，不得视为人应如何教之研究。故今后之教育，所谓宗旨，不必研究、修正或改革，应毅然废止。本年北京教育调查会研究结果，有‘养成健全人格，发展共和精神’二语，经本会讨论，认为适合教育本义，非宗旨之改革。特拟办法二条，请大部采择施行。”[1]这次会议也是各省代表首次对修改学制系统展开正式讨论。1920年，全国教育会议联合会议再次讨论学制问题，1921年美国实用主义教育家孟禄来华讲学，也研讨了学制改革的问题；同年，第七次全国教育会联合会议在广州召开，把制订学制系统草案作为主要议题，草拟、审议并通过了《学制系统草案》，向社会各界广泛征求意见，并在广州、天津等地的学校积极试行。经过各方调节、修订和完善，第八次全国教育会联合会议通过了《学校系统改革案》，1922年11月1日，由时任中华民国大总统的黎元洪签署，以大总统令向全国公布，是为“壬戌学制”。“壬戌学制”主要采取了当时美国一些州已经实行了10多年的“六三三制”，故又称“六三三学制”。这是中国现代教育史上影响最大的学制，标志着中国现代学制的成熟。“壬戌学制”规定初等教育6年，其中初级小学4年（可单设），高级小学2年。中等教育6年，分初、高两级，各3年。初级中学施行普通教育，可单设，亦可根据地方需要兼设各种职业科。高级中学分为普通、农、工、商、师范、家事等科。师范学校修业年限为6年。高等教育3～6年，其中大学校4～6年，专门学校3年以上。大学院为大学毕业及具有同等程度者研究之所，年限不定。

三、中小学音乐课程的新发展

1912年，教育部先后颁布了《小学校令》《小学校教则及课程表》和《中学校令施行规则》。《小学校令》规定，初等小学校修业期限为4年，高等小学校修业期限为3年。初等小学和高等小学所修科目中，都含有唱歌课，但又补充说明遇不得已时，可暂缺唱歌课。《小学校教则及课程表》提出唱歌教学的目的是“使儿童唱平易歌曲，以涵养美感，陶冶德性”。教学上建议“初等小学校宜授平易之单音唱歌；高等小学校首宜依前项教授，渐增其程度，并得酌授简易之复音唱歌”。教学内容上，提出“歌词乐谱宜平易雅正，使儿童心情活泼优美”[2]。教学时数上，初等小学第一、二学年，唱歌课与体操课合用，每周4课时；第三、四学年，每周1课时；高等小学每周教学时数为2节。《中学校令施行规则》中，将“唱歌课”改称“乐歌课”，作为中学校的必修科目。教学目

[1] 璩鑫圭，等. 中国近代教育史资料汇编：学制演变［M］. 上海：上海教育出版社，2007：860-861.

[2] 璩鑫圭，等. 中国近代教育史资料汇编：学制演变［M］. 上海：上海教育出版社，2007：704.

标与《小学校教则及课程表》中的表述无异，教学内容上，除了单音和复音歌曲外，还增加了乐器用法。每周乐歌课教学时数为1节。

1915年，国民政府又颁布了《国民学校令》和《高等小学校令》，除了将“乐歌”课又改回“唱歌”课外，还增加了对教科书的规定，如《国民学校令》中“国民教学之教科图书，须用教育部所编行或经教育部审定者”“关于同一教科目而有数种者，应由县知事招集各校校长会议择定”。1916年，颁布《国民学校令施行细则》《高等小学校令施行细则》，与前述《小学校教则及课程表》内容无太大差异。

1923年6月，“壬戌学制”音乐课程纲要出台，包括小学和初级中学两部分，这是我国音乐教育史上第一部真正意义上的音乐课程标准。纲要规定，小学学制改为初小四学年，高小二学年，音乐课是每学年的必修科目，自此，“唱歌”的概念被“音乐”取代。课程纲要在教学目的、“程序”（内容）、方法、毕业最低限度上对音乐教学提出了详细的规定。

其中《新学制课程标准纲要・小学音乐课程纲要》作了以下规定：目的上要“使学生能唱平易的歌曲，能识简单的乐谱，并发展快乐活泼的天性，和涵养和爱合群的情感”。“程序”（即内容）上按循序渐进的原则对各学年的教学内容作了规定，如第一、二学年一致，包括“唱儿童日常生活有关系的歌词；用五声音阶的旋律（do，re，mi，sol，la）；辨别音的高低、长短和强弱”。第三学年歌词要求上与第一学年一致，程度加高；旋律上开始要求学生“用长音阶的旋律（do，re，mi，fa，sol，la，si）”；学习“谱表、音符、休止符和阶名的唱法”。第四学年较之第三学年而言，仅在乐理知识上有所变化，要求掌握“普通应用的拍子，调子记号”。第五学年歌词上要“唱关于美的方面和修养方面的歌词”；旋律上要“加授二部轮唱”；乐理知识要掌握“普通应用的强弱，快慢，省略记号”。第六学年歌词上同第五学年；旋律上“加授平易的二重音”；乐理上了解“音程和音阶的大意”。方法上规定，初级第一、二学年完全采用听唱法；第三、四学年，由听唱法过渡到视唱法；第五、六学年，则完全用视唱法。在毕业最低限度的标准上规定，初级小学“能唱与儿童日常生活有关系的歌词，以活泼愉快为主”，“能知道乐谱组织上必须应用的普通记号”；高级小学“能唱关于美的方面和修养方面的歌词，以优美平和为主”，“能知道普通应用的强弱，快慢，省略，拍子，调子记号的效用和音程、音阶的大意”。[1]

《新学制课程标准纲要・初级中学音乐课程纲要》包括目的、内容和方法、毕业最低限度的标准三项内容。其中目的上突出了乐理的学习，并提到了欣赏的目标，包括“使学生明了普通的乐理；使学生能唱单复音的歌曲；涵养美的情感与融和乐群的精神；引起欣赏文艺的兴趣”。内容和方法上规定“初级中学乐歌教材，分乐理，唱歌，乐器三种。乐理与唱歌列入必修科，乐器列入选修科”，对三项内容按不同学年段提出了不同程度的要求。具体为“一、乐理：乐谱上各种记号的

[1] 课程教材研究所. 20世纪中国中小学课程标准・教学大纲汇编：音乐・美术・劳技卷[M]. 北京：人民教育出版社，2001：15-16.

名称与效用；长短音阶，乐曲的区别与唱法；普通和音的组织与效用；关于音乐会，乐队，歌剧的常识。二、唱歌：歌词分本国文与外国文两种，本国文约占五分之四，外国文约占五分之一；本国文歌词，文言，白话均可，惟意义以关于艺术与修养为主；乐曲除单音外，亦可选授二重音和三重音；短音阶之乐曲的乐趣以优美者为主。三、乐器：教授乐器以风琴，提琴，洋琴为主；基本与乐曲并重；教材以学生个人的能力为主”。在毕业最低限度的标准上，规定“甲、能唱单音及重音的平易歌曲；乙、能明白乐谱上各种记号的效用”[1]。

四、中小学音乐教科书的新风貌

新的政体、新的思潮、新的文化也带来了音乐教科书的新风貌，这首先反映在内容的摘选原则上，封建主义的残余是坚决不能有的。1912年1月19日，南京临时政府教育部颁布施行的《普通教育暂行办法》中规定，“凡各种教科书，务合乎共和民国宗旨。清学部颁行之教科书，一律禁用”。同时要求：凡民间通行之教科书，其中如有尊崇清朝廷及旧时官制、军制等课，并避讳、抬头字样，应由该书局自行修改，呈送样本于本部及本省民政司、教育总会存查。如学校教员遇有教科书中不合共和宗旨者，可随时删改，亦可指出，呈请民政司或教育会通知该书局改正。[2]取而代之的是更彰显民主、共和、平等主题思想的歌曲。更具体内容的呈现则以课程纲要为依据。

其次是教科书的册数变化。“壬戌学制”颁发之前，国民政府实施的是“壬子·癸丑学制”，规定初等教育7年，其中初小4年，男女同校；高小3年，不设男女分校。中等教育4年，不分级，男女分校。所以，这一时段的音乐教科书很多也是按这样的学制来进行分段的，如1914年初版的《国民学校新体唱歌集》就有4册，供初等小学4学年使用；《共和国教科书新唱歌》（高等小学校用）共3册，供高等小学使用。“壬戌学制”施行后的音乐教科书进行了调整，如1924年初版的《新学制唱歌教科书》（初级中学用）共3册，供初中3学年使用，1925年初版的《新学制音乐教科书》（小学校高级用）共4册，供小学校高级2学年使用。

最后是教科书审定和出版的规范性。1912年9月13日，教育部正式公布《审定教科用图书规程》，主要内容包括：“小学校、高等小学校、中学校、师范学校教科用图书，任人自行编辑，惟须呈请教育部审定。”“图书发行人，应于图书出版前，将印本或稿本呈请教育部审定。”“图书不载明定价者，不予审查。”“已经审定之图书，由教育部送登政府公报，宣布其书名册数定价及某种学校所用并发行之年月日，编辑人、发行人之姓名等。”“凡图书已经审定后，若变更其内容，发行人须于六个月内，重呈审定，逾期即失审定效力。前项变更内容，如增减页数字句图画注

[1] 课程教材研究所. 20世纪中国中小学课程标准·教学大纲汇编：音乐·美术·劳技卷[M]. 北京：人民教育出版社，2001：17-18.

[2] 璩鑫圭，等. 中国近代教育史资料汇编：学制演变[M]. 上海：上海教育出版社，2007：597.

释及换用纸张之类。”“凡已经审定认为合用之图书，每册书面，准载明某年月日经教育部审定字样……”“各省组织图书审查会，就教育部审定图书内择定适宜之本，通告各校采用。”“教育部已审定之图书，各省图书审定会认为确有尚须修正之处，得报由省行政长官，呈请教育部复核后，令该发行人于再版时遵照修改。”[1]该规程的公布标志着教科书审定制的正式确立。在政策法规的指引下，音乐教科书的编写也由民间自发性编撰为主，开始步入有法可循的规范化、制度化轨道，以教育部、教育厅、学校等名义出版的教材陆续出台。

[1] 李桂林，等. 中国近代教育史资料汇编：普通教育[M]. 上海：上海教育出版社，2007：476-477.

第二节
民国初年中小学音乐教科书的呈现

新文化运动和美育思潮为音乐课程的发展带来了更开阔的思维，“壬戌学制”音乐课程纲要也为音乐教科书的编写提出了合乎时代发展需求的宗旨与准则，尤其是乐理教学在文件中得到了呈现并有详细的内容范畴，另外，音乐美育和德育综合发展的思想也得到了强调。这一时期音乐课逐渐从单一的唱歌课，发展成为综合的音乐课，教学目标表述以培养儿童美感、涵养高尚情操为要旨，单一的唱歌教科书和综合的音乐教科书呈现出全面多样的发展态势。

一、“壬戌学制”出台前的音乐教科书

1.《最新中等音乐教科书》

2—1

图 2—1 《最新中等音乐教科书》，张秀山编，宣元阁，1913 年

《最新中等音乐教科书》由张秀山编写，北京琉璃厂宣元阁1913年初版。张秀山，生卒年不详，音乐教育家。20世纪30年代，北京女子师范学院设音乐系，张秀山曾任音乐系主任，教授声乐，与一批著名音乐家共事。他毕生致力于音乐教育事业，除于1913年编写出版《最新中等音乐教科书》外，还于1929年编译出版了《音乐之性质与演奏》，1932年与张洪岛合作翻译出版了《唱歌作曲法》。

教材出版和印刷单位是宣元阁。据1923年版的《北京便览》记载，宣元阁是设于琉璃厂的一家知名南纸店。琉璃厂位于北京和平门外，原本是辽代海王村旧址，金代时称海王庄，距今已有一千

多年的历史。民国时期，琉璃厂是北京书画销售的主要中介机构之一，同时也是北京著名的历史文化街。

该教科书是我国最早出版的一本中学音乐教科书，定价9角4分，标明不打折。由夏锡祺作序。教科书包括视唱练习、歌曲和乐理知识，用五线谱教学，共分为三篇，具体内容如下。

第一篇为“基本练习”，包括音阶的学习、二度音程练习、三度音程练习，歌曲20首。歌曲曲目依次为《祝我国》《塞下曲》《中国海军》《大风渡江》《秋夜听雨》《万里长城》《扬子江》《忆王孙》《春燕》《美哉中华》《古行军》《东亚民国》《话别》《春游》《母之思》《醒世》《中国男儿》《冬之夜》《红梅》《卒业生之别》。

第二篇为“基本练习及二部复音歌唱”，包括四度音程练习、二部复音基本练习，歌曲26首。歌曲曲目依次为《传信鸽》、《太平洋》、《爱国歌》、《雪中行军》、《战辽东》、《吊埃及》、《战》、《凯旋》、《好男儿》、《进军》、*Good-night*、*Bim Bome Bell*、《李白清平调》、《黄河》、《岳飞满江红词》、《平沙落燕》、*There is a tavern in the town*、《采莲曲》、《孺子歌》、《易水》、《钟声》、《游子吟》、《鹿鸣》、《避暑》、《乐天》、《四时读书乐》。其中最后四首歌曲为二声部演唱歌曲，其余为单声部歌曲，复音练习被安排在学唱二声部歌曲之前进行，即歌曲《游子吟》之后。

第三篇为“基本练习及复音歌唱”，包括五度音程练习、六度音程练习、七度音程练习，歌曲16首。五、六度音程练习在开篇进行，七度音程练习放在篇末，即所有歌曲结束后进行。歌曲曲目依次为《战场月》、《除夜有怀》、*Sin spring time*、《芳草》、*Marching through georgia*、《国歌》、《独立》、《我心》、《湖上春行》、《法兰西马赛革命歌》、《利州南渡》、《大风歌》、《白雪歌》、《春题湖上》、《行路难》、*Robinson Crusoe*，均为二声部歌曲。

教材最后还附有“音符图”“默符[1]图”“附点音符及附点默符图”“各种拍子图”“各种拍子数法”“婴种音阶[2]构成法一览表”“变种音阶构成一览表”。

教科书没有在每首歌曲之后又单独呈现歌词，但对于一些歌词较多而无法在有限的乐谱中完整呈现的歌词，则会另附版面将余下的歌词完整呈现，如《四时读书乐》、《芳草》、*Robinson Crusoe*等。

编者对于音乐在陶冶人心、维系风俗，以达政和兴邦的育人作用寄予了厚望，这在夏锡祺作的“序”中可见一斑。他在“序”中引古据今，认为“声音之为用，其旨甚微，而其效最著。小之为兴、观、群、怨之助，大之为移风易俗之原”[3]。然而随着周室礼崩乐坏，人心不古，风俗不存。自汉以来，虽多有新乐，但要么是居于庙堂以歌功颂德，难以推及至民众；要么是太史粉饰太平之

[1] 默符，今译作休止符。

[2] 婴种音阶，今译作变化音阶。

[3] 张静蔚. 搜索历史　中国近现代音乐文论选编[M]. 上海：上海音乐出版社，2004：64.

作，于治国安邦毫无裨益；要么是文人墨客附庸风雅之作，或曲高和寡，或俗不可耐，浸淫其中甚至会令人玩物丧志。时至清末民初，有志之士取他国之所长，欲以音乐教育开化民智，陶铸民情，尤其当下，凡开学校者，必以乐歌授之。但又担心教育者对于上述音乐与人心风俗的关系不甚明晰，造成乐歌选曲的良莠不齐，反而与初衷背道而驰。而张秀山以其音乐专业人士的身份编写的这套教科书，“采中外歌曲之雄壮、活泼至和音雅者”，于人的道德情操教育大有裨益。该序的言辞行文虽略有夸张阿谀之嫌，却也真实地道出了该教科书编写的主旨和选材原则。而这在张秀山本人所写的凡例及教材的具体呈现中也得到了证实。

教科书的构思、选曲和编排都十分严谨，在教学进程上严格遵循循序渐进的原则，由浅入深地安排音程的练习和与之相应的歌曲学习。音乐上多选取雄壮、活泼、和谐的曲调，大部分来自英、法，没有收录日本的歌曲，原因如编者在凡例中所言，“词曲多采英法专家，不及日本人作，盖取法贵上不敢滥收”；歌词的选择上，坚持文学性与情操教育兼备，“多录唐诗兼及英文，盖唐诗音韵铿锵，英文亦中学以上所通习”。[1]

对于编者坚持“一切艰涩怪癖皆删而不录”的做法，夏锡祺在序中曾佯问之：“今求其有益于人心风俗者始取焉，是屈艺术为道德之奴，失其独立之精神矣。”张秀山应道：“艺术之独立，正以其能就性情之善者、正者而发扬之，岂以其于偏者而恣肆之乎？彼自然派之艺术，出其秽亵不成材之品。假托艺术独立之说，以售其欺，夫岂能知艺术独立之真义乎哉？”[2]可见，张秀山认为艺术的美与善之间并非从属关系，而是相互依存关系，脱离了善的美只是伪艺术，于人有百害而无一利。虽然这对于艺术的美是一种狭隘和功利化的解读，对于低俗的界定又过于绝对化和简单化，但却真实地反映出当时中国社会对艺术育人的需求，强调“正统”“经典”“积极”的音乐教育，也映射出当时社会在人的精神风貌上的追求。

2.《民国唱歌集》

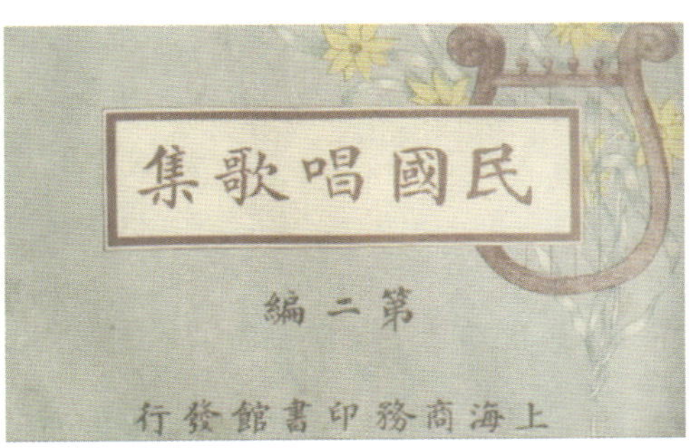

2—2

图 2—2 《民国唱歌集》（第二编），沈庆鸿编，商务印书馆，1913 年

《民国唱歌集》由沈庆鸿编写，商务印书馆1913年初版，共4编。这套教科书延续了沈庆鸿之前学堂乐歌唱集的特点，但歌曲的数量和题材都较之前宽泛许多，并按集数进行了分类；且都是简谱教学，谱面上标有调号和拍号。其中，第一、二编标注“小学校中学校师范学校适用”，第三编标

[1] 张秀山. 最新中等音乐教科书[M]. 北京：宣元阁，1913：凡例1.

[2] 张静蔚. 搜索历史　中国近现代音乐文论选编[M]. 上海：上海音乐出版社，2004：65.

注“女学校适用”，第四编标注“游戏适用”“军队适用”和“社会适用”。各编因教学对象的差异性，在题材和选曲方面各有侧重。

第一编的歌曲包括：《上学》《守规》《唱歌》《彩竿》《儿戏》《文房四友》《体操》《远足》《旅行》《乐郊》《雪中行军》《童子军》《孟母》《劝孝》《春风》《春之花》《惜春归》《飞絮》《松》《蝴蝶》《蝶与燕》《小猫》《金鱼》《观渔》《鸡声》《蚁》《蜘蛛》《夏虫》《斗蟋蟀》。

第二编的歌曲包括：《四时读书乐》《秋感》《欧美二杰》《自立》《自由》《公德》《共和国民》《庆祝共和》《快哉快哉》《十八省》《西湖十景》《金陵怀古》《地球》《八大行星》《月界旅行》《日月食》《磁石》《入世箴》《座右铭》《师友之别》。

第一、二编的歌曲曲调难度不大，都为大调，主要包括G，C，F，D，E各调，音域多在一个八度内，题材包括培养品德、增长知识、普及科学，以及自由、民主、平等、博爱、团结、爱国、爱工农劳动等，但又因年龄差异而在各册中有所偏向。第一编的教学对象相对而言会低龄一些，所以在德性教育方面，更多是关于一些基本守则、规矩、品性方面的内容，如《上学》的歌词有如下六段，分别将上学日不同时段的事项、情景、规矩一一阐述，既有温情轻松时，又有激励勤学处。

（一）早起

上学上学/上学要早/迟去人要笑/笑我贪睡不勤学/懒惰真不好/着衣快梳洗/花影重重日已高/上学上学/上学要早/明朝还要早

（二）出门

上学上学/上学快走/路遇同学友/哥哥弟弟一齐走/大家牵了手/今朝来上学/昨日功课温热否/上学上学/上学快走/唱歌向前走

（三）上课

上学上学/上学欢喜/先生真和气/细讲地图教地理/历史更有趣/来上乐歌班/大家声音一样齐/上学上学/上学欢喜/读书胜游戏

（四）放学

上学上学/上学归来/路上好花开/红花白花随意采/采把母亲戴/娘说路上花/不在吾家不可采/上学上学/上学归来/弟妹更亲爱

（五）归家

上学上学/上学已过/归来娘爱我/兄弟姊妹同游戏/打球抽陀螺/杨柳正青青/绿草平铺正好坐/上学上学/上学已过/晚上再温课

（六）温习

上学上学/上学勤谨/功课要常温/明朝学校要考试/我夺第一名/同学称我好/先生赞我竞争心/上

学上学/上学勤谨/名誉最要紧[1]

在这首歌曲后面，还附有教学提示：

日本有散步唱歌，儿童出校之时，随走随唱，每与脚步合拍。右上《学歌》六章，即用日本散步唱歌曲调，将每日上课及归家各事编为歌词。儿童随处可唱，发其好学之念，启其爱群之心，未始非修身之一助云尔。[2]

第一编更多的是与儿童生活情境尤其是大自然生态相关的题材，并按季节更迭进行编排，春天有春天的动植物：《春风》《春之花》《惜春归》《飞絮》《松》《蝴蝶》《蝶与燕》；夏天有夏天的生物带来的乐趣：《夏虫》《斗蟋蟀》。第一编还延续了之前沈庆鸿教科书中所倡导的唱歌游戏，以与儿童的身心相匹配。这一特点体现在歌曲《唱歌》中，《唱歌》的歌词分为甲歌和乙歌，甲歌侧重于学生的生活，乙歌侧重于礼仪：

甲歌

（一）唱歌唱歌月儿明/琴声歌声字字清/先生唱与学生听　（二）唱歌唱歌踏步行/一拍一步不乱停/大家唱与先生听　（三）唱歌唱歌空气新/如同小鸟相和鸣/哥哥唱与弟弟听　（四）唱歌唱歌真好听/山歌小调不足矜/回家唱与阿娘听

乙歌

（一）唱歌唱歌圣诞辰/于穆师表万世存/歌声唱与先师听　（二）唱歌唱歌国庆辰/五色小旗沿街擎/歌声唱与国民听　（三）唱歌唱歌送征兵/太阳照我童子军/歌声唱与军人听　（四）唱歌唱歌迎嘉宾/欢迎大会今举行/歌声唱与来宾听[3]

这首歌曲曲调简单，律动也十分简单，主要是配合基本的节奏踏步，并突出重拍和延长音。歌曲后附的游戏法则如下：

唱歌时，可分学生为甲乙两排，教者面向学生，去甲排两步立正（须立向排之中点）。教者先唱每歌首句，甲排接唱次句，甲乙排合唱末句。

唱时，宜原地踏步。踏步之法，先左足，后右足。唱首句，教者踏；唱次句，教者与甲排踏；唱末句，教者与甲乙两排合踏。

每唱一句至第七字，左足踏步宜略重（因第七字在谱上有一拍半之时间也），右足接踏半步宜略轻（因谱上$\underline{0}$为半拍休止符也）。[4]

第二编的歌曲则明显内涵更深刻，除了按时令和学生的学业进展安排歌曲如《四时读书乐》《秋感》《师友之别》外，其余更多的是一些偏向于抽象、逻辑思辨、人文性、内涵深刻的题

[1] 沈庆鸿. 民国唱歌集：第一编[M]. 上海：商务印书馆，1913：2-3.

[2] 沈庆鸿. 民国唱歌集：第一编[M]. 上海：商务印书馆，1913：3.

[3] 沈庆鸿. 民国唱歌集：第一编[M]. 上海：商务印书馆，1913：8-9.

[4] 沈庆鸿. 民国唱歌集：第一编[M]. 上海：商务印书馆，1913：9.

材，加大了对共和、民主和自由等思想的政治宣教。还有以科学态度探索宇宙知识的主题，如《地球》《八大行星》《月界旅行》《日月食》等，其中《月界旅行》的歌词用幻想中的月球旅行，借用民间关于“嫦娥”“广寒宫”的传说，将天文学上关于月球的科学常识用一种浪漫主义的手法描述出来，歌词旁边还配有天文知识的解读，俨然已经超出了音乐教科书的范畴，而是一种综合性的知识读本了。这也说明，在消除愚昧、开化民智上，音乐教科书的编写者亦有一种使命感。

《月界旅行》第一段歌词为：

忽然发出一奇想/翩翩月窟游/手携回光镜/脚踏轻气球/入荒荒太阴世界/探险壮吾俦/怪千山喷烟吐火/世外幻瀛洲/南山名太古/白光百道射星球/试向温泉/一回濯足/高唱步天歌[1]

歌词描写了月球上瑰丽的画面和世人的惊叹，其后附的天文学知识则从科学的角度解释了为什么会有这样的现象：

天文家云，月中火山共有千座，火山之口，多圆若碗。月南一山，西儒名曰太古，其上有白光百道。[2]

歌曲后还附有游戏设计解说和图片，动作上只是简单的随节奏踏步，设计的主旨在于用圆圈队形直观演示出月球的形状。

游戏法

令学生环立成一圆形，互相交臂，作月界状。未唱时，两足立正，唱时，则按拍踏步，圆转右旋。唱毕，则将臂放下，立正，行鞠躬礼而散。[3]

同样用游戏法既辅助音乐教学，又辅助理解天文知识的还有《八大行星》，其歌词一共有七段，每段以不同的行星命名，讲述它们的基本性质，间或有相关的该行星发现者的介绍说明。

后面附的游戏法首先是在形态上模仿各大行星绕日的静态图：

制八小旗，每一旗上绘一行星（或仅书星名亦可）。唱歌之先，选派八生为八行星，各司一旗，乃令生徒环立成圈，作轨道状。教者立中心点援手风琴作日（如第一图）。[4]

在演唱时，学生须模拟行星绕日而行的动态，并配合音乐的强弱和节奏进行律动：

唱第一首《水星》时，教者先引琴作一短声，发豫令，则一生左臂高举水星旗，全队右转，然后按拍踏唱，绕日而行（日不动如第二图）。遇谱中附点音符，则踏宜略重，时间宜略长，遇八分音符，则踏宜略轻，时间宜略短。唱毕一首，则全队左转立正，执旗者偃旗。复唱某首则某生举某星旗，法如上。唱至末首，则两生举臂，一持天王旗，一持海王旗。[5]

[1] 沈庆鸿. 民国唱歌集：第二编[M]. 上海：商务印书馆，1913：51.
[2] 沈庆鸿. 民国唱歌集：第二编[M]. 上海：商务印书馆，1913：51.
[3] 沈庆鸿. 民国唱歌集：第二编[M]. 上海：商务印书馆，1913：52.
[4] 沈庆鸿. 民国唱歌集：第二编[M]. 上海：商务印书馆，1913：48.
[5] 沈庆鸿. 民国唱歌集：第二编[M]. 上海：商务印书馆，1913：48.

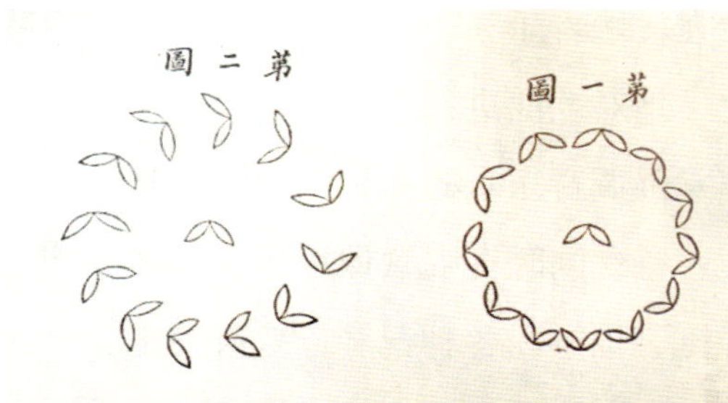

2–3

图 2–3 “月界旅行”一课中行星绕日的静态图和动态图

第三编是为女学校所作，曲调同样都是大调，短小且音域适中，歌曲的题材上有着非常鲜明的女性色彩，主要是启迪女性自我意识的觉醒，宣言新观念、新女性和男女平等思想。所选编歌曲包括：《好姊妹》《劝学》《东家姊》《新摇篮》《猫咪咪》《告幼稚生》《饼》《数学游戏》《地图手巾》《萤火》《镜》《采茶歌》《四时乐游》《公园》《女学生训》《雏凤》《中国女杰》《女界钟》《女著作》《妇人从军》《赤十字会》。其中有很多歌曲与1907年出版的《女子新唱歌》中的歌曲一样。特别值得一提的是，《雏凤》是一首四声部歌曲。

第四编是比较综合的，其中“游戏适用”的歌曲包括《方圆进行》《笼球》《相见礼》《豆囊竞争》《跳绳》《短艇竞走》《胜地》《电报》《纺织》，这些游戏歌曲都是引自日本，大部分在1906年出版的《唱歌游戏》中已经有所介绍。“军队适用”的歌曲包括《从军》《大操》《决死赴战》《鸠迦进军》，都是$\frac{2}{4}$和$\frac{4}{4}$拍的，带有进行曲风格的，以附点节奏型为主的，旋律雄健刚劲，歌词能极大鼓舞斗争意志，激发战斗热情的歌曲。“社会适用”的歌曲包括《亲恩》《尊侠》《戒赌博》《戒鸦片》《戒纸烟》《剪辫》《劝用国货》《改良私塾》，都与新社会要改良社会风气有关。

3.《国民学校新体唱歌集》

2–4

图 2–4 《国民学校新体唱歌集》（第一册），俞粲编，商务印书馆，1917 年第 4 版

教科书编写者为无锡人俞粲，1914年由商务印书馆初版。俞粲曾创作过多首学堂乐歌，如《格致》《运动》《休业式》等，他还用民乐为《美哉中华》配曲，一度作为代国歌流传。

教科书一共4册，每册含20课，共计80首歌曲，歌曲乐谱为简谱，供初等小学校4学年使用，由蒋维乔校订。教科书的选材和编排都是根据编者常年的教学经验而精心安排的，力求与儿童的身心发展特点和接受程度相匹配，循序渐进，如考虑到孩童天然的声线较高，故在安排第一册的歌曲学习时，以F调为主，仅有的两首C调歌曲，也含有较高的音符，以避免儿童刻意压低声线歌唱。第一册的前10首歌曲都没有给出调名，也是考虑到初入学儿童在接触音乐学习时需要有一个适应的过程，此举可方便教师根据学生的实际情况因材施教，有针对性地对歌曲进行移调教学。在经过了一段时间的学习训练后，学生便可按正调进行学习。教科书非常强调音乐基础知识的学习和基本技能的训练，安排了专门的乐理与视唱课，穿插在歌曲的教学中进行；同时在唱歌课里也有很多将相关练习与歌曲的学习结合呈现的形式，尤其是初次接触到的音符、拍子和各种记号，教科书都会单独列出以供讲解和练习。比如在第一册中，第一、四、七、九课均为“识字（即识谱）练音习拍”，第十一课“国歌”的学习中包括“识字练音授调习拍”，第十二课“钟”包括“练音习拍”，第十五课“老鸦”中包括“练音授调”，第十三课“行礼”、第十七课“太阳”、第二十课“小学生”均包括“练音”。

教科书后面还附上了同时期商务印书馆出版发行的音乐教科书目，包括《师范学校新教科书　乐典》《中学乐典教科书》《和声学》《共和国教科书　新唱歌》《民国唱歌集》，这五套教科书均标明由教育部审定；另外还有《新体唱歌集》《新撰唱歌集》《小学唱歌》《共和国民唱歌集》《唱歌游戏》《女子新唱歌》《幼稚唱歌》等。

4.《共和国教科书　新唱歌》（高等小学校用）

2–5

图 2–5　《共和国教科书　新唱歌》（高等小学校用）（第一集），胡君复编，商务印书馆，1917 年第 4 版

该套教科书为教育部审定的共和国教科书，是中华民国成立后，商务印书馆为适应新形势需要，集中力量编写的与民国教育方针相适应的“共和国教科书”系列之一。对于这套教科书，商务印书馆还专门刊发了《编辑共和国小学教科书缘起》一文，向全社会阐述了该套教科书的十四条编辑原则，包括：

（1）注重自由、平等之精神，守法合群之德义，以养成共和国民之人格。

（2）注重表彰中华固有之国粹特色，以启发国民之爱国心。

（3）注重国体、政体及一切政法常识，以普及参政之能力。

（4）注重汉满蒙回藏五族平等主义，以巩固统一民国之基础。

（5）注重博爱主义，推及待外人爱生物等事，以扩充国民之德量。

（6）注重体育及军事上之知识，以发挥尚武之精神。

（7）注重国民生活上之知识技能，以养成独立自营之能力。

（8）联络各科教材，以期获得教授上之统一。

（9）各科教材俱先选择分配，再行编辑成书，知识完全，详略得宜。

（10）各科均按照学生程度，循序渐进，绝无躐等之弊。

（11）关于时令之材料，依阳历编次。

（12）各书均编有详备之教授法，以期活用。

（13）书中附图及五彩画，便与文字相引证，并以引起学生兴趣而启发其审美之观念。

（14）初等科兼收女子材料，以便男女同校之用。[1]

这套音乐教科书于1914年初版，编者为胡君复，民国时任职于商务印书馆。本套教科书共有3册，供高等小学校使用。教科书充分考虑到学生的年龄特点和接受能力，按循序渐进、由易到难的原则编排歌曲。值得注意的是，在教科书的“编辑大意”中专门提到教科书“尤重曲谱”，这是因为与中学相比，小学以唱歌为重，这也正契合了当时“壬子·癸丑学制”中将小学的音乐课称为“唱歌”，将中学的音乐课称为“乐歌”的微小区别所在。教科书的选材首要考虑的是实现音乐的德育和美育价值，而实业主义和尚武精神则在其次。现将“编辑大意”摘录如下，可与上述十四条编辑原则相呼应：

以新鲜明显之笔，便初学，期普及也。

—各科皆有联络关系，唱歌之性质之效用，为独立的亦为辅助的，是集于各科关系外，尤注意于德育美育。而实业主义，尚武主义，亦并及焉。

—唱歌贵熟不贵多，是集每册课数，分量充足，以供一学年之教授练习而有余。

—歌中引用事实及辞句，稍涉典雅者。与夫谣俗通用之言语，不论单辞双句，间注出处，或为释义，为教员计，亦为学生计也。[2]

教科书封面颜色素雅，以花卉枝叶为边框，教科书名称、册数和出版单位居中呈现，是一本纯歌曲集。内容上采用简谱教学，每首歌曲均标有调号和节拍，每首谱例仅呈现一段歌词，随后单独分段附上所有歌词。出于对学生每学期能熟练掌握所学歌曲的考虑，教科书每册所录曲目并不多，各册目录见表2-1：

表 2-1　《共和国教科书　新唱歌》（高等小学校用）目录

册别	第一集	第二集	第三集
目录	《小时》《亲恩》《师恩》《好兄弟》《同学之爱情》《镜》《日暮》《风筝》《春季旅行》《松与竹》《鸟语》《蜘蛛》《时计》《蚁》《博爱》	《春秋佳日》《早起》《钟声》《从军》《历史谈》《物理谈》《金鱼》《佳果》《寄书》《尊孔》《择友》《敬长》《竞争》《今日之学生》《今日之国民》《立国纪念》《学校纪念》《大战争》	《衣食住》《见与闻》《菊》《航海》《国民之希望》《学艺会》《成绩展览会》《恳亲会》《运动会》《一年好景》《骏马》《格言》《秋月》《落花》《祝国歌》《好男儿》《秋虫》《田家乐》《毕业别师》

[1] 石鸥. 民国中小学教科书研究[M]. 长沙：湖南教育出版社，2018：94.

[2] 胡君复. 共和国教科书：新唱歌：高等小学校用[M]. 上海：商务印书馆，1917：编辑大意2.

本套教科书有以下的基本特点：

第一，曲调来源广泛。教材歌曲采用的还是外来曲调填词的形式，但相对于前期的歌曲集，其曲调的来源更为广泛，不仅有日本的曲调，还有来自西洋的如德、法、英、美的民歌或学校歌曲曲调。

第二，歌曲难度适中，调式调性比较单一。从教科书所示每首歌曲的调号来看，所有年级的歌曲均没有超过四个升降号，这比较符合小学生的音域，且均为大调歌曲，这与这一时期普遍认为大调的旋律会更加积极向上有关。

第三，题材广泛且与各科相联系。从目录可以看出，教科书的题材比较广泛，大致可分为生活、常识、品德、政治等四个方面。其中以德性教育为题材的歌曲最多，如《亲恩》《师恩》《早起》《敬长》等；其次是与儿童生活情景相关的，如《春季旅行》《松与竹》《鸟语》《春秋佳日》等；再次是一些常识类的，体现音乐与其他学科的联系，使学生能更好获得知识，如《历史谈》《物理谈》；最后是宣传民主、共和思想的歌曲，如《今日之国民》《国民之希望》等。

第四，有教学提示出现。教科书并没有配备教师用书，但教学内容中出现了一些“注”与“备览”，内容主要是对歌词的深入或延展性理解，或是在教学中如何引导学生的提示。

5.《今乐初集》

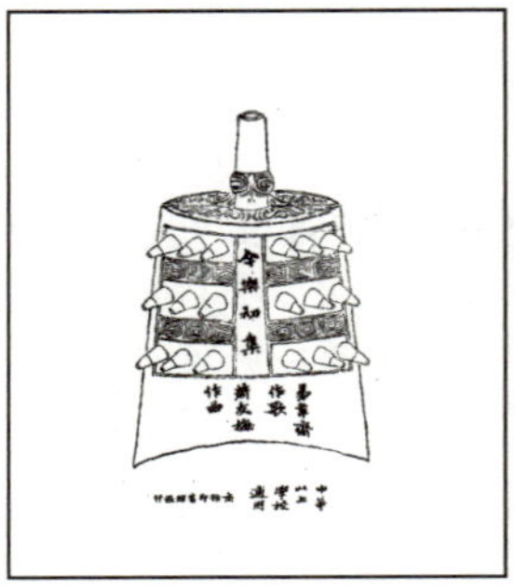

2—6

图 2—6 《今乐初集》，易韦斋作歌，萧友梅作曲、商务印书馆，1922 年

《今乐初集》的编者是易韦斋和萧友梅，由商务印书馆1922年初版。易韦斋，即易大厂（1874—1941），原名廷熹，后更名孺，亦名熹，字季复，号魏斋、韦斋、大厂、大厂居士等。广东鹤山人。早年求学于广雅书院，后留学日本入师范学习，回国后在北京高等师范学校、北京大学附设音乐传习所、上海国立音乐专科学校、暨南大学等校任教。易韦斋精研书画、篆刻、碑版音韵、文字源流、乐理等，生平自诩：词第一，印次之，音韵又次之。他与萧友梅曾同在日本留学，后又同在孙中山手下任秘书。两人合作创作过大量的歌曲，传唱一时，如由易韦斋作词、萧友梅作曲的艺术歌曲《问？》。《中国国民党党歌》的歌词“三民主义，吾党所宗……”也是他受孙中山之命代为撰写的训词。

萧友梅（1884—1940），字思鹤，号雪朋，广东香山（今中山）人。萧友梅是现代专业音乐教育的开拓者与奠基者。他于1901年赴日本留学，1904年在东京音乐学校学习声乐、钢琴等音乐课程；1906年，入东京帝国大学（今东京大学）攻读教育学，并经孙中山介绍加入中国同盟会。

1909年回国，先任教育部编审员兼北京高师附属实验小学主任。后留学德国，1916年获得莱比锡大学哲学博士学位。1920年回国，在北京大学附设音乐传习所和北京国立艺术专门学校音乐系任教并担任领导。曾受北京大学聘，任该校讲师及所属音乐研究会导师，并与赵元任等发起成立乐友社。1927年与蔡元培等人在上海创办中国第一所专业音乐学院——上海国立音乐院，任院长。1929年，上海国立音乐院改建为上海国立音乐专科学校，萧友梅主持校政。

萧友梅一生致力于音乐创作和音乐教育事业，建树颇丰。他创作了大量歌曲，包括1921年7月被定中华民国国歌的《卿云歌》。他组织编写出版了许多音乐教材，包括《今乐初集》《新歌初集》《新学制唱歌教科书》《新学制风琴教科书》《新学制乐理教科书》《新学制钢琴教科书》《普通乐学》等。从1930年起，萧友梅与黄自等先后发起成立乐艺社和音乐艺文社，组织力量编辑出版《音》《乐艺》《音乐杂志》《音乐月刊》以及《林钟》等定期或不定期刊物。

教科书全部歌曲由易韦斋作歌，萧友梅作曲，供中等以上学校使用。教材为纯粹的歌曲集，一共有20首歌，五线谱记谱。每首歌曲在主旋律声部下面都附有钢琴伴奏谱。20首歌曲分别为《国庆》、《欢》、《植树节》（三部合唱）、《燕……蝶》、《钱春》（三部合唱）、《中秋》、《渐渐秋深》、《新雪》、《年》、《一日雪》、《农计》（二部合唱）、《寒假旅行》（三部合唱）、《踏歌》、《汤山》、《问？》、《镜》（二部合唱）、《北京女高师新校歌》、《女子体育》、《本愿》（二部合唱）、《女子自觉》。

教科书在歌词创作上有极高的文学水准，在音乐创作上有很专业的艺术修养和教学上的考量，其中歌词创作的特点主要体现在以下几个方面：

第一，编写中国原创的歌词，是为了更好地培养学生的审美感知和唱歌兴趣。作者在“编辑大意”中提及，我国有很多中学或师范毕业的学生，虽然会教唱歌，但却不懂得识读乐谱，究其原因在于他们曾经使用的教科书多授以英文歌词，学生在对歌曲含义一知半解的基础上，很难对音乐的美有一种准确的把握，也就谈不上唱歌的兴趣了。

第二，具有典型中国风格歌词的创作讲究各种用韵规律，具有很高的文学意味，在于编者坚持“歌不必执泥于韵，但万不能无韵。本集歌词，用韵极致核斟酌，识者玩之”[1]。

第三，歌词的创作考虑到唱歌的需要，遵循了依音注字的原则，但这样难免使诗歌的意蕴遭到破坏，故而在所有歌曲呈现之后，教科书又专门将所有歌词单独一一呈现，供文学爱好者细细品味。

第四，歌词的题材有很多来源于成语和传说故事，创作上则运用了中国文学赋、比、兴的修辞手法，有很多言外之意，反复读之，颇有意味。

在音乐创作上，萧友梅以较强的责任心对中国当时歌曲创作的弊病进行了剖析，并在音乐创作中渗透了自己对于中国新音乐普及的理想和努力，具体表现如下：

[1] 易韦斋，萧友梅. 今乐初集[M]. 上海：商务印书馆，1922：编辑大意5.

第一，鉴于以往的乐歌创作多采自他国的曲调填中文歌词，造成音乐与歌词之间存在不匹配的情况，故教科书中所有乐曲的创作，均与中国语言文字的抑扬顿挫契合，唱起来没有生硬之感。

第二，考察我国传统乐曲创作，多以小调为主，虽柔美缠绵却也给人萎靡不振之感，故该教科书的音乐创作全部用大调，目的在于以大调的"发扬蹈厉"之功效，引发人精神上的振奋。除升F和降G大调外，其余大调全部涉及，原因在于萧友梅认为这两个调所含的升降号太多，不利于实施普及化教学。涉及众多大调式也在于让学生能够在学唱歌曲的同时，获得关于调式调性的基本知识。

第三，我国的音乐创作不喜增加临时变化音或转调，这显然不利于学生音乐素养的全面培养，因此萧友梅在创作中有意识地增加了半音的学唱，但又考虑到学生现有的基础，所以只在《汤山》一首歌曲中增加了半音和转调，为的是遵循循序渐进的原则，并提及在后续的教科书中将会逐渐增加有半音的歌曲。

第四，歌词富有诗意，则有"诗以言志"一说，乐曲所附种种表情术语就是为了帮助学生更好地感受和表达这样的意境。

教科书歌曲按种类而不是难易程度排列，但在"编辑大意"中提到，教师应视学生的程度斟酌选取教唱，如歌词较长、曲调较为复杂的《汤山》，虽是目录中的第14首歌，却应放在最后进行教授。

易韦斋创作的歌词具有很高的中国传统诗词歌赋文学水准，而萧友梅则采西方音乐创作手法对中国音乐创作进行改良，又力求与诗词起承转合的押韵相符。教科书不仅是歌曲集，又是文学价值极高的语言读本，也是中西结合的范本，是他们后续编写教科书的基础。

6.《中等学校唱歌集》

2–7

图 2–7　《中等学校唱歌集》（第一编　普通唱歌法），周玲荪编，商务印书馆，1922 年

《中等学校唱歌集》由周玲荪编写，商务印书馆1922年初版。周玲荪（1893—1950），中国早期音乐教育家。浙江海盐武原人。师从李叔同。1915年毕业后，初任商务印书馆南京分馆编辑，1918年起先后在南京高等师范学校、东南大学及其附中任音乐图画教员。曾任中华美育会夏季图画音乐讲习会讲师，主要编著有《中等学校乐理唱歌合编》《师范学校风琴练习曲集》《新时代高中唱歌集》《钢琴教本》等。

教科书的出版有其针对性意义，据“编辑大意”所言，一是音乐作为一门必修课程，对于中学生陶冶性情、修养身心的重要性，需要专业化的教科书；二是当时中学音乐教科书极为匮乏，“其他高等专门学校及大学校内，亦有设立专科，或于课外组织研究会，以资深造。惟关于中文唱歌一门，材料至为缺乏，现坊间所出版者，大都偏于小学用书，于中等以上学校，尚无专集”[1]；三是编者的自身从教需求和经验积累，促使其致力于编写一套教科书以供时下所需。编写教科书时，周玲荪已经在南京高等师范学校任教9年，积累了大量的教学素材与教学经验，足以供教科书编写所用。教科书的所有内容，都在南京高等师范学校预科及附中课程中经过了反复的教学实验，可以说经得起实践的考验。

教科书供男女初高中学、师范学校、高等专门学校初年级乐歌课程之用。共两编，第一编为“普通唱歌法”，第二编为“歌曲集”。将唱歌法单独作为一本教科书编写，也是本教科书相对于同时期其他教科书的一个特别之处。之所以如此看重普通唱歌法的学习，是因为编者强调普通唱歌法是一切唱歌的基础，要学唱歌就必须先掌握唱歌法，尤其是想要唱一些难度稍大的歌曲。同时，这也是遵从教育部的相关规定，即“中学校及师范学校乐歌课程内，除教授正式歌曲外，尚需注重乐歌基本练习”[2]。

教科书由时任南京高等师范学校及东南大学校长的郭秉文、古文字学家顾实分别作序，政治家、教育家、书法家于右任题词。其中郭秉文作序为：

古有六艺，乐居其一。举凡历聘，朝飨，游宴，送别，莫不有歌。所以致诚敬，达性情。自雅乐云亡，士夫乃缄口不言乐。反不如村童牧竖，短笛无腔，尚足发抒其天籁。学校兴，而弦诵作。沈心工《小学唱歌集》，风行于二十年前，学子无不手持一册，呜呜传习。比年以来，乃反沉寂。中学以上，更无专集。间有习者，率用西文歌；顾安能强闻歌者以皆习西文？只可自娱，形势扞格，自难行远。周君玲荪，潜心音乐，任南高教员有年，课暇编《中等学校唱歌集》二册，说理选词，颇费研磨。学者按谱以求，了如指掌。其能行远必也。因怂恿付印，吾知手舞足蹈者，必大有其人也。[3]

顾实作序为：

昔墨子有言：诵诗三百，弦诗三百，歌诗三百，舞诗三百。知古者在心为志，发言为诗；及既为诗，诵之、弦之、歌之、舞之，四者皆备。故乐正崇四术：春秋教以礼、乐，冬夏教以诗、书，其勤也若是。周衰，学校废弛，然列国互竞，余风未沫。故钟仪，楚国之囚，至辱也，乐操土风，而爱国之诚彰。赵娟，津吏之女，至弱也，扬楫浩歌，而救父之志申。意其时：凡国内血气心知之伦，咸与于诵弦歌舞之业；故无间男女贵贱皆能之也。汉武立乐府而采歌谣，于是诗与乐分立；然汉志所载河南周歌诗七篇，河南周歌声曲折七篇，周谣歌诗七十五篇，周谣歌诗声曲折七十五篇，

[1] 周玲荪. 中等学校唱歌集：第一编　普通唱歌法[M]. 上海：商务印书馆，1922：编辑大意1.
[2] 周玲荪. 中等学校唱歌集：第一编　普通唱歌法[M]. 上海：商务印书馆，1922：编辑大意2.
[3] 郭秉文. 序一[M]//周玲荪. 中等学校唱歌集：第一编　普通唱歌法. 上海：商务印书馆，1922：1.

两两相对，篇数相侔。声曲折者，唐曰乐句，今曰板眼；则汉时歌诗固可以入乐，可以不入乐者也。唐人诗犹多入乐，宋人诗不能入乐；而转趋燕乐，则词典。元明以还，词复不能入乐，转趋院本，而曲炽焉。大抵社会之进化，必循乎智情意三育而均齐发展！故中国唐以前人于诗乐常相合，及其退化也；则不然，三育往往作畸形之发展。其机甚微，而终局也必至巨。故隋建进士科，行至中唐，而皇帝以万能之权力，削民之情，驱使天下尽循皇帝一人之意，则有韩柳古文应于下。宋王安石用以改法，罢词赋，行经义。元明清三朝递变，而穷极于八比之文。迄今民国成立十一载：而武人弄兵，文人摇笔；几莫不独居深念于室，而怒目相向于市；有若不共戴天之仇者存，岂非科举之结果？逞意教育横行，而同情教育缺乏，有以使然哉！尝遍考国乐源流：则凌氏廷堪《燕乐考原》、陈氏澧《声律通考》，二书略尽之矣。大率三代雅乐，声重而和平，多当今之所谓胸部声；郑卫新乐，音高而凄厉，多当今之所谓头部声。梁陈以前，雅郑混淆；隋分雅俗二部，浸淫雅亡而俗存。俗乐又多出自胡，高于雅乐三律，乃倍蓰之，则从印度，经中亚诸族，转化而来者也。印度自古未尝统一，中亚诸族率朝帝而暮丐，故闻乐知德；第听吾国今用管领群乐之笛，其音之高，乃更甚于女子之悲泣声，岂为吾族之福！回忆十八九年前：在乡设小学，深喜西洋风琴之啴缓，有合古乐；其后侨游日本，听日本乐声重下，访彼东京音乐学校校长汤原氏，颇知犹有中土旧乐之遗声，而未遑钩考也。迩来宁垣：执教鞭于国立南京高等师范学校，暨、东南大学。忽忽五载，著书养病而外，理乱不问，同校教授周玲荪先生乃以所著《中等学校唱歌集》二编见示：展读一过，则音谱之精粹，歌词之优美，曩尝欲有所从事而未遑逮者也。抑玲荪先生音乐专家，此区区二册，何足以尽其长。顾必有益于中等以上之学校者，当无穷也。今颇有《小学唱歌集》，而独无中等以上者。科举之余毒犹存也，扫除千年积习，谈何容易！然周官大司乐掌建国之乐政，而西洋宗教改革家路德马丁［马丁·路德］亦言：无音乐不成学校，音乐实群育情育之主科，而根于人类心理之同然，大系于吾族之兴衰存亡。今之一部胡乐，冒国乐之名；而音高似哭，沉湎其中者，亦面无人色。此必当屏除无疑！惟西洋立国久远，足与吾土相宜，旋律音阶，既可相调，声不过高，而可为吾族久存，与世界共跻升平之征，是不能不望诸中等以上学校之改造国乐也！改造而成，虽臻古之诗歌合一可也。区区臆见，怀之既久，不觉其言之冗也，敢质诸玲荪先生以为何如？[1]

两位先生的序言，引经据典、以史为镜、贯通中西、针砭时弊，将音乐之美妙与德育教化之功效相应和，对周玲荪的德行与音乐造诣、教科书的层次及其影响力给予了极大的肯定，寄予了殷切的期盼。这两篇序言本身就是令人赏心悦目、深得教诲的美文，也与教科书的文学之美相应和。

此处重点对教科书的第一编进行详细介绍。第一编共有十二章，既包含了唱歌的基本方法，又以乐曲为载体，讲解了基本的乐理知识，具体目录见表2-2：

[1] 顾实. 序二[M]//周玲荪. 中等学校唱歌集：第一编　普通唱歌法. 上海：商务印书馆，1922：2.

表 2-2　《中等学校唱歌集》（第一编　普通唱歌法）目录

<table>
<tr><th>章节</th><th colspan="2">具体内容</th></tr>
<tr><td rowspan="3">第一章
总论</td><td colspan="2">第一节　关于唱歌姿势上应注意之点</td></tr>
<tr><td colspan="2">第二节　关于卫生上应注意之点</td></tr>
<tr><td colspan="2">第三节　练习唱歌时应注意之点</td></tr>
<tr><td rowspan="4">第二章
发声练习</td><td colspan="2">第一节　发声练习之要领</td></tr>
<tr><td colspan="2">第二节　人声之区域</td></tr>
<tr><td colspan="2">第三节　声区练习法</td></tr>
<tr><td colspan="2">第四节　发声于生理上之关系</td></tr>
<tr><td rowspan="2">第三章
发韵练习</td><td colspan="2">第一节　发韵时之状态</td></tr>
<tr><td colspan="2">第二节　发韵练习曲</td></tr>
<tr><td rowspan="3">第四章
呼吸练习</td><td colspan="2">第一节　呼吸练习法</td></tr>
<tr><td colspan="2">第二节　乐曲上吸息之用法（附练习曲）</td></tr>
<tr><td colspan="2">第三节　呼吸器之卫生</td></tr>
<tr><td rowspan="3">第五章
长短练习</td><td rowspan="2">第一节</td><td>单纯音符之长短练习附练习曲</td></tr>
<tr><td>附点音符之长短练习附练习曲</td></tr>
<tr><td colspan="2">第二节　单纯休止符之长短练习附练习曲</td></tr>
<tr><td rowspan="8">第六章
拍子练习</td><td colspan="2">第一节　拍子之种类</td></tr>
<tr><td colspan="2">第二节　四分之二拍子</td></tr>
<tr><td colspan="2">第三节　二分之二拍子</td></tr>
<tr><td colspan="2">第四节　四分之四拍子</td></tr>
<tr><td colspan="2">第五节　八分之四拍子</td></tr>
<tr><td colspan="2">第六节　四分之三拍子</td></tr>
<tr><td colspan="2">第七节　八分之三拍子</td></tr>
<tr><td colspan="2">第八节　八分之六拍子</td></tr>
<tr><td rowspan="3">第七章
强弱练习</td><td colspan="2">第一节　关于乐曲一部分之强弱记号</td></tr>
<tr><td colspan="2">第二节　附记于一音符上以表示其音须特别加强之记号</td></tr>
<tr><td colspan="2">第三节　练习曲</td></tr>
<tr><td rowspan="3">第八章
缓急练习</td><td colspan="2">第一节　关于乐曲全体之速度记号</td></tr>
<tr><td colspan="2">第二节　关于乐曲一部分之速度记号</td></tr>
<tr><td colspan="2">第三节　练习曲</td></tr>
</table>

（续表）

<table>
<tr><th>章节</th><th colspan="2">具体内容</th></tr>
<tr><td rowspan="9">第九章
音阶练习</td><td rowspan="4">第一节
长音阶练习</td><td>（甲）婴种长音阶</td></tr>
<tr><td>（乙）变种长音阶</td></tr>
<tr><td>（丙）调子记号识别法</td></tr>
<tr><td>（丁）练习曲</td></tr>
<tr><td rowspan="4">第二节
短音阶[①]练习</td><td>（甲）短音阶之种类：自然的短音阶；和声的短音阶；旋律的短音阶</td></tr>
<tr><td>（乙）婴种短音阶及变种短音阶</td></tr>
<tr><td>（丙）短音阶调子记号之识别法</td></tr>
<tr><td>（丁）短音阶练习曲</td></tr>
<tr><td colspan="2">第三节　半音阶练习</td></tr>
<tr><td rowspan="12">第十章
音程练习</td><td colspan="2">第一节　音程之定义</td></tr>
<tr><td colspan="2">第二节　音程计测法</td></tr>
<tr><td colspan="2">第三节　音程练习之效用</td></tr>
<tr><td colspan="2">第四节　二度音程习练</td></tr>
<tr><td colspan="2">第五节　三度音程练习</td></tr>
<tr><td colspan="2">第六节　四度音程练习</td></tr>
<tr><td colspan="2">第七节　五度音程练习</td></tr>
<tr><td colspan="2">第八节　六度音程练习</td></tr>
<tr><td colspan="2">第九节　七度音程练习</td></tr>
<tr><td colspan="2">第十节　八度音程练习</td></tr>
<tr><td colspan="2">第十一节　和声的短音阶音程练习</td></tr>
<tr><td colspan="2">第十二节　旋律的短音阶音程练习</td></tr>
<tr><td rowspan="2">第十一章
复音唱歌基本练习</td><td colspan="2">第一节　轮唱练习：二部；三部</td></tr>
<tr><td colspan="2">第二节　合唱联系：二部；三部；四部</td></tr>
<tr><td rowspan="4">第十二章
诸种杂记号练习</td><td colspan="2">第一节　贯音练习</td></tr>
<tr><td colspan="2">第二节　顿音练习</td></tr>
<tr><td colspan="2">第三节　切分音练习</td></tr>
<tr><td colspan="2">第四节　三连音符练习</td></tr>
</table>

注：①该书中原文为长音阶，但应有误，本书改为短音阶。

从目录来看，教材关于唱歌法的讲解与当今专业化的声乐教学有着同一性。先从基本的唱歌姿势、卫生入手，使学生首先有一个正确的发声状态和意识。对于这些基本原理的讲解，既有逻辑理性的表述，也有来自实际经验的讲述。如第一章第一节“关于唱歌姿势上应注意之点”写道：

（一）唱歌时不拘立唱坐唱，胸部须充分开张。

（二）立唱时须全身直立，不可欹斜及前屈。

（三）坐唱时须身体正坐，不可左右倾斜及摇动。

（四）唱歌之时容貌须快活，又发高音时头不可高扬，发低音时头不可低垂。

（五）唱歌时口宜张开，不宜紧闭（详见后章）。[1]

第二节“关于卫生上应注意之点”写道：

（一）吸烟饮酒最足伤害身体，并害及发音，唱歌者宜切戒之。

（二）唱歌者衣服不宜紧缚，致胸部拘束，有碍发音。

（三）唱歌不可一时过度练习，宜屡屡休息。

（四）食后不宜立刻唱歌。[2]

第四章第三节“呼吸器之卫生”写道：

（一）呼吸气［器］官为身体中之重要部分，摄身之道，万不可忽。

（二）空气新鲜，则血液新鲜，空气重浊，则血液亦重浊，故吸取新鲜空气，实于全身有莫大之利益。

（三）呼吸微弱，则气胞萎缩，肺管衰颓，呼吸剧烈，则气胞膨胀，肺官弛张，若呼吸过度，则肺脏强固。

（四）吸烟入肺脏，毒透气胞壁，混和血液，害及全身。

（五）声音之美恶，因肺脏之强弱，喉头之衰健为原则，肺脏强固，则发音充实有力，若肺管弛张或萎缩，则发音不足矣。[3]

上述这些文字读来不觉枯燥，反而更像是教师在对面授课般的循循善诱之语气，通俗易懂又贴合现实。

教科书的大部分篇幅是对基本乐理知识的讲解，它的呈现、解读、练习有着很明显的紧密围绕歌曲处理而进行的特点，每一个知识点都有谱面的范例和练习曲，非常具体细致，与一般的乐理教科书或教科书中的乐理部分不一样，这契合了教科书“唱歌法”的定位。比如第七章“强弱练习”，在讲解完强弱记号和术语后，后附了7条练习曲，用不同的组合练习加强学生对于乐谱中强弱记号的敏感度和及时处理的能力。第一条有8个小节，每个小节的强弱标记都不一样，分别为p、mp、mf、f、mf、mp、p>，训练的是强弱的瞬时变化；第二条有16个小节，训练的是渐强或渐弱的拉长的处理，每一到两个小节进行一个渐强或渐弱，强弱关系为pp<p<mp<f<ff>f>mf>p>pp；第三条有8个小节，每个小节是一个带自由延长记号的全音符，每个小节都要做渐强到渐弱“<>”

[1] 周玲荪. 中等学校唱歌集：第一编　普通唱歌法[M]. 上海：商务印务馆，1922：1-2.

[2] 周玲荪. 中等学校唱歌集：第一编　普通唱歌法[M]. 上海：商务印务馆，1922：2.

[3] 周玲荪. 中等学校唱歌集：第一编　普通唱歌法[M]. 上海：商务印务馆，1922：11-12.

的处理，整条练习曲是“135”三个音符由上行到下行的音阶练习。后面四条也是不同方式的强弱处理练习。

教科书每编卷末都附有数页五线谱纸，以供学生抄录其他歌曲所用。教科书在“编辑大意”中还专门说明：教科书取材自日本北村季晴、南美恩三郎等人的著作较多。

7. 《学校新唱歌集》

2–8

图 2–8 《学校新唱歌集》，董弗危编，世界书局，1930 年第 13 版

《学校新唱歌集》由世界书局1922年初版，后多次再版，编者董弗危为浙江女子师范学校教员。

教科书共有四集，合订为一本。据编者在教科书例言中所述，教科书适用于各男女小学、师范学校的音乐教学，也可以作为家庭娱乐唱歌时的歌本。教科书所收录的歌曲都是编者根据自己多年的教学经验搜集整理而得，精心勘误，使“音调节拍一无差误”。每首歌曲只有曲名、调式、节拍，没有提供词曲作者信息。歌曲的歌词或由编者自行编撰，或源自旧诗曲，以避免与其他教科书歌曲歌词雷同。

除了歌曲以外，教科书还含“唱歌踏琴速成法”的教学内容，包括“唱歌须知”和“踏琴须知”两部分。“唱歌须知”包括音名、音序、拍子、音符、休止符、特种符号（即变化音记号）等乐理知识的讲解。“踏琴须知”则包括风琴的结构图示和风琴的奏法、姿势、练谱、黑白键用法等的简要讲解。

该唱歌集共收录歌曲149首，以简谱形式呈现。与其他歌集在歌曲呈现上不同的是，当一首歌曲有几段歌词时，该歌曲集会将其分成几首歌曲来呈现，除歌词不同以外，歌名和曲调都一样。如《蝶与燕》（其一）、《蝶与燕》（其二）以两首独立的歌曲形式呈现，但这两首除了歌词不一样外，曲调都是一样的。教科书歌曲题材广泛，有描绘学校或日常生活场景的，有借景抒情的，有古诗词填词的，有讲述历史的，有激励好学的，有描述行军之乐的，还有唱游类的。各集并不是按照歌曲的难易程度来进行递进式编排的，比如在第四集同时出现了《祝毕业》和《告幼稚生》两种针对毕业班和新生的歌曲。由此可见，教学不必按教科书的顺序来进行，而是可以根据实际需要进行自由选择。教科书各集曲目如下：

初集：《桃花源》、《轻气球》、《黄河》、《西湖四时曲》（春）、《西湖四时曲》（夏）、《西湖四时曲》（秋）、《西湖四时曲》（冬）、《上山采薇》、《杜甫诗》（前出塞）、《枫桥夜泊》、《暑假》、《龙门史》、《古诗十九首之一》、《采莲曲》、《燕语》、《长歌行》、《怀友》、《鸣琴》、《送春》、《送别》、《桃花院》、《勉学》、《渔家傲》（其一）、《渔家傲》（其二）、《邓蔚观海》、《送人游庐山》、《洞庭秋》、《冬夜读书》、《客中秋》（其一）、《客中秋》（其二）、《秋夜读书》、《暑假开学》、《风筝游戏》、《风车游戏》、《登高》、《留别吟》、《月夜舟中》、《放学》、《郊游》、《海之上》、《雁字歌》、《归舟》。

二集：《太平洋》、《踏月谣》（其一）、《踏月谣》（其二）、《时计》、《放假歌》、《过郑山人所居》、《宁戚饭牛歌》（其一）、《宁戚饭牛歌》（其二）、《宁戚饭牛歌》（其三）、《蝶与燕》（其一）、《蝶与燕》（其二）、《送李侍郎赴常州》、《姥江行》、《归故园》（唐人诗）、《咸阳怀古》、《过贾谊宅》、《颂黄帝》（其一）、《颂黄帝》（其二）、《颂黄帝》（其三）、《颂黄帝》（其四）、《从军乐》（其一）、《从军乐》（其二）、《从军乐》（其三）、《从军乐》（其四）、《从军乐》（其五）、《从军乐》（其六）、《从军乐》（其七）、《从军乐》（其八）、《万里关山》、《春燕》（其一）、《春燕》（其二）、《凉州词》。

三集：《春野》（其一）、《春野》（其二）、《杜甫缚鸡行》、《织布》、《菊》、《观潮》、《四时读书乐》（春）、《四时读书乐》（夏）、《四时读书乐》（秋）、《四时读书乐》（冬）、《旅行歌》、《送春》、《铁杵磨针》、《勤学》、《砂》、《露》、《劝学》、《警惰》、《明妃村》、《慈乌夜啼》、《赵娥怨》、《蔡确诗》、《云雀》（其一）、《云雀》（其二）、《嘤嘤歌》、《送春归》、《四时乐趣》（春）、《四时乐趣》（夏）、《四时乐趣》（秋）、《四时乐趣》（冬）、《晓》、《从军乐》、《送春》、《军》、《年假歌》（其一）、《年假歌》（其二）、《柳花》、《云》、《四时江村乐》、《战场月》、《秋季开学》、《水仙》、《陆军》（其一）、《陆军》（其二）、《采莲》、《祝毕业》、《黄菊花》、《冬之夜》、《公园》（其一）、《公园》（其二）、《数学游戏》。

四集：《乌衣巷》、《贫交行》、《渔翁》、《拟行路难》、《四月节景》、《舟中晚起》、《孤山冬晚》、《乡思》（宋李觏）、《春江花月夜》、《乌鸦》、《春雁》、《魏乐府》（其一）、《魏乐府》（其二）、《祝毕业》、《喜韩尊相遇》、《劝学歌》（其一）、《劝学歌》（其二）、《杜甫诗》、《王昌龄万岁楼》、《秋风辞》、《春题湖上》（白居易）、《春庭晚望》、《秋季旅行运动会歌》、《进行》、《学校游息歌》（其一）、《学校游息歌》（其二）、《学校游息歌》（其三）、《大雨游戏》、《荷花游戏》、《告幼稚生》（其一）、《告幼稚生》（其二）、《告幼稚生》（其三）、《告幼稚生》（其四）、《秋雨》、《苏轼诗》、《望海楼》（米芾诗）、《张耒诗》、《木兰从军》、《钱塘湖春行》、《满江红》、《秋兴》、《别之恨》、《秋雨潇潇》、《舜俞词》、《雪泥鸿爪》（东坡诗）、《田舍诗》、《秋景》、《送行》。

8.《中外学校唱歌集》

2-9

图 2-9 《中外学校唱歌集》，［美］安德生编，商务印书馆，1923 年

《中外学校唱歌集》编者为沪江大学教授安德生（Elam J.Anderson），商务印书馆1923年初版。教科书分为三个部分，大部分为英文歌曲，封面写明“中等以上学校用书”。第一部分为“College Songs（大学歌曲集）”，主要包括“Chinese College Songs（中国大学歌曲集）”和“American College Songs（美国大学歌曲集）”，中国大学歌曲含教会学院赞歌1首，岭南学堂7首、福建协和大学5首、复旦大学2首、之江大学3首、金陵大学8首、交通大学上海学校1首、圣约翰大学3首、上海大学12首、东吴大学7首、清华学校1首、南伟烈大学1首；美国大学歌曲包括阿默斯特学院、芝加哥大学、哈佛大学、密歇根大学、宾夕法尼亚大学、普林斯顿大学、耶鲁大学歌曲各1首及康奈尔大学2首。

第二部分为“Patriotic and National Songs（爱国歌曲或国歌集）”，含20首歌曲，其中包括《中华国歌》《卿云歌》《出军歌》等中文歌曲。第三部分为“Popular Songs（流行歌曲）”，含24首当时比较受欢迎的英文通俗歌曲。各大学的歌曲和爱国歌曲占了很大篇幅，是因为编者认为这些歌曲具有很强的精神激励和凝聚力作用，有助于促进共同唱歌的活动，使一个学院或国家群体形成较好的集体精神。

随着当时国外音乐知识的传入和一些音乐读物及乐谱的出版发行，国人对外国音乐的兴趣日渐浓厚。各大学和一些机构都有了一些好的歌唱者、乐团和合唱团，但随处、随性而至的歌唱还是不多见。所以，该书编撰的目的是向中国大学和中学的学生介绍一些欧美好听好学的经典歌曲。

教科书的乐谱为五线谱，仅提供了旋律声部，没有其他伴奏声部，是因为教科书编写的初衷在于让学生轻松地学习歌唱，四个声部的呈现会增加学生学唱歌曲的难度，更不利于自行识谱演唱。歌词均在乐谱下面呈现，而不是像同时期其他教科书一样只呈现第一段，其他段落的单独呈现也是为了让学生能更容易地学唱。

9.《雅声唱歌集》

2-10

图 2-10 《雅声唱歌集》，张觉民编，世界书局，1923 年

《雅声唱歌集》由江苏武进张觉民编写，世界书局1923年初版。教科书适用范围很广，既可供中小学校、师范学校教学用，也可供大学的音乐会或游艺会的唱歌素材用。

教科书是一部专门的古今雅乐集，乐曲均是编者从各个地方搜集整理而来，虽“凡俚俗之时调小曲等概不列入”，但也有反映时代特征的曲目，如《E国歌》《C阅报有感》；几首进行曲和舞蹈用曲则运用了西方音乐体裁的概念，并有其典型的创作风格。教科书虽名为“唱歌集”，但实际内容包括三大部分，第一部分是不同的传统乐器的形制和演奏方法，包括“笛之吹法”“箫之指法”“胡琴拉法”“琵琶按法”“弦之按法”“笙之吹法”。第二部分是器乐曲，第三部分是歌曲，两者交叉呈现，包括：《梅花三弄》、《梅花三弄》（一）（极慢）、《梅花三弄》（二）（一眼板）、《四合如意》、《行街四合》、《雪庆》、《太和新奏》、《小四合》、《小拜门》（一）（一眼板）、《小拜门》（二）、《清音》（一）、《清音》（二）、《老六板》、《花六板》（一眼板）、《花花六板》（一）、《花花六板》（二）、《花花六板》（三）、《快六板》、《倒八板》、《欢乐歌》、《花观乐歌》、《谁黄》（一）、《谁黄》（二）、《谁黄》（三）、《南词起板》（一眼板）、《游板》、《望妆台》、《花望妆台》、《报妆台》、《柳青娘》（一名《柳春阳》）、《柳青香板》、《青龙香》、《柳绕景》（一眼板）、《彩莲歌》、《乌夜啼》、《金毛狮子》、《凤求凰》、《回风》、《思春》、《诉怨》、《雨打芭蕉》、《百鸟朝王》、《平沙落雁》（一）、《平沙落雁》（二）（一眼板）、《平沙落雁》（三）（凡七段）、《贵州调》、《离京调》、《一封书》、《浪淘沙》、《畅合》、《C三六》、《夸夸调》、《萧[1]》（紫竹调）（一板眼）、《四季想思》、《道情》、《上海码头》、《湘江浪》、《花合》、《阳合》、《八合》、《将军令》（流水板）、《一枝花快板》（流水板）、《一枝花行街》、《楼会》（一眼三板）、《迎仙客》、《傍妆台》、《到春来》、《柳腰金》、《水龙吟》、《苏州景》、《凤阳花鼓》、《楼会》、《C春恼情怀》、《D羡鸳鸯》、《C张敞画眉》、《C浣春纱》、《F宫妃试香》、《C中秋闺怨》、《C绮罗香》、《B九连环》、《C凤凰台》、《C春思》、《C高唐梦》、《C景中景》、《F潇湘夜色》、《C红桥映月》、《C登高》、《C文君濯锦》、《C香闺词》、《薄命词三十首》、《C苏堤春晓》、《C玉当映月》、《C思美人》（刘伯温）、

[1] 疑编者笔误，应为“箫”。

《香奁集句》、《E国歌》、《C八音诗》、《F美人手》、《C花月吟》（唐伯虎）、《C果老骑驴》、《D天女散花》、《C大开门》、《C阅报有感》、《D古琴曲》、《G进行曲》、《G进行曲》、《D进行曲》、《C进行曲》、《G进行曲》、《C行进及舞蹈用曲》、《F行进及舞蹈用曲》、《C古瑟谱》。

乐曲由简谱呈现，谱子由编者翻译自工尺谱或根据琴师的吟唱记谱而成，但记谱多有不规范之处。比如《箫》（紫竹调）（一板眼）谱面标记为“一板眼”，即二拍子，乐曲也是按$\frac{2}{4}$拍记谱，但在歌曲结束时，出现了| 56216 丁 | 5 — |的记谱法，这显然是不规范的。

二、“壬戌学制”下的音乐教科书

1.《新学制唱歌教科书》（初级中学用）

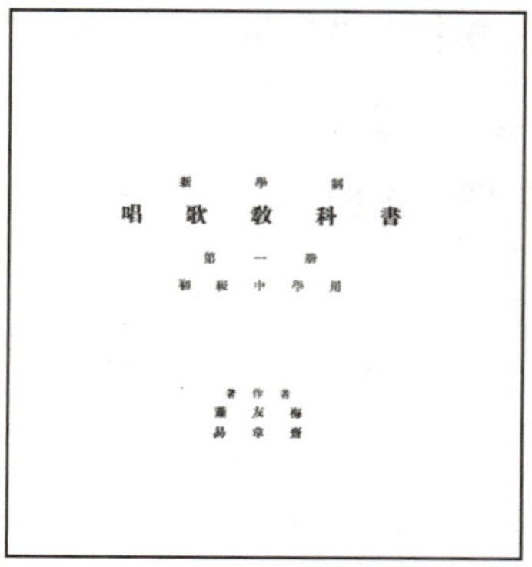

2—11

图 2—11 《新学制唱歌教科书》（初级中学用）（第一册），萧友梅、易韦斋编，商务印书馆，1924 年

“新学制教科书”是商务印书馆在1922年11月“壬戌学制”颁布以后，陆续推出的一系列、各学科齐全的、影响深远的教科书，“高水平的编撰团队、品种齐全的教科书体系、以儿童为中心的设计理念、国际化的内容取材、综合化的编写体例是这套教科书的最大特点”[1]。该套教科书大部分初版于1923—1925年。

《新学制唱歌教科书》共三册，针对初级中学的唱歌教学编写而成，内含歌曲均由易韦斋作词、萧友梅作曲。三册分别于1924年5、10、12月由商务印书馆出版，因其对应了《新学制课程标准纲要》的要求，故一经出版便受到大举推崇。

《新学制唱歌教科书》由“视唱”与“歌集”两部分组成，在“视唱”中又穿插有乐理知识的教学，这与《新学制课程标准纲要》中要求初中音乐课将乐理与唱歌列入必修科的规定相一致。教材每册包含10首歌曲、8课视唱教学内容。每册歌曲曲目如下：

第一册：《校歌》、《十二时》（二章）、《中华好》（四章）、《晨歌》（二章）、《花时》（四章）、《春歌》（四章）、《国旗》（二章）、《春郊》、《进行歌》、《诚求》（五章）。

第二册：《植树节》（二章）、《人生》（二章）、《栽花》（三章）、《尚美篇》（四章）、

[1] 石鸥. 民国中小学教科书研究[M]. 长沙：湖南教育出版社，2018：146.

《新燕》(二章)、《人》(二章)、《留春之花》(二章)、《行春词》(二章)、《龙华》(二章)、《暑假》。

第三册：《我的财产》、《风筝》、《"歌"与"春及花"》(二章)、《校园夏时》(二章)、《菊》(二章)、《美德》(四章)、《戎葵》(二章)、《星空》、《国土》、《寒月》。

歌曲在歌词创作上颇具中国古文学的修养，多取材于中国古诗词。曲调创作特点也很鲜明，均为大调作品，因为大调的风格明朗清晰，有利于激发学生的爱国热情和积极向上的斗志。萧友梅在创作中还展示了他对德奥艺术歌曲创作风格的吸纳，增加了一些临时的半音，使歌曲更富有色彩性，拓宽了学生的音乐视阈和提高了他们的审美感知。歌曲的音域相对集中在中音声区，最高音一般不超过小字二组的e，符合初中学生的生理特点，有助于学唱。

视唱课的编排遵循由浅入深、反复练习的原则，每一册都有所侧重，与歌曲的创作相一致，视唱所涉及的调性全部为大调，同样不含升F和降G大调。为更好地讲解乐理知识，教科书往往附有图片以供详解，如在讲解调式和音程时，附有详细标记了唱名和音名的键盘图，使学生能更直观地获得认知。

视唱与歌曲之间的编排联系非常密切，视唱所涉及的知识点都是歌曲学唱所必须具备的，学生能够及时地将所学知识运用于音乐表现当中去解决实际问题。比如第三册视唱以二声部视唱练习为主，歌曲中就增加了二声部合唱曲《"歌"与"春及花"》(二章)、《美德》(四章)、《寒月》。

2. 《新学制乐理教科书》(初级中学用)

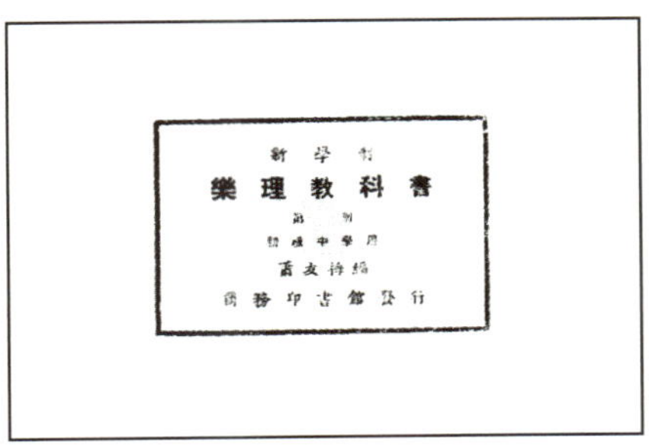
新學制
樂理教科書
第一冊
初級中學用
蕭友梅編
商務印書館發行

2—12

图 2—12　《新学制乐理教科书》(初级中学用)(第一册)，萧友梅编，商务印书馆，1924 年

《新学制乐理教科书》(初级中学用)由萧友梅编写，商务印书馆1924年初版，被认为是最早一本由我国音乐教育家撰写的系统性的乐理教科书[1]，该书影响力极大，初版之后再版了9次。

该书一共六册，为初中三个学年所用，每册十课，包括音名、音符、谱表、节奏、节拍、音程、调式、调性和音乐术语记号等，课后附有练习。编排遵循基本乐理由易到难的逻辑体系，涵盖了《新学制课程标准纲要·初级中学音乐课程纲要》对乐理教科书基本内容的要求，按编者建议，教科书宜与《新学制唱歌教科书》(初级中学用)配合使用，可以为唱歌教学提供较好的知识能力支撑。各册基本内容见表2-3：

[1] 马达. 20世纪中国学校音乐教育[M]. 上海：上海音乐教育出版社，2002：44.

表 2-3 《新学制乐理教科书》（初级中学用）各册基本内容

册别	课名	知识点	练习
第一册	第一课	音名与大音	练习（第一） 认音
	第二课	谱表	练习（第二） 认谱上的音位
	第三课	音符及休止符	练习（第三） 记谱法（其一）
	第四课	加点音符	练习（第四） 记谱法（其二）
	第五课	节拍	练习（第五） 辨强弱、数拍及分节法
	第六课	音乐术语（附各种记号）	
	第七课	大G调	练习（第六） 正谱译作简谱（其一）
	第八课	大F调	练习（第七） 正谱译作简谱（其二）
	第九课	（大D）调	练习（第八） 正谱译作简谱（其三）
	第十课	大♭B调	练习（第九） 正谱译作简谱（其四）
			练习（第十） 简谱译作正谱（其一）
第二册	第一课	黑键名称	练习（第十一） 认音，记谱
	第二课	大A调	练习（第十二） 正谱译作简谱（其五）
			练习（第十三） 改调（其一）
	第三课	三连音符	练习（第十四） 简谱译作正谱（其二）
	第四课	大♭A调	练习（第十五） 改调（其二）
	第五课	拍子	练习（第十六） 辨强弱，分节，数拍
	第六课	大♭E调	练习（第十七） 正谱译作简谱（其六）
			练习（第十八） 改调（其三）
	第七课	速度用语及强度用语	
	第八课	大E调	练习（第十九） 改调（其四）
	第九课	演奏用语	
	第十课	总温习	练习（第二十） 杂题
第三册	第一课	六十一键的风琴键盘	
	第二课	本位记号♮	练习（第二十一） 记谱法（其四）
	第三课	大B调	练习（第二十二） 正谱译简谱
			练习（第二十三） 改调
	第四课	复加点音符①	练习（第二十四） 记谱法（其五）
	第五课	大♭D调	练习（第二十五） 正谱译简谱
			练习（第二十六） 改调
	第六课	变强弱	练习（第二十七） 变强弱练习

（续表）

册别	课名	知识点	练习
第三册	第七课	大♯F调	练习（第二十八） 正谱译简谱
			练习（第二十九） 改调
	第八课	拍子与指挥法	
	第九课	大♭G调	练习（第三十） 正谱译简谱
			练习（第三十一） 改调
	第十课	音乐术语的附加语	练习（第三十二） 杂题
第四册	第一课	大小音程与纯音程	练习（第三十三） 大小音程辨别练习
	第二课	小a调	练习（第三十四） 二重音改调练习
	第三课	省略记法	练习（第三十五） 省略记法
	第四课	小e调	练习（第三十六） 辨音程，改调
	第五课	装饰音	练习（第三十七） 装饰音
	第六课	小d调	练习（第三十八） 辨音程改调
	第七课	大小调区别简法	练习（第三十九） 辨调练习
	第八课	小g调	练习（第四十） 辨音程，改调
	第九课	增四度与减五度	练习（第四十一） 辨音程
	第十课	小b调	练习（第四十二） 辨音程，改调
			练习（第四十三） 杂题
第五册	第一课	七均的钢琴键盘	练习（第四十四） 记谱及认音
	第二课	增音程及减音程	练习（第四十五） 增减音程
	第三课	小c调	练习（第四十六） 辨音程
	第四课	上中音谱号	练习（第四十七） 记谱
	第五课	小♯f调	练习（第四十八） 改谱号，记谱
	第六课	三和音	练习（第四十九） 辨和音的广狭
			练习（第五十） 辨三和音
	第七课	小♯c调	练习（第五十一） 复音曲辨调法
	第八课	中音谱号	练习（第五十二） 记谱练习
	第九课	小f调	练习（第五十三） 改调及辨调
	第十课	器乐	（一）器乐的分类
			（二）器乐的种类
			（三）乐谱的种类

（续表）

册别	课名	知识点	练习
第六册	第一课	×号♭♭号与半音阶新唱法	练习（第五十四）　记谱
	第二课	小♭b调	练习（第五十五）　改调
	第三课	高音c谱号	练习（第五十六）　记谱
	第四课	小♯g调	练习（第五十七）　改调
	第五课	声乐	
	第六课	小♭e调	练习（第五十八）　改调
	第七课	四和音	练习（第五十九）（第六十）　辨和音
	第八课	小♯d调	练习（第六十一）　改调
	第九课	乐曲收法与乐曲形式	练习（第六十二）　乐曲收法的区别
	第十课	歌队，乐队的组织与音乐会的种类	

注：①复加点音符，今译作附加点音符。

该套教科书具有前述“新学制教科书”的一些基本特点。

第一是以学生为主体，具体表现在充分考虑学生学习规律和学习过程的呈现，尊重学生学习基础的量力性。教科书的体例结构呈现了教与学的基本过程，几乎每一课后面都设有专门的练习，与本课所学的知识紧密结合，使学生能够在知识的运用过程中及时地巩固所学知识，还可帮助教师发现问题，以便在接下来的教学中及时补足，使学习和教学收到实效。比如第一册第二课“谱表”中，有关于g谱号、g谱表，f谱号、f谱表的讲解，在本课的结束处就有说明，“学者明白了各音的名称和谱表上的音位，就可以做下列各练习题”[1]，练习题主要是将所列出的各音分别记在g谱表和f谱表上。这些都是提高学生的音乐实践能力、重视学生的学习兴趣和学习动机等心理特征的表现。

教科书也体现出一种尊重学生学习基础的量力性，依照教材的“编辑大意”，每册教科书都有10课，预定20次课（一次约15分钟）授完，但在第一册又特别说明：对于完全未学过看谱的同学，可先用三小时学习第一至五课。

第二，是教科书取材的前沿性和国际化。作为曾在日本和德国接受系统西方音乐教育的中国第一代留学生，萧友梅非常感慨西方近现代音乐的发达，并借此反观我国的音乐发展。他认为中国音乐不发达的部分原因是乐师社会地位低下，乐师本身的素质较差，缺乏普通常识和理论素养。所以，在音乐教学中，他立足学习西洋音乐发展经验，致力培养大量能掌握近现代音乐技术、音乐理论的新型人才。该套教科书以西方乐理体系和内容为主体，体现了开阔的国际视野和专业的学术水准。教科书遣词造句十分严谨，采用固定的唱名法体系，专业术语的表述相对前期乐理教科书而言要规范很多。清末民初所使用的西方音乐术语在表述上与我们现在所用的音乐术语表述有很大不

[1] 萧友梅. 新学制乐理教科书：初级中学用：第一册[M]. 上海：商务印书馆，1924：9.

同，也并不统一。当时有很多术语都是直接从日本引进的，比如我们在其他乐理教科书中常见到的婴号（升记号）、变号（降记号）、还位（本位记号）、直线（符干）、曲钩（符尾）等。萧友梅在《新学制乐理教科书》（初级中学用）中的表述有了很大的改变，有些已经与我们现在使用的音乐术语十分接近，因为他所采用的是经过修正的德国音乐术语的表达方式。“从表述上看，依旧沿用了许多通俗易懂的乐理术语，便于学生辨认，如高号和下号对应升降记号；三和音指三个音的重叠，即三和弦；四和音即四个音的重叠，即七和弦等。相较于学堂乐歌时期乐理教材中出现的一些晦涩难懂的术语，如婴（开记号）、变（降记号）、还位（本位记号）、黑椭圆（符头）、直线（符干）、曲钩（符尾），《新学制乐理教科书》中采用的音乐术语显得更加的规范与专业，同时便于学生理解。”[1]

第三，综合化的编写体例。在帮助学生获取知识的途径上，教科书注重学习内容的多样化呈现和多感官刺激，比如用图示将晦涩难懂的知识点直观地呈现出来，尤其是调式调性和一些调号的算法，都会用到黑白键盘和五线谱音符相结合的方式，使其关系一目了然；在语言上尽可能使用简练、亲切的词语表达，比如常用第一人称“我们”；在教学过程中，增加设计一些趣味性练习，使枯燥的乐理知识变得形象、生动、活泼，引发学生探究的兴趣，比如第一册第一课在用黑白键盘图示配合讲解了音名与大音阶的知识后，即附以四均键盘图，从大字一组到小字二组的音域为基本范畴，设计游戏练习“教者在键盘上随便指一个白键（但不能超过第二图的范围）令学生答覆该键的音名，同时不许学生看图”[2]；在听觉的培养上，即便是纯乐理的教科书，编者也会选编一些音乐作品或片段的谱例作为范例或练习曲，比如第一册第七课“大G调”的课后练习“正谱译作简谱（其一）”中，放置了两首德国民歌《晨光》和《同袍行》，这样便于学生跟着钢琴听唱，使学生在音乐实践中既训练了知识的运用，又获得了经典音乐的熏陶。这些都力求全方位、立体地帮助学生将看似枯燥乏味的乐理知识与生动的音乐表达联系起来，激发学生学习兴趣，提高学习效果。

另外，教科书的知识逻辑也是两条线索综合交替呈现。一条是完备而基础的西方基本乐理常识，另一条是以“调”的学习为主线，与基本乐理常识交替呈现，从单一到复杂，从大调到小调，每学期学习不同的“调”。这在教科书的“编辑大意”中也有分别的说明，每册书的“编辑大意”都分为四条，第一条是本册书的课时分配，第二条是本册书的基本乐理常识涵盖的知识点，第三条是本册书所教授的各“调”，第四条是本册书与前述《新学制唱歌教科书》（初级中学用）的哪一册相联系。我们以第一册的“编辑大意”为例，其中第二条为：“本书注重‘认谱’，‘记谱’，‘数拍’，‘分节’，‘译谱’五项，每项均有练习题若干，教者务须于授完一课时令学生做练习题，于下次授课时，为之改正，方可收实效。”第三条为：“大音阶十二调小音阶十二调共二十四调，断非一学年内可以授完，故本书只授五调，其余各调由第二至第六册分期编授。”[3]从各册目

[1] 陈浙钰. 萧友梅《新学制乐理教科书》研究[D]. 金华：浙江师范大学，2020：45.

[2] 萧友梅. 新学制乐理教科书：初级中学用：第一册[M]. 上海：商务印书馆，1924：4.

[3] 萧友梅. 新学制乐理教科书：初级中学用：第一册[M]. 上海：商务印书馆，1924：编辑大意1.

录也可看出，各册除了由易到难呈现各乐理常识外，还有单独的“调”的学习，其中第一到三册是大调的学习，第四册是各小调的学习，也遵循循序渐进的原则。

第四，教科书在一定程度上体现了编者的个性与创意。萧友梅虽然致力于传播西方音乐理论，但其最终目的始终在于倡导中西贯通，将西方的乐理知识为我所用，用规范的记录和创作手法发展中国的民族音乐。他认为：“无论学习者或者教学者都应虚心受教，同时掌握相应的知识，并对其加以研究，方才有资格谈整理或改造旧乐。”[1]因此，教科书虽是以西方乐理知识的传授为主，但也会涉及中国传统乐论知识，比如它会将西方的乐理知识与中国的乐学体系相联系，使学生获得用西方乐理知识发展、发扬中国音乐的意识和思维。比如萧友梅在解读强弱知识时在教科书中写道：乐曲划分若干节之后，每节里边的乐音就分开强弱两部，大概每节头一个音属于强声，其余都属于弱声……这就是同中国音乐所讲板眼一样。（板就是强声［，］眼就是弱声）。[2]当然教科书中这样的比较性融合呈现仍并不十分明显，这在萧友梅后来的乐理专著《普通乐学》中得到了更多的体现。

另外一个更能体现编者个性化创意的地方在于，教科书呈现了萧友梅所创造的“半音阶新唱法”，即将带升号的“1，2，3，4，5，6，7”唱作“di，yi，mi，fi，si，li，ti”，将带降号的“1，2，3，4，5，6，7”唱作“de，ye，me，fe，se，le，te”，这并没有成为一种普遍流传的、公认的唱名法，也不符合教科书编撰知识摘选的基本准则，但却是《新学制唱歌教科书》（初级中学用）“有着鲜明的个性色彩”[3]的体现。

3. 《新学制音乐教科书》（小学校高级用）

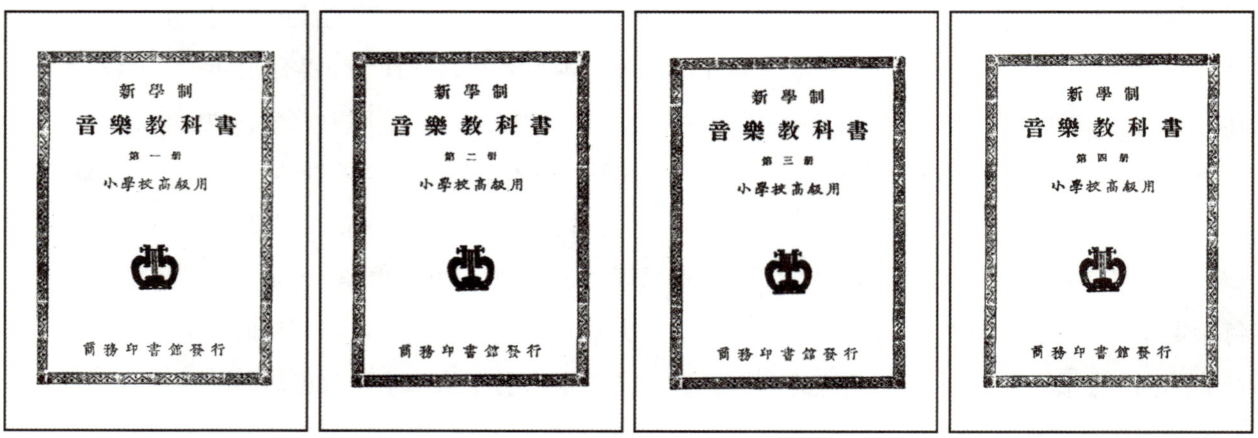

2—13

图 2—13　《新学制音乐教科书》（小学校高级用），何明斋编，商务印书馆，1926—1927 年

《新学制音乐教科书》（小学校高级用）由何明斋根据1923年的《新学制课程标准纲要》编写

[1] 刘婷. 萧友梅的《新学制唱歌教科书》[D]. 金华：浙江师范大学，2014：24.

[2] 萧友梅. 新学制乐理教科书：初级中学用：第一册[M]. 上海：商务印书馆，1924：21.

[3] 石鸥. 民国中小学教科书研究[M]. 长沙：湖南教育出版社，2018：153.

而成，商务印书馆1926—1927年出版，共4册，供小学五、六年级使用。

教科书目录按“歌曲”“读唱/基本练习”“说明”三部分进行编排，“说明”即基本乐理常识，各册基本结构和内容按目录呈现见表2–4：

表 2–4 《新学制音乐教科书》（小学校高级用）各册基本结构和内容

册数	歌曲	读唱/基本练习	说明
第一册	《勤劳》《工读》《雾》《戒奢侈》《西湖》《秋夕》《黄鹤楼》《朝晨的海》《问》《雪中拟战》	练习一至练习十	1. 反复记号，拍子记号；2. 延长记号；3. 音符；4. 休止符；5. 附点音符；6. 谱表，加线；7. 拍子记号的种类；8. 音名及谱上琴上的音位；9. 音符时价对照表；10. 调子记号（F调，返本位记号）；11. 音阶，长音阶；12. 高半音，低半音，返本位，等记号；13. 主调音，黑键，白键；14. 拍子的种类；15. D调，圆点
第二册	《衣》《春游》《踏青》《采葵》《做工》《莺》《青年》《对答山歌》《初夏》《二十四枝花》	练习一至练习十	1. 唱歌的种类；2. 凑拍，拍子的强弱；3. 强起及弱起；4. 复音唱歌；5. 强弱记号；6. 正谱简谱对照；7. 速度标语；8. 纵线；9. 弧线的作用；10. 速度；11. 记号；12. 符头，符尾；13. 三连音符；14. 曲想记号
第三册	《救国歌》《希望》《鸟儿》《秋夜》《冬》《钟声》《军人》《咏雪》《江边》《元旦》	练习二十一至练习三十	1. 终止记号；2. 音阶的名称；3. 升种长音阶的调号；4. 升种音阶主音的查法；5. 降种音阶的调号；6. 降种音阶主音的查法；7. 换气法；8. 乐音；9. 移调；10. 轮唱歌
第四册	《农工》《雨声》《我爱中华》《远足》《民本歌》《晚眺》《田家乐》《月》《采莲》《留别》	练习三十一至练习四十	1. 音乐的种类；2. 反复记号；3. 大谱表；4. 人声的高低；5. 旋律；6. 唱歌时应注意事项（一）；7. 唱歌时应注意事项（二）；8. 高音部谱表及低音部谱表；9. 高音部谱号及低音部谱号；10. 声乐，器乐，乐理；11. 声区；12. 长短音阶的区别

教材在具体呈现上有以下特点：

第一，各项内容均衡分布。目录中三部分虽然是按类别分开呈现，但实际的教学内容中歌曲、练习和乐理知识以一种均衡的、相融合的方式分布于每一课中，即每一课都以练习、歌曲、基本乐理的顺序安排内容，且三者之间在教科书的内容编排上体现出一种纵向上的循序渐进和横向上的相互渗透、反复练习关系。我们以第一册的前面三课为例来作说明，第一课的基本练习如图2–14所示：

2–14

图 2–14 第一册第一课的基本练习

其中出现的反复记号、顿音记号、$\frac{4}{4}$拍的特殊拍号都在这一课的基本乐理中有所讲授，包括：

:||，是反复记号　乐曲中如有这记号时，须把这记号以前重唱一次，

C，是四分之四的拍子记号，

|，是表明拍子强弱的记号，但通常乐曲中都用作声音短促的记号。[1]

第二课的基本练习中不但出现了顿音、反复记号，还出现了延长音记号，如图2-15所示：

2-15

图 2-15　第一册第二课的基本练习

这一课的乐理常识讲解了延长记号：

⌒，是延长记号　音符之上，记有这记号，唱奏的时候，须比本音原有时间延长一倍，或一倍以上；倘休止符上记有这记号，则休止时间须延长，但记在复纵线之上，则又为乐曲终结记号。[2]

第三课的基本练习中出现了反复记号、延长音记号和八分休止符，这一课的乐理常识则是对休止符的说明，如图2-16所示：

2-16

图 2-16　第一册第三课的乐理常识

[1] 何明斋. 新学制音乐教科书：小学校高级用：第一册[M]. 上海：商务印书馆，1925：2.

[2] 何明斋. 新学制音乐教科书：小学校高级用：第一册[M]. 上海：商务印书馆，1925：5.

而这一课的歌曲《雾》中，也出现了延长符号和八分休止符。

第二，以五线谱为主，简谱为辅。教科书的歌曲和练习都以五线谱呈现，“说明”中也是以识读五线谱为基础的西方乐理知识体系教学，教科书在最后附有空白五线谱纸若干，以便于学生记录教师补充的课外歌曲。同时，考虑到各地教学的差异性，每首歌曲又同时附有简谱谱例，以供教师根据实际情况选择合适的谱例教学。这在目录中也有体现，目录在歌曲名称后面既附有五线谱的页码，也附有简谱的页码。

第三，音乐与新国语教学结合。教科书可谓是音乐与语文学科综合的典范，教科书中歌曲的歌词，大都采用《新学制国语教科书》中的白话体诗歌，所有歌词呈现的难易程度也以国语教科书为依据进行编排。这样一方面可以巩固学生的国语学习，另一方面也可以避免歌词有太多生僻字造成学唱困难。比如第三册中的第二课《希望》，就是来自胡适创作于1921年的一首白话体诗，其创作背景是胡适将友人送的一盆兰花草带回家，读书写作之余精心照看，但直到秋天，也没有开出花来，于是就写了这首小诗。然而根据学者考据，教科书中所载的《希望》是陈鹤琴收录的版本，与胡适日记中所记版本稍有出入。教科书的简谱歌词版本如下：

我从山中来/带得山中草/其名曰蕙兰/叶叶都垂倒/移兰入小园/掬土栽培好/日夕往视之/希望开花早

一日望三回/望望花时过/桃李欲成阴/南风忽然播/兰草独依然/苞也无一个/徒令看花人/汲汲饥如饿

眼见秋天到/移兰入暖房/朝朝仍顾惜/夜夜不相忘/但望春风发/能将素愿偿/满盆花簇簇/添得许多香[1]

胡适日记中所记歌词为“我从山中来，带来兰花草；种在小园中，希望花开好。一日望三回，望到花时过；急坏种花人，苞也无一个！眼见秋天到，移花供在家；明年春风回，祝汝满盆花”[2]。这显然与陈鹤琴版本中的《希望》有所不同。后来这首小诗又被台湾的陈贤德和张弼二人修改并配上曲子，同时改名为《兰花草》，歌词又有了修改，即“我从山中来，带着兰花草。种在小园中，希望花开早。一日看三回，看得花时过。兰花却依然，苞也无一个。转眼秋天到，移兰入暖房。朝朝频顾惜，夜夜不能忘。但愿花开早，能将夙愿偿。满庭花簇簇，添得许多香”。这首《兰花草》到今天仍被广为传唱，当然曲调也和这本教科书中的曲调完全不同了。

第四，新旧乐理知识点呈交替网状排列。教科书的乐理知识总的来说是遵从循序渐进的规律来编排的，然而从知识在教科书中的呈现来看，在大的循序渐进的框架内，各类别的知识点又呈现出一种非逻辑性分散罗列的特质。比如教科书在第一册的第四课才开始讲解“五线谱表和加线”，但在此之前，学生已经在进行五线谱的视唱练习和歌曲学唱。另外，各类别的知识点也存在着穿插零

[1] 何明斋. 新学制音乐教科书：小学校高级用：第三册[M]. 上海：商务印书馆，1926：6.

[2] 俞晓群. 我读故我在[M]. 成都：天地出版社，2016：78.

散出现的特点，我们以教科书中关于音符、拍子的相关知识呈现为例来进行说明。

关于音符的知识点首先见于第一册第二课的乐理知识。本课介绍了音符的概念，并用表格形式罗列了全音符、二分音符、四分音符、八分音符、十六分音符和三十二分音符的形状、名称及时比：

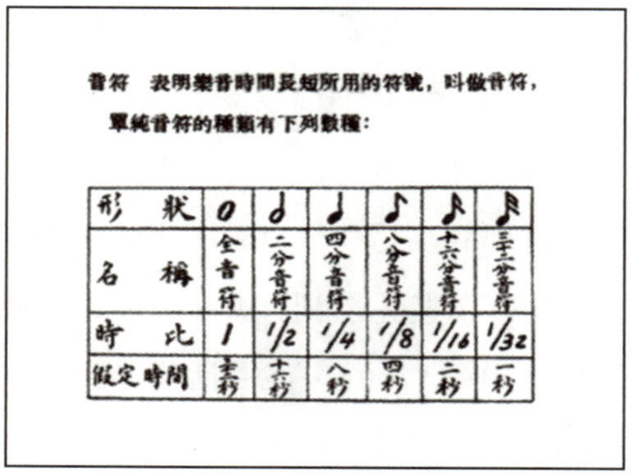
音符　表明樂音時間長短所用的符號，叫做音符，

單純音符的種類有下列數種：

形狀	𝅝	𝅗𝅥	♩	♪	𝅘𝅥𝅯	𝅘𝅥𝅰
名稱	全音符	二分音符	四分音符	八分音符	十六分音符	三十二分音符
時比	1	1/2	1/4	1/8	1/16	1/32
假定時間	三十二秒	十六秒	八秒	四秒	二秒	一秒

2—17

图 2—17　第一册第二课中关于“音符”的描述

音符知识点的第二次出现是在第一册第六课的乐理知识中，本处以图示列出了“音符时价对照表”：

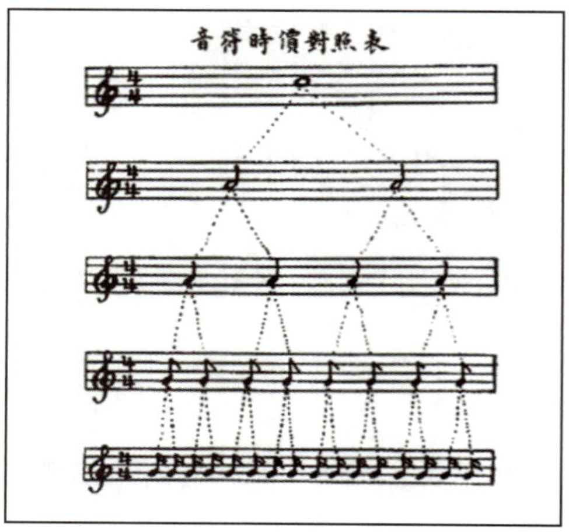

2—18

图 2—18　第一册第六课中的“音符时价对照表”

第三次出现音符知识点，是在第二册第七课，这时候才开始介绍“符头及符尾”：

符头及符尾　音符的白椭圆点或黑椭圆点，叫做符头，其圆点上的直线及小旗，叫做符尾，记谱时符尾向上或向下，以谱表第三线为标准，符头在第三线之上，则符尾向下，否则向上。[1]

关于拍子的知识点，第一次出现是第一册第一课的“四分之四的拍子记号”的表述；第二次出现是在第一册第五课的“拍子记号的种类”处；第三次出现是第一册第九课的“拍子的种类”处，这个时候才出现关于拍子概念的解读：

拍子　乐曲进行时，在一定的时间内表一定的快慢强弱的节拍，叫做拍子。

拍子的种类　拍子可分作平等拍子和不平等拍子二种，如乐曲进行时，他的拍子一强一弱相平等的叫做平等拍子，有二拍子和四拍子二种，倘乐曲进行时他的拍子是强，弱，次弱，的叫做不平

[1] 何明斋. 新学制音乐教科书：小学校高级用：第二册[M]. 上海：商务印书馆，1925：21.

等拍子［，］有三拍子，六拍子二种。[1]

上述的讲解中已经涉及了拍子的强弱，第四次出现拍子的相关知识是在第二册第二课，包括“凑拍”和“拍子的强弱”：

凑拍　本课之曲，每段第一小节均系一拍，第五节均系三拍，首尾相合与他节同，是谓凑拍。

拍子的强弱　单纵线右边的第一拍为强拍，左边的第一拍为弱拍，所以单纵线实为拍子强弱的标准。[2]

当然这里关于音符和拍子的种种知识，按照“总说明”的思路，本不该到第五学年才开始学习，故可以将其理解为一种复习旧知识的提示性知识点，不遵循特别紧密的逻辑关系也无碍。在这些旧知识点之间，“普通用的强弱快慢和省略记号”“音阶及音程的大意”等新知识与简单的旧知识点交替出现。

教科书另外配有教学参考书一套，详述高级小学音乐教学法，以及与该套教科书匹配的每一课的教学法，并于教学参考书后附有补充歌曲数十首供教师选用。

4.《音乐的常识》

2—19

图 2—19　《音乐的常识》，丰子恺著，亚东图书馆，1925 年

《音乐的常识》由丰子恺著，亚东图书馆1925年初版。

丰子恺（1898—1975），浙江桐乡人，原名丰润，又名丰仁。1914年进入浙江省立第一师范学校学习，师从李叔同学习图画和音乐。1919年，丰子恺从浙江省立第一师范学校毕业，同年秋天，他与吴梦非、刘质平一起组织筹办了上海艺术专科师范学校，后又成立了中华美育会，并创办《美育》杂志。1921年赴日本东京游学，归国后，继续任教于上海艺术专科师范学校，教西洋画与音乐。1929年担任开明书店的编辑，编写、出版了大量的音乐著作。丰子恺一生致力于艺术教育事业，留下了大量的艺术理论著述，在音乐方面有《音乐的常识》《音乐入门》《开明音乐讲义》《世界大音乐家与名曲》《音乐初阶》《音乐十课》等。

[1] 何明斋. 新学制音乐教科书：小学校高级用：第一册[M]. 上海：商务印书馆，1925：27.

[2] 何明斋. 新学制音乐教科书：小学校高级用：第二册[M]. 上海：商务印书馆，1925：5.

亚东图书馆是安徽绩溪人汪孟邹于1913年在上海创办的中小型出版机构，其前身为芜湖科学图书社。亚东图书馆在其经营的41年间，共出版了300多种书籍，其中名家作品占三分之一，如陈独秀、胡适、章士钊、高语罕、蒋光赤、朱自清、陶孟和、刘半农、钱玄同、吴虞、康白情、刘文典、俞平伯、徐志摩等人的作品。亚东图书馆率先出版的新诗集、白话文存以及标点旧小说等，可视为新文化运动成果的直接反映，也是一个出版者对时代潮流积极响应和出版支持的表现。[1]

《音乐的常识》是亚东图书馆出版的丰子恺最早的一部音乐理论著作，是丰子恺“为普及音乐教育而从事译著一系列通俗音乐读物的开始”[2]，其扉页注明为“高级中学适用教材”。教科书封面图画为丰子恺绘制，优雅且富有意蕴，使用白底和红绿色调，绿色是一棵树下坐着一男一女两个人，分别在演奏乐器，其中女士演奏的乐器形制似里拉琴，男士演奏的乐器形制似阿夫洛斯管，这两件乐器分别是西方音乐史上所载古希腊最重要的弦乐器和管乐器；大树树冠上呈现红色书名“音乐的常识”。

这是一部综合性较强、内容涵盖全面的音乐理论读物，包括了音乐的性质解读、音乐的形式、音乐的历史、乐理知识、音乐欣赏等方面，因此可以作为很好的音乐教科书。但它又不是简单的时间序列上的知识堆砌，而是在编写理念上持音乐感性与理性相协存在、相辅相成的观点；在知识摘选上，突破了单一的学科视野，将音乐与姊妹艺术的关系渗透到内容的摘选原则中；在知识的编排上，将音乐的人文知识与乐理知识结合；在内容陈述上，用叙述性的语言展开文理兼备的讲解，使知识的呈现融合于文化的背景中，让人读来不觉疲累，同时通过哲理性的探讨，使读者明了音乐的形式与内容之间的关系。

第一，本教科书编写的指导思想是音乐的感性与理性之间是相辅相成的关系。丰子恺在教科书“Prelude（序言）”一开始就说：“音乐是感觉的艺术，似乎用不到理义的说明。但倘不具备像音的构造，曲的形式，演奏的方式，作家的历史等机械的知识，鉴赏与创作也就不行。这一点就是本书的价值，也就是本书对于读者的供献。”[3]这样的说明启发读者不应该只停留在对音乐朴素的感性直观认识中，而是要客观认识到音乐对于人类感觉所起的作用，正是诉诸各种理性的形式，音乐才得以发生、深入和发展。由此对于音乐的鉴赏与创作，也要建立在对理性知识的分析和使用上，这样才能真正深刻地理解音乐，使音乐创作更具有感染力。教科书的知识呈现也是将音乐的理性与感性紧密结合，避免了两张皮的感觉。

第二，在知识的摘选上突破了单一的学科视野。对于书中看起来似乎“包罗万象”的问题，丰子恺在“Prelude”中花了大量篇章来说明这个问题：

[1] 吴永贵. 汪孟邹：行走于文化风云人物之间. 光明日报[N]. 2007-01-27（5）.
[2] 孙继南. 中国近现代音乐教育史纪年：1840—2000[M]. 济南：山东教育出版社，2004：74.
[3] 丰子恺. 音乐的常识[M]. 上海：亚东图书馆，1925：Prelude 1.

翻阅这书的原稿的朋友，都说这“常识”的范围太广。是的！在音乐的黎明时代的我国，这书似乎是专门的了；在机械的分业制度的信徒，当然不会承认这是一般人的常识的。然而“人的生活”何等地高而且广！假使我们没有多方面的常识，何能全般领略这高泛的“人生”的趣味呢？近代生活日趋复杂，近代艺术益形综合。像组合绘画，建筑，演剧，舞蹈，文学，音乐而综合表现的，WAGNER的乐剧（Musikdrama），没有对于各种艺术的充分的常识的人就不得完全地赏鉴。从这点看，本书真不过是音乐知识的ABC罢了，称为常识恐怕还是夸张的。我敢把这意见比这册书更热诚地奉献于我的读者。[1]

由此可见，本教科书的“包罗万象”并不是一种简单的拼凑，而是出于音乐与其他文学艺术形式交融性存在的考虑。将音乐作为一种综合性的艺术来考量，既是全面客观理解音乐的必需，也是借由音乐来理解其他文学艺术的基本常识储备。因此读者在读此书时会发现，虽然其结构框架还是以音乐的各项事务为主，围绕着音乐的本质、音乐的形式、音乐的历史、乐理知识、音乐欣赏等方面展开，但在具体叙述时又会旁征博引，将音乐置于综合复杂的关系中，对其起源、发展、形制进行全面的阐述。尤其是在讲到音乐的起源时，对音乐与其他艺术的伴生性作了本质上的阐述——“从Rhythm的母胎里最初生出的一对双生儿，是‘音乐’与‘舞蹈’。后来又产生‘文学’，‘演剧’等。音乐底幼年时代，与姊妹们相扶持而长育。而她底最初的伴侣，是与她同出一胎的‘舞蹈’。音乐所以必伴着别的艺术而长育，有一个原因：把一切事物具体化，又概念化。……但音乐，在性质上有到底不能单独具体化概念化的难点，故必与有具体的表现力的别的艺术相结合，蒙了这具体的表现的衣，然后可以向上展进”[2]。这里说的是音乐可以借由其他艺术形式而使抽象的形态具象化，便于人们理解。同时，丰子恺也强调音乐的抽象性特质是音乐与其他艺术相比的独特之处，如他说：“绘画没有绝对绘画，文学没有绝对文学，而音乐独有绝对音乐。是因为音乐底性质和工具与她底姊妹艺术不同的原［缘］故。绘画与文学，必描出一种客观事象，通过了这客观的事象而表现作家底思想感情。音乐则本质上有可不借客观事象而表现思想感情的可能性，这是音乐艺术底独特的特色。”[3]

第三，虽然本教科书的内容繁杂，但各类常识的逻辑关系却十分通顺。全书共分为三部分，另附有索引，第一部分包括“音乐底起源与性质”“音的构造（节奏，音阶，旋律，和声）”“声乐与器乐”“管弦乐”四章内容；第二部分包括“乐曲底形式”“乐曲底内容”两章；第三部分包括“西洋音乐底发达”“歌剧与乐剧（附神剧）”“音乐演奏会”三章；索引包括“事项索引”和“人名索引”。在这个结构框架内，丰子恺在从古到今的时间序列上，横向囊括了各个时期主要的艺术类别，纵向上又从无到有、从易到难、从理论到实践地将各知识点作了全面细化的讲解。因为

[1] 丰子恺. 音乐的常识[M]. 上海：亚东图书馆，1925：Prelude 1.

[2] 丰子恺. 音乐的常识[M]. 上海：亚东图书馆，1925：5-6.

[3] 丰子恺. 音乐的常识[M]. 上海：亚东图书馆，1925：199.

既有音乐史的逻辑，又有乐理和音乐欣赏的逻辑，所以有些代表性人物和作品难免会被反复提及，但仍在各自的逻辑范畴内有所侧重。比如贝多芬（在《音乐的常识》中译作裴德芬）及其作品，在第七章“西洋音乐底发达”中讲到“古典派单音乐”时，只是对他的生平和作品列表进行了介绍，未对作品进行展开性分析。对具体作品的鉴赏性分析作为典型案例散见于各音乐类别的介绍中，有些还先于贝多芬的生平介绍，比如在第六章“乐曲底内容”中关于“音画”的解释，就以贝多芬的《D调弥撒》和《田园交响乐》为例进行了详细的鉴赏分析，其中《D调弥撒》附有乐谱予以分析，而《田园交响乐》则被称为“最有名的音画”，对其内容的描述如下：

1. 田园的愉乐
2. 小河傍的景色
3. 田舍的飨宴
4. 雷雨
5. 雷雨后牧人感谢神明

即第一乐章的Allegro，是描写从田园所受的愉快的印象的。第二乐章的Andante，是描写静流的小川畔的自然景色的，其中又间以鸟声。其次的Allegro，所描写的是村人正在飨宴，舞蹈而狂欢时，雷雨大作的状况。忽然天晴了，遥闻牧歌声，及雷雨后村人底感谢和欢笑声，于是曲终。这交响乐，事实上由五乐章成立，但最后三章是并为一章的。[1]

在介绍完了贝多芬的“音画”后，教科书又接着分析了“最近的写景音乐家”[2]德彪西（在《音乐的常识》中译作杜褒西）的管弦乐曲*Nocturnes*，可见它严格按音乐类别而非历史序列介绍作品的特点。另外，在第六章的“标题音乐”、第八章的“歌剧与乐剧”中，也都有提及贝多芬的地位与作品。

第四，教科书的语言颇有些意味，具有可读性、概念性、引导性兼具的特点，还有一些主观情绪的渗透。我们以第四章“管弦乐”的引言部分为例，其行文如下：

现在先给管弦乐一个简单的定义：“网罗各种乐器，演奏最大的合奏曲Symphony（交响乐）的，名为Orchestra（管弦乐）”。在音乐演奏中使用乐器最多的，是管弦乐。故管弦乐是最力强而雄辩的音乐，是最进步的器乐组织。今日的管弦乐，更为进步。使用一切有价值的乐器，奏出一切音色，强弱，高低，和声，节奏。故昔日的管弦乐底特色只是音的和谐，今日的管弦乐则已可说是一切艺术底综合的表现。所以今日的音乐研究者，更加有研究管弦乐的必要。

Orchestra一个名词，本源是希腊底剧场里最近民众的舞台底一部分，合唱队所歌舞的场所底名称。后来歌剧（Opera）起来了，就名舞台与听众之间伴奏者（歌剧用管弦乐为伴奏）所居的场所为 Orchestra。后来这名词底意义再推广起来，在这场的演奏者也称为Orchestra。Orchestra定为

[1] 丰子恺. 音乐的常识 [M]. 上海：亚东图书馆，1925：226.
[2] 丰子恺. 音乐的常识 [M]. 上海：亚东图书馆，1925：226.

管弦合奏队底名称，是从这时候起的。然管弦乐队底位置，也经几次变更。希腊剧场里，管弦乐位在舞台前面。到了十五六世纪意大利Florence地方所提倡的“音乐剧”（Music Drama即Opera底前身），管弦乐队隐在舞台后面，听众只能闻音而不能看见。后来又因为音量减弱，所以到了一千六百三十七年在Venice地方设立最初的歌剧场时，又把管弦乐团位在舞台前面，即如今日歌剧场里所定的管弦乐团的位置（舞台前方，听众与舞台之间）。然这等都是以管弦乐为伴奏的。近代器乐发达以来，管弦乐为歌剧伴奏之外，又常常独立演奏。而Orchestra的一个名词，也就普通而独立了。例如管弦乐所奏的音乐（详言之，是Orchestral Music），管乐演奏者底团体（例如Boston Symphony Orchestra等），剧场里演奏管弦乐的场所（即舞台前方听众与舞台之间），都呼作 Orchestra。

管弦乐由陪辽士（Berlioz　1803—1869　法）和华葛拿（Wagner　1831—1883　德）革新。经过了喜德洛斯（Straus　1864—　德），杜褒西（Debussy　1862—1916　法），斯克里亚平（Scriabin　1892—1915　俄）等底研究以后，发达到极度。无数乐器，都好像有生命似地自歌自语，能泣能笑了。故今日的管弦乐演奏，仿佛有一种“乐语”（Instrumental Language），各乐器都是有生命的个个人格。一团体所演奏的管弦乐，差不多是百数十的登场人物所合演的一大Drama。

啜泣似的怀娥铃，朗笑似的富柳忒（Flute），荒狂的欣钹尔（Symbal[1]），柔顺慰安的赛洛（Cello即Violincello[2]）［，］娇声弄舌的克拉里耐忒（Clarinet），傲慢的忒隆蓬（Trombone）…………一切乐器底表情，为无论何等有名的优伶所不能致。优伶所演的是现实的Drama；管弦乐所演的是“灵界的Drama”。[3]

这段文字叙述性强，逻辑清晰，用到拟人化的手法，使人形象地感知到管弦乐队在个性张扬的音色组合中，整体音响效果的丰富性、饱满性和多元性远胜于严肃的概念式说明和一般的音色描述。在进行了整体的管弦乐历史、基本概念和音色的讲解后，教科书随后进入具体的乐器组来进行详细说明，这里教科书也有一段过渡的话，从中也可看到作者从理论到实践、从一般到具体的编写思路：“上面所讲，给了读者一个空空洞洞的概念。现在请就具体方面说述。先叙管弦乐所用各乐器，次述管弦乐底组织和配置。”[4]

教科书中的比拟尽量与国人的生活相结合，介绍音乐会的礼仪时，用中国人看戏来比喻：“因为与会者大都是有音乐素养的，故音乐一奏，听众都凝神倾耳，座上就自然地肃静。仿佛中国人看‘济公活佛’，到了济公变戏法的时候，观客就不复交头接耳而一齐注目，出于自然。”[5]介绍古

[1] 此处疑为拼写错误，应为cymbal。

[2] 此处疑为拼写错误，应为Vidoncello。

[3] 丰子恺. 音乐的常识[M]. 上海：亚东图书馆，1925：97-99.

[4] 丰子恺. 音乐的常识[M]. 上海：亚东图书馆，1925：99.

[5] 丰子恺. 音乐的常识[M]. 上海：亚东图书馆，1925：341.

埃及乐器时“又有类似中国的三弦的，名为‘娜弗尔’（Nofre）”[1]，类似的例子还有很多，这是在今天的教科书中很难见到的活泼有趣的表述。

教科书中的叙述并不囿于亲切的描述和解释，也呈现开放性的探讨，甚至是学术化的、犀利的探讨。这种学术化的探讨难免会带上作者的一种主观判断和结论，比较典型的是教科书中关于“音乐批评”的论述。作者虽然在介绍“音画”和“标题音乐”的概念时，呈现了上述关于音乐内容的具体描写，但实际上，他并不赞成对音乐进行过于具象化的解读。他认为，“音乐批评者，往往用许多种类的言语解释同一的音乐，但决没有一语能精确完全地表现出音乐全体的意义。音乐底意义，只在音乐自身中含着。在一般的音乐批评中，又往往有同样的言语适用于不同的音乐上的，更为荒谬”[2]。他觉得这纯粹是一帮音乐批评者在玩弄文字游戏，卖弄华丽的辞藻，从而遮蔽了人们在聆听音乐时情感体验的主观不确定性。对此，他用了三个事例来进行对比说明什么才是恰当的“音乐批评”，第一个事例是音乐批评家对门德尔松（在《音乐的常识》中译作孟檀尔仲）作品的自以为是的标题化解读：

Rhapsodic的音乐批评家，和Rhapsodic的记者，往往巧弄美文上的字句，作过于夸张的具体的音乐解释。这等行为，实在在他们是一种恶戏，在乐坛是一个大贼害。孟檀尔仲（Mendelsson[3]）对 Rhapsodic的音乐批评者，曾有这样的一段话：从前有一个诗人，曾经在孟檀尔仲底一组无言歌（Song without word）上擅定种种的题目，且把他所见的曲中的情操在诗歌中具体化了，送这诗歌给孟檀尔仲，问他已否捕捉到他底音乐底本意。这诗人正满望着孟氏底赞许。但孟氏回答他如下：

“足下在我底作品上冠定‘我忆君’，‘忧愁’，‘神的赞美’[，]‘愉快的狩猎’等名称，但我作这等曲时，非但不曾想起这等事情，连所描写的是甚么事情都不能明白说出。恐防足下以外的人，或者能把足下所认为‘忧愁’的乐曲认为‘我忆君’，也未可知。又恐防真的猎人，或者能把足下认为‘愉快的狩猎’的乐曲看作‘神的赞美’的，也未可知。其实，音乐并不是像足下所见的漠然且暧昧的。音乐底发想，恰好和足下所见的相反，是十分切确而达到言语所决不能达到的领域的。所以我确信像足下似地用言语表示音乐，必然是不合理的”。

孟檀尔仲自己不能明白说出曲中所描写的是甚么事情。因为他对于“音乐的语言”的解理比别人深远得多，故不能用肤浅的言语来形容他底音乐了。[4]

第二个事例是对所听音乐进行牵强附会式的诗意般境界的描绘，使人偏离对音乐音色的感知，而陷入一种文学想象中：

[1] 丰子恺. 音乐的常识[M]. 上海：亚东图书馆，1925：242.

[2] 丰子恺. 音乐的常识[M]. 上海：亚东图书馆，1925：233-234.

[3] 此处疑为拼写错误，应为Mendelssohn。

[4] 丰子恺. 音乐的常识[M]. 上海：亚东图书馆，1925：234-235.

Rhapsodic的记者底势力，在音乐上最为有害。美国第一流音乐批评家克莱秘尔（Henry Edward Krehbil[1]）会举出一个适切的实例：英国某绅士，以极巧妙的文笔著名。在英国颇有发表言论的资格。但细究他底议论，都是荒谬的。他所著的《我底音乐的回想》中，自谓听了德国怀娥铃家爱伦斯德（Ernst）怀娥铃演奏，脑中浮出这样的光景来：

"这是明星灿烂的夜。月将沈［沉］，眼前现出克洛罢冈底黑的连续。在那里，青白的天空下面有黑斑点似的群兔，仿佛要听花底语而蹲着。……

"这是海边。冷的雾笼罩着。空虚的嗄声像灵魂低声啜泣似地在海滨传走……"

"这是南国的夏。是一个僻静的像谷的地方。停在岩上的淡黑的蝴蝶，好像忽然变成鲜红色而飞起。雪亮的蜥蜴胆怯似地移走。又听到蟋蟀底歌鸣…………"

这样的话，完全是牵强附会的诗的夸张。无论怎样卖弄美文的辞语，在怀娥铃的真正的音调的鉴赏上毫无所益。实在，他并不是为了怀娥铃鉴赏而作，是为了要使读者惊叹他底灵魂对于音乐的精妙的敏感性而作的。[2]

当然，丰子恺也不是全然否定对音乐的评论，而是推崇尊重音乐是作用于人的感情的，有其特定的来自音乐要素所引导的、具有统一性的感觉特质，但又不是具体的细节的文学式描述，比如下面关于贝多芬音乐评论的例子：

艺术的创作与鉴赏，自然是伴着感情的。譬如我们对于一座雕刻，精细地品评它底容积，线，形底美，但在言语中同时必自然地流露出对于这雕刻的感情的批评来。音乐批评，倘只关心于音乐底技巧方面（例如节奏，速度，拍子，音程，演奏技巧等），而不顾到音乐底感情，就变成单描写音乐底肉体而没却音乐底灵魂。但像上述的狂文学风的批评，则又是在音乐批评上绝对不许用的。言语虽然没有把音乐的发想完全译出的可能性，但听者底心真能捕捉音乐底切实的发想，而在可能的范围内用适当的言语描表时，到［倒］是有价值的健全的音乐批评。修芒（Schumann）曾谓"音乐对于听者给与同一的印象"，真的有价值的音乐批评，便是修芒这句至理名言底实现。对于同一音乐而你觉得这样，我觉得那样的，借口个性不同，主观各异，其实他们还不会鉴赏音乐，徒然卖弄他们底狂文学风的文辞罢了。美国音乐批评家约翰·勃郎（Doctor John Brown）底论文集*Spare Hours*中，载着健全的，有价值的音乐批评。今摘录他对于裴德芬底作品第十的D调朔拿大的评语于次，以为本章的Coda。

"裴德芬这曲，以暗中的苦闷的摸索开始。从支离灭裂的浑沌中现出不可思议的秩序来。执拗，焦灼，且屡为黑暗的忧愁所郁闭。此后就发出好像在天空中窃步似的Largo é mesto的静而悲的主旋来。这主旋伴着非常的人间的悲哀，但这是为超越欢喜的一种某物所征服的悲哀。这海洋似的广大，不安，野蛮的力强的光辉和游戏，平和，静寂，不可知，忧愁，是除了这伟大而深远的巨匠

[1] 此处疑为拼写错误，应为Krehbiel。

[2] 丰子恺. 音乐的常识[M]. 上海：亚东图书馆，1925：235-236.

底作品外所决计不能感到的。”

这真是裴德芬底作品。这就是裴德芬。[1]

上述丰子恺关于音乐批评的种种论述，已经脱离了教科书规范的写作范式，是一种有理论依据的、基于例证的、能够自圆其说的学术性论断，带有一定的主观导向性。在教科书中，这种主观导向性有时会启发思维，但有时也会引发读者对音乐的偏见。

[1] 丰子恺. 音乐的常识[M]. 上海：亚东图书馆，1925：236-237.

本章小结

民国初年学校音乐教科书既继承了前期教科书的一般特点，又体现了新的政治环境、社会制度、文化思潮下诉诸教科书呈现的音乐教育的新理念、新要求和新内容。作为新的国家政体下的教育事项，这一时期的教科书坚决摒弃带有封建主义愚忠、愚孝价值取向的相关内容；作为持续发展中的音乐学科的文本载体，它在整体的音乐审美旨趣、功能彰显、内容选取上，呈现的是对前一时期音乐教科书在继承的基础上继续探索与发展的态势。

这一时期的音乐教科书更关注音乐的审美属性，这与蔡元培将美育主义与军国民主义、实利主义、德育主义、世界观并列为人生不可或缺的五育的美育思想的传播不无关系，在美育思潮下，音乐教科书在审美旨趣上体现出以下特点。

一、审美的内容呈多元化发展

审美的内容呈多元化发展，一方面体现在音乐教科书的结构模块设定中，另一方面也体现在歌曲内容题材的丰富性上，这一改进与当时的实用主义教育思潮不无关系。

实用主义教育思想是民国初年开始盛行于全国的一种教育思潮，其基本观点是教育内容要贴近学生的生活和社会实际，使知识真正有用。这一思潮首先体现在1912年教育部公布的教育宗旨中，以“实利主义教育”的概念，作为“以人民生计为普通教育之中坚”[1]提出。后黄炎培又对此作了进一步的发展论述，并使用了“实用教育”的名称，“首倡教育与学生生活、学校与社会实际相联系的实用主义，并具体提出小学各科的教学应与儿童的日常生活紧密联系；不强调学科本身的系统性，重在具体运用；要因科制宜地采用不同的教学方法；重视实物教学；等等”[2]。虽然在教育方针和学者的论述中，并未将音乐等艺术学科明确纳入实用主义教育的载体中，但作为培养全人教育的学科之一，受实用主义思潮的影响，音乐在施教过程中也自觉吸纳了部分实用主义并体现在教学内容中。比如重视乐理的学习，就是秉承了音乐创作上的实用主义，音乐教科书逐渐打破单一的歌本形式，开始加入乐理知识。但因为理论与实践衔接的滞后性、实践发展的逐渐递进性特质，这一阶段的实际教学和教科书编写，唱歌仍然是音乐课的主体，专门的唱歌教科书仍然大量存在，即便

[1] 石鸥. 民国中小学教科书研究[M]. 长沙：湖南教育出版社，2018：101.

[2] 石鸥. 民国中小学教科书研究[M]. 长沙：湖南教育出版社，2018：102.

是综合的音乐教科书，唱歌也往往是主体部分，只部分兼顾乐理知识，器乐教学和欣赏教学都比较少见。另外，此阶段也有专门的乐理教科书，作为必要的辅助，与唱歌教科书配合使用。

实用主义教育观在音乐教科书中更为直观地体现于教科书的歌曲题材中，有大量与学生社会生活相关联的、教与学生各种生活常识的、辅助学生各学科学习的内容。

二、审美的标准以西方体系为准

音乐教科书强调音乐知识的综合性，反映出音乐教育从最初的仓促上马、“拿来主义”，到逐渐规范化、全面化的过程，但将综合性主要等同于增加乐理知识在唱歌教学中的比重，又可以看出在特定的西学东渐背景下，教科书编写者的音乐思想体系与教育的导向性带有以西方乐理体系为标准的工具性倾向。它主要体现在三处。第一是精选外来曲调，学堂乐歌式的歌曲在这时仍然占有很大一部分比例，这些选曲多是欧美国家经典、历史悠久的曲调，其审美价值毋庸置疑。第二是原创作品体现出的曲作者的审美旨趣，多以西方音乐创作手法为基础，这一特点以本章介绍的两本萧友梅编写的教科书为代表。第三是运用西方乐理标准来评判其他国家和民族的音乐，而这有时是比较危险的一件事情，它直接造成一种不恰当的审美偏见。比如丰子恺在《音乐的常识》中讲解切分音的不规则性所带来的趣味性及其应用时，以德国作曲家理查·施特劳斯创作的歌剧《梯尔·欧伦施皮格尔的恶作剧》（*Till Eulenspiegels Lustige Streiche*）为对象，举了一个正面和反面的例子：“这曲所描写的故事中底主人公Till Eulenspiegels，是德国底传说的人物，是一个快活的，好恶戏的男子。他底特异的性格，被这样的旋律和这样的Rhythm巧妙地，生气勃勃地描写出了。但切分法元［原］来是不规则的，故用时不可不有相当的节制。倘用之过度，反生恶俗的感觉。像美国所流行的Jazy Music，便是用切分过甚的实例。”[1]这样的对比和评价，在今天看来显然是有失公允的，但也使我们客观地看到当时中国的音乐界人士受西方音乐体系影响之深，即完全按照西方音乐的曲式和声标准来分析爵士乐，则会得出爵士乐毫无规矩、没有底蕴、缺乏美感的结论，而对爵士乐根植于黑人文化的诙谐幽默的色彩感视而不见。这也是20世纪20年代对爵士乐这种新型音乐形态的普遍偏见。

总之，这一时期的音乐教科书的结构框架，反映出将音乐学习的基础建立在以西方乐理体系为根基的音乐表演、创作和感受之上，这种音乐教育思路与体系一直影响至今，这与当时的音乐家基本上接受的都是规范的西方音乐教育，并致力于推广世界通用的乐理体系以发展中国音乐和音乐教育的努力不无关系。

当然，这一时期的教科书也有对中国传统音乐美的保护与传承之追求，比如萧友梅的一些有着鲜明民族特色的艺术歌曲，能够将中国传统的五声音阶理论与西方的创作理论相结合，是借助西方

[1] 丰子恺. 音乐的常识[M]. 上海：亚东图书馆，1925：27.

音乐体系创作改良、发展中国音乐的典型代表。而《雅声唱歌集》则体现出编者对中国传统音乐的珍视、保护与发扬思想，但这在当时很难占据中小学音乐教科书的主流地位。

三、审美的功能以德育为要

虽然这一时期的教科书力图展示音乐学科的审美情趣，但这种展示是在一个限定的尺度框架内进行的，即“以美养德”“以美励志”，这与清末音乐教科书的功利性追求具有一致性，只是在不同的社会政体下而在政治倾向性上有所区别。这一点在各个教科书中都不乏不同角度的说明，有的是从音乐的审美本质上来论证，比如丰子恺在《音乐的常识》中说道：“人格修养有三端，即道德，宗教，艺术，而感化力以艺术为最大。道德是因大人物底人格的感化而达目的的，宗教是因对于神的信仰而达目的的，艺术则不借他物，直接从人底感情上着手。在思想混乱的现代人对于万事都企图改造，要求革命的时势，道德与宗教的力已非常薄弱。只有艺术能深深地感动人心，实现非常的效果。而艺术中最能直接地精密地接触人间底精神生活的音乐，及于现代人的效果更大。稀世的乐圣裴德芬所及于世界人心的人格的效果，至少可与孔子相匹敌。罗马法王格兰各理一世（Gregory　540—不明，参照本书后面《西洋音乐发达梗概》章）倘不作出幽远的旧教音乐以感化人心，基督教决不会这样地得势于欧洲。”[1]

最多的还是在歌词上的德育追求，尤其是应和新时代思潮的，反映现代伦理、政治理念的题材，比如《惜阴》《勉学》《五色旗》《格言》《国政》《三育》《军人》等，都以宣言民主、共和、自由、法制、权利和义务等新观念为要，这样的歌曲不胜枚举，甚至成为评价一本教科书的主要标准之一。李岩在《千虑一失——萧友梅音乐教科书的缺憾》中提到当时的大学院音乐教材审查委员会对萧友梅的《新学制唱歌教科书》（初级中学用）的审核，意见中有提到教材中“惟歌词取材，多数偏于道德性者，吻合现代精神而具有党义者尚付缺如，最好能添加党化教材，并将国歌一阙［阕］删除，照签注修改后再行送部审查”[2]。歌词在德育上的追求，如果太刻意，会牺牲掉音乐的美，给人以晦涩生硬之感，与曲调意趣相差甚远，早期学堂乐歌式的填词歌曲便有很多这样的问题，“文学家作的歌词，虽是非常的奥妙，要是不知乐式的规则随便填词，一定不能有完美的歌曲。因为作歌，必得与乐曲有极相密接的关系才行。不是看见一个有1234567的乐谱，就一个音填上一个字，就算是一个完全唱歌哩，要知道，乐曲有乐曲的阴阳句节，歌词有歌词的句读顿逗，若是囫圄［囫囵］吞枣的，一个字顶一个音的填起来，那是万万不能相接合的”[3]。但随着音乐教育

[1] 丰子恺．音乐的常识[M]．上海：亚东图书馆，1925：14-15.

[2] 李岩．千虑一失：萧友梅音乐教科书的缺憾[J]．人民音乐，2012（3）：73.

[3] 李荣寿．我国学校乐歌的谬误[M]//俞玉姿．中国近现代学校音乐教育文选：1840—1949．上海：上海教育出版社，2011：117.

的不断发展，专业音乐人才的逐渐成长、音乐美学探讨的不断深入，这一时期音乐教科书在词曲相谐上，也呈现出一种逐渐的完善性，所以即便歌词有德育上的追求，也以不牺牲音乐之美为前提，比如李叔同在中国传统文学意境的填词方面，易韦斋和萧友梅在歌词与旋律相和谐方面的追求，都呈现出一种基于审美的功利性倾向。

这种德育的培养也在音乐的曲调选择与创作上得到了刻意的彰显，比如教科书选曲或创作中对大调音乐的推崇，对小调音乐的尽可能少用，是因为当时的主流思想都认为声音和人心有着密切的关系，和谐的声音能唤起高尚的情趣，故而乐曲的旋律必须纯正高雅，这种纯正高雅的评价标准不是来自乐音本身是否悦耳，而是来自是否能陶冶学生的性情、提高学生的道德。所以，若非为了乐理教学所需，小调歌曲甚至可以不用，有时用了还可能会遭到强烈的批判，如中国现代音乐教育家刘质平就认为："现在出版的唱歌书，竟有我国的小调编在里面，这个是大背唱歌教授的目的，和音乐教育的原理"[1]，并点名批评了《高等小学新体唱歌集》第三集的《智仁勇》《嘉禾》，《民国唱歌集》第二编的《金陵怀古》；第三编的《采茶歌》，《小学唱歌二集》的《文明婚》《牧羊》，因为它们都使用了《凤阳花鼓》《相思曲》《老八板》等我国传统民歌小调。

四、审美的表达仍欠严谨

这时期教育部虽然已经出台了教材审核制度，但教科书的规范性、科学性和系统性都存在着许多疏漏。刘质平对此进行过严厉的批评，他指出："现在已出版的唱歌书，不独不照着音乐教育的原理，且对于自己的编辑上面，错误很多……趁新学制教科书未曾出版的时候，敢请诸先生严密的审查，不致再有违背音乐教育的原理，和不适宜的教材出现，原来审查教科书，由教育部担负责任，但是从前的唱歌书，都经过教育部的审查，其中错误的地方很多，所以此次新学制议定后的唱歌书，如再由书局任意出版，和教育部的糊涂审定，那我中华民国的音乐教育，永无达到音乐教学目的的一日。"[2]

这种不严谨首先体现在音乐创作的随意性上，有些乐曲的创作不仅不是我国传统音乐的风格，又不是最开始流行的日本俗乐曲调，也没有遵从西方作曲技法的常用规则，"好像是长音阶，又不是长音阶，好像是短音阶，又不是短音阶，有几首是截取旧乐曲的一部分，有几首是用次中和音做乐曲的第一音，有几首是用上主和音做乐曲的终止音"。[3]相关的例子有《国民学校新体唱歌集》

[1] 刘质平. 关于唱歌教材上的缺点：节录[M]//俞玉姿. 中国近现代学校音乐教育文选：1840—1949. 上海：上海教育出版社，2011：113.

[2] 刘质平. 致新学制课程标准起草委员会讨论中小学音乐科课程纲要的意见书[M]//俞玉姿. 中国近现代学校音乐教育文选：1840—1949. 上海：上海教育出版社，2011：128.

[3] 刘质平. 关于唱歌教材上的缺点：节录[M]//俞玉姿. 中国近现代学校音乐教育文选：1840—1949. 上海：上海教育出版社，2011：114-115.

第一册的《国旗》《钟》《行礼》《拍球》《兽能》《老雄鸡》《小学生》，第二册的《卖花》《猫》，第三册的《孔夫子》《小朋友》，第四册的《休假》；《高等小学新体唱歌集》第三集的《中华民国开国纪念歌》《欢迎》；《小学唱歌二集》的《古少年》、《游猎》（这是截旧乐曲的一部分）；《中华唱歌集》第二册的《跳绳》《手工》，第三册的《大麦》（和《游猎》同样的错误）。[1]

这种错误在致力于传播西方乐理的萧友梅身上甚至也会发生，研究者李岩在《千虑一失——萧友梅音乐教科书的缺憾》中提到当时大学院音乐教材审查委员会的委员王瑞娴，在对《新学制唱歌教科书》（初级中学用）三册进行初审时，提出了290余处问题，这些问题大致可分为两类。“第一类：和声的基本错误。其具体指陈为：1. 当用三度而缺三度；2. I_4^6不应直接解决到本位Ⅰ或I_6的终止；3. 无特殊理由而用平行或隐伏八、五度；4. 错误和声链接；5. Ⅰ、Ⅳ、Ⅴ本位和弦太多，且全书极少转调因乏趣味；6. 音乐调式结构性不强。第二类：词曲处理错误。1. 虚词放在重拍上；2. 宾格代名词（如给我之‘我’），不应放在重拍上；3. 歌词组合之轻重与音乐组合之轻重相冲突；4. 要紧字时值太轻或太短；5. 歌词的字往往在音乐时值上嫌太拥挤，即字多腔少。”[2] 在提出这些意见后，王瑞娴甚至还正话反说，说这套教科书的发行十分重要，而“它们的重要，并非为了它们的选材合当，创作难得，或印刷精良，装订优美，却是为了它们错误之多与流行之广，更为了它们的错误，不仅在数量上大可惊人……并且在性格上错得十分幼稚”，以《新学制唱歌教科书》（初级中学用）为例，统共三册仅30首歌中，“里面的错误，实占全书各歌乐节总数百分之五十以上”。[3]

还有些音乐常识方面的问题，不在于创作者本身，而是编书的人自身的音乐素养不够，不认识五线谱上的调号标识，以至在将五线谱译作简谱时发生了疏漏，全都按照C大调来进行译谱，使得乐曲面目全非。例如，“《四季读书乐》（《共和国民唱歌集》）原来的调子，是F调，他的旋律是1 1 2 3|5 6 5 --|……编书的人把他的F调当做C调的看法，因为F调主调音的Do是在C调Fa音的地位，所以翻做4 4 5 6|$\dot{1}$ $\dot{2}$ $\dot{1}$ --|……”[4]这样类似错误的乐曲，还有“《中华唱歌集》第三册的《始业式》和第四册的《荷花》，原来是F调，《高等小学新唱歌》第一册的《日暮》，原来是G调，都当做C调的看法把他翻错的”[5]。这样低级的错误出现在广为流传的教科书中，在今天看来

[1] 刘质平. 关于唱歌教材上的缺点：节录[M]//俞玉姿. 中国近现代学校音乐教育文选：1840—1949. 上海：上海教育出版社，2011：115.

[2] 李岩. 千虑一失：萧友梅音乐教科书的缺憾[J]. 人民音乐，2012（3）：73.

[3] 李岩. 千虑一失：萧友梅音乐教科书的缺憾[J]. 人民音乐，2012（3）：73.

[4] 刘质平. 关于唱歌教材上的缺点：节录[M]//俞玉姿. 中国近现代学校音乐教育文选：1840—1949. 上海：上海教育出版社，2011：113.

[5] 刘质平. 关于唱歌教材上的缺点：节录[M]//俞玉姿. 中国近现代学校音乐教育文选：1840—1949. 上海：上海教育出版社，2011：113.

当然是不可思议的，但在现代音乐知识尚处于开发中的民国初年，却又是一种真实且可以理解的存在。

还有些教科书中会出现一些口语化、主观化的表述，比如丰子恺在介绍贝多芬时，第一句话就是“聋子裴德芬，是世界上到处知名的音乐的大英雄”[1]。这样的表达显然缺乏教科书应有的严谨性和语言的规范性。

另外，教科书在各学段的衔接上也不够顺畅，尤其是一些乐理教科书，初中的内容到了高中重复讲解，初中和高中的教科书有时甚至会通用。

[1] 丰子恺. 音乐的常识[M]. 上海：亚东图书馆，1925：168.

第三章

黄金十年中小学音乐教科书的稳定发展（1927—1937）

1937

"在国家形成的过程中，几乎所有的统治政权都企图在教育系统传播的学校知识中倡导他们的利益。"[1]这种利益的倡导，反映在教科书建设中就是对"主流合法知识"的界定和呈现。二十世纪二三十年代，国民政府致力在全国范围内树立威严，形成政治影响力和凝聚力，三民主义的教育宗旨贯穿于教科书的编写中，音乐教科书在这样的历史语境下也紧跟着政治建设的步伐，用上层建筑所希冀的艺术方式来阐述其信条与理想。在日益规范化的制度下，教科书的编写和出版呈现出数量繁多却又趋同性极强的特征。

[1] 阿普尔，等．国家与知识政治[M]．黄忠敬，等，译．上海：华东师范大学出版社，2007：87.

第一节 “党化教育”影响下的音乐课程发展

1927年4月，以蒋介石为首的国民党在南京建立国民政府，至1937年7月中国全民族抗日战争爆发，是南京国民政府统治中国的前期。在此期间，中华民国在政治、外交、军事、经济、文化、教育、社会、边疆民族政策等各方面皆取得了一定成就，整体为近代中国以来较高水平，各级各类教育事业在此期间也取得了较为显著的成绩。

一、国民政府的“党化教育”与三民主义教育

从清末到民国初期，中国的上层建筑一直经历着从瓦解到重构的过程，各种利益当权者都在纷纷忙于扩张势力、巩固政权，无暇对教育进行严格管控，给学术界留下很大的自主空间，欧美等国外思想不断涌入教育领域，教科书的编写也呈现出一种自由、开放、包容的态势。这种状态一直持续到1927年，南京国民政府成立后，将“党化教育”作为巩固统治的一项基本政策，加强了对教育领域的思想控制。

国民党“党化教育”的推行最早源于孙中山，舒新城认为“党化教育”是“中国国民党于民国十三年后掌握中国政权的一种名词”，是根据国民党“以党治国”的口号而来。[1]1923年，孙中山开始接受苏俄在建党和建国方面的经验，加强国民党对各领域的控制，在1924年召开的中国国民党第一次全国代表大会上改组国民党，把旧三民主义发展成为新三民主义，提出了“以党建国”“以党治国”的方针政策，以真正实现三民主义。对于“以党治国”的概念，孙中山认为：“所谓以党治国，并不是要党员都做官……，是用本党的主义治国。”[2]因此从各个途径大力宣传国民党党义就成为一项重要工作，“从1924年1月27日到8月24日，孙中山在广东高等师范学校礼堂专门宣讲三民主义，共讲了16次”[3]。1925年，国民党中央执行委员会要求所有市教育局职员必须加入国民党，否则予以撤职处分。1926年7月，中央教育行政第一次大会召开，会议通过了各县视学或督学

[1] 舒新城. 近代中国教育思想史[M]. 合肥：安徽人民出版社，2019：206.
[2] 石鸥. 民国中小学教科书研究[M]. 长沙：湖南教育出版社，2018：186-187.
[3] 石鸥. 民国中小学教科书研究[M]. 长沙：湖南教育出版社，2018：187.

应兼任该县国民党党部组织部员，分赴各校组织区分部及宣传党义的提案，也就是要在各级学校积极宣传党义，并对教职人员实行“党化”。[1]

1927年5月，在南京举办的五四运动纪念大会上，蒋介石正式发出实行“党化教育”的号召，从此，国民政府开始在各级学校全面施行“党化教育”。1927年10月，中华民国大学院成立，取代教育行政委员会。大学院于1928年5月召开第一次全国教育会议，会上将“党化教育”的提法改为“三民主义教育”，“中华民国大学院为三民主义教育之实施，教育行政之统一……召集‘全国教育会议’”[2]，并通过了《三民主义教育宗旨说明书》，说明书中指出：“所谓三民主义的教育，就是实现三民主义的教育，就是以实现三民主义为目的的教育，就是各级行政机关底设施，各种教育机关底设备和各种教学科目，都是以实现三民主义为目的的教育。”[3]虽然名称改变，但实际上围绕国民党党义开展教育的宗旨未变。1928年8月，国民政府宣布由军政时期进入训政时期，大学院颁布《各级学校增加党义课程暂行通则》，通则规定：“各级学校除在各种课程内融会党义精神外，须一律按本通则之规定增加党义课程”；“小学校注重使儿童对于党义得具体观念，中等学校注重使学生对于党义得正确认识”；“各级学校党义课程之教授时间，每周至少两小时”；“各种党义课程之教本须由中央训练部会同全国最高教育行政机关编审颁行之”。[4]1929年4月26日，国民政府确立了三民主义的教育宗旨及其实施方针，并通令全国，具体实施方针包括：“各级学校之三民主义教育，应与全体课程及课外作业相连贯。”“普通教育须根据总理遗教，以陶融儿童及青年‘忠、孝、仁、义、爱、信、义、和、平’之国民道德，并养成国民之生活技能，增进国民生产能力为主要目的。”“社会教育必须使人民认识国际情况，了解民族意义，并具备近代都市及农村之常识，家庭经济改善之技能，公民自治必备之资格，保护公共事业及森林园地之习惯，养老恤贫防灾互助之美德。”“大学及专门教育必须注重实用科学，充实科学内容，养成专门知识技能，并切实陶融为国家社会服务之健全品格。”“师范教育，为实现三民主义的国民教育之本源，必须以最适宜之科学教育及最严格之身心训练，养成一般国民道德上、学术上最健全之师资为主要之任务，于可能范围内，使其独立设置，并尽量发展乡村师范教育。”“男女教育机会平等，女子教育并须注重陶冶健全之德性，保持母性之特质，并建设良好之家庭生活及社会生活。”“各级学校及社会教育应一体注重发展国民之体育。”“农业推广，须由农业教育机关积极设施。”[5]至此，国民政府确立了以三民主义为核心的“党化教育”体制，并在全国范围的学校课程与教科书建设中体现出来，以期各科教学都能达成“使教育之主义，受三民主义之洗礼；使教育之方法，亦如国民党政略

[1] 李易芝. 民国时期河北省中小学党化教育研究：1928—1937[D]. 保定：河北大学，2018：13.

[2] 教育部中国教育年鉴编审委员会. 第一次中国教育年鉴：戊编[M]. 上海：开明书店，1934：142.

[3] 陈彩风，黄秀华，农莉民. 广东青年运动历史资料：9[M]. 广州：广东省档案馆，1991：377.

[4] 佚名. 中华民国国民政府　法令大全：教育[M]. 上海：上海法学编译出版社，1929：735，737.

[5] 葛爽. 国民党“党化教育”中的三民主义：以民国时期中小学党义教科书为中心的考察[J]. 黑龙江史志，2014（11）：56.

之富于奋斗性、革命性、建设性、真实性、普遍性、远大性；以造成党治下健全之国民，而立建国之本，用臻于本固邦宁之境者也”[1]。

教科书是学校宣传教义的重要载体，因此为了确保“党化教育”在学校的顺利实施，国民政府也在“党化教育”的各项政策中加强了对教科书的审定，严格把控教科书的内容。1926年5月，广东全省第六次教育大会召开，会议通过了《党化教育决议案》，规定：“学校增设政治训育部，施行政治训育，使学生有明确的政治观念，全省中上学校全由中国国民党党部介绍训育人员；组织中国国民党童子军；举行总理纪念周与政治报告；规定三民主义为必修课，每周时数至少要占50分钟，高级小学以上学校加授政治教育、社会科学及三民主义，每星期共需150分钟以上；并提出请教育行政委员会即行审查各校现行教科书，有悖于中国国民党的党义及政策者，应令抽出，不准讲授，此后新编教科书，应以中国国民党的党义和政策为中心。”[2]

1928年10月，大学院被裁撤，恢复教育部。1929年1月22日，教育部颁布《教科图书审查规程》《审查教科图书共同标准》，对教科书的审查作了进一步的加强和细化，特别强调教科书必须“适合党义，适合国情，适合时代性”，强调“以三民主义为教科书的中心思想”。除了编写专门的党义教科书，“凡足以羽翼三民主义的作品，皆定为学生的课外参考书。除党义课程外，凡学校各项功课皆须与党义相联络，组织成一整个系统的党化课程”[3]。

在这样严苛的政治施压下，以“党化教育”为宗旨的教科书陆续推出，比如“新时代教科书”“新主义教科书”“三民主义教科书”等，在这些系列教科书中均可见到音乐教科书的身影。即便不是专门的党义教科书，这一时期的音乐教科书题材中，“党化教育”的内容也比比皆是。

二、“党化教育”下的中小学音乐课程

1. 音乐课程标准的修订

1928年2月18日，国民政府颁布《小学暂行条例》，规定：初级小学4 年肄业，高级小学2年肄业。课程设置中均含有“乐歌课”，规定所有教科书须采用经大学院审定核准者，改小学“音乐科”为“乐歌科”。1929年颁布《小学课程暂行标准·小学音乐》和《初级中学音乐暂行课程标准》，这两个课程标准是对1923年《新学制课程标准纲要》的进一步完善。《小学课程暂行标准·小学音乐》分别从目标、作业类别、各学年作业要项、教学方法要点、最低限度等方面对小学音乐教学作了规定。[4]

目标上，提出要顺应儿童快乐活泼的天性，发展欣赏音乐、应用音乐的兴趣和才能；发达听音

[1] 李易芝. 民国时期河北省中小学党化教育研究：1928—1937[D]. 保定：河北大学，2018：13.

[2] 石鸥. 民国中小学教科书研究[M]. 长沙：湖南教育出版社，2018：188.

[3] 石鸥. 民国中小学教科书研究[M]. 长沙：湖南教育出版社，2018：195.

[4] 课程教材研究所. 20世纪中国中小学课程标准·教学大纲汇编：音乐·美术·劳技卷[M]. 北京：人民教育出版社，2001：19-22.

和发声的官能；涵养和爱勇敢等的情绪；鼓励团结进取等的精神。

作业类别包括欣赏、演习、研究三部分，其中欣赏是针对本国和外国声乐及器乐的欣赏；演习指的是各种音乐的实践，包括听音练习、发音练习、歌曲独唱及合唱、表情练习、乐谱抄写和乐器演奏等；研究主要指的是自主学习的过程，包括乐谱的认识、唱法的研究、表演法的研究、乐器演奏法的研究等。

各学年作业要项详细地规定了各学年在上述作业类别中的教学内容。

教学方法要点包括：①循序渐进施教，建议用词呈递进关系，如初级第一学年完全用听唱法教学，初级第二、三学年由听唱转入视唱，仍注重歌词的视唱表演，初级第四学年注重视唱教学，高级尽量用视唱法教学。②关注音乐学科与其他学科的综合。规定音乐教学要常和国语（文学）、社会、工作、体育等相关设计，联络教学。③规定了教授歌曲的教学方法和训练唱歌的方法，规定“教授新歌曲时，除简易的曲谱外，应常由教员范唱，奏乐，以便儿童倾听”。④施教须符合儿童学习的身心发展特点，如“宜令儿童对于歌曲忠实的唱奏，切禁随意加入花腔滑调或信口高叫”“应注意儿童的音域声区和呼吸发声等”“儿童在变声时期，当停止歌唱，多用关于学理方面的练习课业代替，以免减少趣味”。⑤规定了曲谱、歌词、唱歌、欣赏、创作、乐器教学的一些要义，其中特别指出“曲谱用五线谱，非万不得已，不用简谱。用五线谱教学的，绝对不得并用简谱”。

最低限度部分包括初级结束和高级毕业两部分，规定初级结束需要能背唱曲谱不同的歌词十首以上，而音调无误；能视唱C、G两调的单音曲；能抄写简易的重音乐谱；能知道乐谱组织上必须应用的普通记号；能知道工尺谱读法。高级毕业需要能背唱曲谱不同的歌词十五首以上而音调无误；能视唱简单的二重音曲；能抄写C、G、F各调的乐谱；能知道乐谱上省略记法、调子记号、拍子记号的效用和音程音阶的大意；能应用本国的乐器一种以上。

在上述音乐课程标准的基础上，教育部于1932年又颁布了《小学课程标准　音乐》《初级中学音乐课程标准》和《高级中学音乐课程标准》。其中《小学课程标准　音乐》变化不大，但初中和高中的课程标准无论在内容上还是实施建议上都出现了专业化的倾向，这与当时音乐创作的繁荣和音乐专业人才培养的迅速发展不无关系。对于音乐学习的专业化建议，主要体现在对乐理知识的强调上，《初级中学音乐课程标准》在“目标”一项中提出了“明了初步乐理”的要求，在“时间支配”里规定：“第一学年规定讲演乐理时间为每周三十分钟，其余时间教学唱歌。第二第三学年规定讲演乐理时间为每周二十分钟，其余时间教学唱歌。”[1]

因为音乐课开始越来越强调综合性，教育部1936年又开始着手对课程标准进行修订。1936年3月，教育部修订《中心国民学校民教部课程标准》，规定开设国语、常识、算术、音乐四科，每周上课总共12小时，音乐课30分钟。对音乐教学目标要求是：①指导成人及妇女习唱歌，由演奏乐

[1] 课程教材研究所. 20世纪中国中小学课程标准·教学大纲汇编：音乐·美术·劳技卷[M]. 北京：人民教育出版社，2001：29.

器以启发音乐欣赏的能力，培养喜爱音乐的兴趣；②陶冶成人及妇女之心理并涵养亲爱、勇敢、团结、进取的精神。[1]是年7月，教育部颁布《修正小学课程标准》，规定：初小一、二年级音乐与体育合并为“唱游”，周学时180分钟；三年级以上单设音乐课，三、四年级周学时90分钟；五、六年级周学时60分钟。[2]其中《小学低年级唱游课程标准》中阐述的目标为：“（一）顺应儿童爱好游戏的兴趣，与以适当的歌唱和游戏活动。（二）发展儿童听音和发声的能力，并谋身体内外各部份［分］的适当发育。（三）涵养儿童亲爱、勇敢、快活等的情绪；并训练互助、团结、协作、服从等的精神。”[3]与1932年的小学课程标准相比，《小学中高年级音乐课程标准》的主要变化体现在“各学年作业要项”的“欣赏”类别中，增加了“中外音乐故事”。在“教学要点”中，关于曲谱的规定，增加了“曲谱中的音域、音阶、音程、调子、拍子、速度、曲体，俱应适合儿童的能力”的描述，对歌曲的选择，要求“要注意词与曲的情绪、形式、节奏、程度的协调”，对教材的排列，“须顾到儿童的能力及前后相互的关系，并须变换趣味，切忌千篇一律”。此外，还建议优先考虑采用部编《小学音乐教材初集》来进行教学。在教学实施中，建议“要尽量制作应用教具，如图表、卡片及五线谱黑板等”。最后还增加了对音乐考试过程性评价与结果性评价相结合的条目，建议“音乐科的成绩考查，应注意平时成绩，常用个别考查，不得仅在学期终结举行一次独唱，来评定成绩的优劣”[4]。

1936年颁布的《初级中学音乐课程标准》，仍然是以乐理教学为主要阐述对象，整体的表述比1932年的课程标准要精练，但在知识的基本内容和掌握程度上没有太大差别。在学时上，规定“各学年教学时间，均为每周一小时，每小时中规定讲演乐理十五分钟，其余时间教学唱歌”。“实施方法概要”一项中，最后增加了一条“在各种集会及举行仪式时，应尽量利用唱歌，以鼓舞其雄伟团结之精神”[5]。

1936年的《高级中学音乐课程标准》中，同样体现了音乐学习的专业性倾向，在课时上规定高中音乐课“与图画每两周轮流教学一次，每次一小时，共三学年”，同时注明“学生如愿专习音乐者得以图画时间改习音乐”[6]。“教材大纲”一项中，对每学年的教学内容略有调整。现将1932年和1936年的《高级中学音乐课程标准》的教材大纲列表对比见表3-1：

---

[1] 孙继南. 中国近现代音乐教育史纪年：1840—2000[M]. 济南：山东教育出版社，2004：109-110.

[2] 孙继南. 中国近现代音乐教育史纪年：1890—2000[M]. 济南：山东教育出版社，2004：110.

[3] 课程教材研究所. 20世纪中国中小学课程标准·教学大纲汇编：音乐·美术·劳技卷[M]. 北京：人民教育出版社，2001：36.

[4] 课程教材研究所. 20世纪中国中小学课程标准·教学大纲汇编：音乐·美术·劳技卷[M]. 北京：人民教育出版社，2001：40-42.

[5] 课程教材研究所. 20世纪中国中小学课程标准·教学大纲汇编：音乐·美术·劳技卷[M]. 北京：人民教育出版社，2001：43，46.

[6] 课程教材研究所. 20世纪中国中小学课程标准·教学大纲汇编：音乐·美术·劳技卷[M]. 北京：人民教育出版社，2001：47.

表 3-1　1932 年《高级中学音乐课程标准》教材大纲

与 1936 年《高级中学音乐课程标准》教材大纲的对比

学年	1932年《高级中学音乐课程标准》教材大纲	1936年《高级中学音乐课程标准》教材大纲
第一学年	（一）声乐 （1）练声　音阶及和音音序之练习 （2）读唱　选唱Concone集中较浅易之练习曲 （3）唱歌—— （甲）二重音三重音合唱 （乙）独唱著名歌曲 （二）理论 （1）音乐发达概况—— （甲）音乐之起源 （乙）上古时期之音乐 （丙）音乐记载法之变迁 （2）名曲解说　关于声乐曲方面者	（一）声乐 （1）练声　音阶及和音音序之练习 （2）读唱　各种音程及各种节奏之读唱 （3）唱歌 （甲）单音及二重音歌曲之合唱 （乙）独唱著名歌曲 （二）欣赏 声乐名曲之欣赏
第二学年	（一）声乐 （1）练声　音阶及和音音序之练习 （2）读唱　选唱Concone，Lemoine，Dannhäuser各人所集之练习曲 （3）唱歌 （甲）三重音四重音合唱 （乙）选唱古今各种卡农曲及小傅格曲① （丙）独唱较高深之名曲 （二）理论 （1）音乐发达概况（接前学年）—— （甲）文艺复兴与音乐之转机 （乙）从复音乐到单音乐 （丙）近代乐派及其大家 （2）名曲解说（接前学年）　关于器乐者	（一）声乐 （1）练声　音阶及和音音序之练习 （2）读唱　选唱Concone所集之练习曲 （3）唱歌 （甲）同前学年加三部合唱歌曲 （乙）独唱较高深之名曲 （二）欣赏 器乐名曲之欣赏
第三学年	（一）声乐 （1）读唱—— （甲）视唱各种繁复转调之乐曲 （乙）继续选唱Concone，Lemoine，Dannhäuser各人所集之练习曲 （2）唱歌—— （甲）四重音合唱 （乙）独唱各种名曲 （二）理论 （1）音乐发达概况（接前学年）— （甲）歌剧与管弦乐之完成 （乙）现代音乐 （2）名曲解说（接前学年）　戏曲与交响乐	（一）声乐 （1）读唱 （甲）视唱各种繁复转调之乐曲 （乙）选唱Concone，Lemoine，Dannhäuser各人所集之练习曲 （2）唱歌 （甲）同前学年加四部合唱歌曲 （乙）独唱各种名曲 （二）欣赏 西洋名歌剧及本国剧曲之欣赏

资料来源：课程教材研究所. 20世纪中国中小学课程标准·教学大纲汇编：音乐·美术·劳技卷[M]. 北京：人民教育出版社，2001：33-34，47-48.

注：①小傅格曲，今译作小赋格曲。

2. 音乐课程名称的确定

音乐课程的名称经历了一个“音乐”—“乐歌”—“唱歌”—“音乐”反复变化发展的阶段，到这一时期才统一固定称为“音乐”，前面已在相关政策法规介绍中提及，此处再做一个整体的梳理。

“音乐”和“乐歌”的名称均始见于清政府时期，1907年清政府颁发《学部奏定女子小学堂章程》，首次设“音乐”为“随意科”；1909年《学部奏变通中学堂课程分为文科实科折》中设“乐歌”为“随意科”，1910年，学部奏改两等小学堂课程，规定“乐歌”仍为“随意科”。1912年，南京临时政府教育部公布《普通教育暂行办法》，规定“唱歌”为视地方情形可增加的科目，“唱歌”作为音乐课的名称首次在政府文件中出现，但仍然是选修科目；同年9月公布《小学校令》，将“唱歌”列为初等小学校和高等小学校的必修科目，但遇不得已情况时，仍可暂缺。1915年，教育部公布《国民学校令》和《高等小学校令》，把“唱歌”列为必修课，但也属于遇不得已情况可暂缺的科目；同年颁布《预备学校令》，“唱歌”被列入预备学校前期和后期的必修科目。1923年6月，教育部颁布《新学制课程标准纲要·小学音乐课程纲要》和《新学制课程标准纲要·初级中学音乐课程纲要》，小学和初中课程设置中均有“音乐”一科，替代之前的“唱歌”，课程内容范畴也相应扩大。1928年国民政府颁布《小学暂行条例》，又将“音乐课”改为“乐歌课”；1929年《小学课程暂行标准》的小学必修科目中再称“音乐课”。至1932年《小学课程标准　音乐》《初级中学音乐课程标准》和《高级中学音乐课程标准》，再到1936年各标准的修订版，都称“音乐”，并就此固定下来。

三、新音乐建设对中小学音乐教育的影响

在专业音乐发展和人才培养上，中国逐渐建立了一系列专门的音乐学院，如1927年11月在上海成立的国立音乐学院，是中国第一所独立建制的高等音乐学校，此后中国的专业音乐院系如雨后春笋般出现。1927—1932年间，先后出现了北京爱美乐社音乐学校（1927）、天津私立音乐体育传习所（1928）、沪江大学教育学院音乐系及音乐师范科（1929）、私立燕京大学文学院音乐系（1929）、金陵女子大学音乐学系（1929）、私立武昌艺术专科学校艺术教育系（1930年7月，音乐教育居于突出地位）、河北省立女子师范学院音乐系及音乐专修科（1930）、私立京华美术专科学院音乐系（1930）、山东省立第一女子师范学校体育艺术专修科（1930，设音乐团）、私立爱美中学艺术师范科（1930年成立于济南，设声乐、器乐及理论诸课）、广东戏剧研究所附设管弦乐队及音乐学校（1930年成立于广州）、私立广州音乐学院（1932年春，由前所学校改组而来）、国立杭州艺术专科学校音乐组（1932）。[1]

[1] 陈应时，陈聆群. 中国音乐简史[M]. 北京：高等教育出版社，2006：251-252.

在中西音乐文化交融碰撞日渐深入的情势下，中国音乐创作和音乐理论研究也出现了三种不同的倾向：第一种是对中国传统音乐文化的坚守，音乐创作上如赵元任的中国化艺术歌曲创作，理论上有一些中国传统音乐的曲谱集和专论，如王光祈《中国音乐史》，缪天瑞《中国音乐史话》，沈寄人《中国音乐指南》，杨荫浏、陈鼎钧《雅音集》（第一编　普通乐谱）等等。第二种是用“以西鉴中”为思路对中国传统音乐做分析的，如王光祈的《中西音乐之异同》和萧友梅的一些研究等。第三种是西化的音乐创作和系统介绍西洋音乐的著作及教科书。音乐创作上以萧友梅的歌曲创作为代表，音乐理论上对孩童影响较大的是丰子恺，丰子恺编写了一大批以中小学生和普通音乐爱好者为对象的通俗性音乐常识读物，如《音乐初步》《西洋音乐楔子》等。儿童音乐作品的创作上，黎锦晖“从唱歌入手学习白话文”的理念较有典型意义，他共创作了24首儿童歌舞表演曲和12部儿童歌舞剧。

这一时期还有一个比较特别的现象就是流行音乐的盛行，黎锦晖被称为“中国流行音乐的鼻祖”，他创作的流行歌曲有《毛毛雨》《可怜的秋香》《桃花江》等，其中《毛毛雨》在中国流行音乐史上具有划时代的意义。黎锦晖创作的这些流行音乐，在今天来说实为常见，但在当时激进的社会背景下，历史上曾对他有过诸多严苛的批判，加之流行音乐广泛的流传性和渗透性，也确实对学校音乐教育产生了一些负面影响并受到了批判：

我国自改良教育以来，唱歌列入课程。最初颇多励志，利他，爱群，爱国之作。近五年来，纲纪扫地，士风颓废，上无礼，下无学，处士横议，邪说蠭兴；因之靡靡之乐，郑卫之声，随浪漫之潮流，而洋溢乎中国！毛毛雨也，妹妹我爱你也，可怜的秋香也，满城风雨，春色恼人！……此我中华民族精神之大敌也……无不掌教育之权者，不抵抗何哉？[1]

总之，音乐创作和音乐理论研究的多元化、深入化发展，促进了学校音乐教科书内容上的复合型建构和多样化呈现。对于特定音乐理念的接纳和排斥，也奠定了音乐教科书的不同基调。

四、中小学音乐教科书的编写与审定

课程标准对音乐教科书的编写提出了具体性、规范性的要求，是教科书编写的重要依据，这一时期音乐教科书的基本结构框架和内容大多依循着课程标准的要求而编写。许多音乐工作者和音乐教育工作者纷纷投入到编写与课程标准相匹配的音乐教材工作中，主持和推动着近现代学校音乐教科书的建设。相较之前的教科书，这一阶段的教科书在知识的专业性、内容的全面性、结构的规范性上都有了很大的提升，但也由于受制于课程标准的规范性要求，这一时期的教科书虽然在内容上更为饱满，但在基本的结构框架、逻辑序列和内容选编上却呈现出趋同性和模式性的表征。其中，部编音乐教科书是课程标准模式化的典范，也是课程标准中倡导的首要考虑采用的教科书。

[1] 杜庭修. 仁声歌集[M]. 南京：仁声印书局，1932：序1.

与此同时，民国政府对学校教科书施行审定制，允许和鼓励民间人士自由编辑教科书，这就为出版机构尤其是民营出版机构获得利润提供了空间，也调动了各家出版机构编辑出版学校教科书的积极性。更为重要的是，随着教科书审定制的完善，民国时期教科书的内容与形式不断更新，这在一定程度上也保证了教科书的出版质量。1934年1月，江西省推动音乐教育委员会对全国各出版机构出版的小学音乐教学用书进行审查，随后缪天瑞在《音乐教育》上发表《审查小学音乐科用书报告——适用的音乐科用书》，其结论为："我们审查时，几乎将全国各大小书店出版的小学音乐用书都搜罗尽了，审查之后，分作四类：第一类便是现在发表的适用的音乐书；第二类是良莠不齐的，便是一集中的歌曲，有好有坏，如儿童书局之'救国豪歌四十曲''小学校应用歌曲'（这两书南昌市各小学几乎都有，据说是书店送给他们的）；第三类是不良的，指黎锦晖一流的歌曲，及过了时代的东西；第四类是禁用的，即黎锦晖所有的东西，有中华出版之'三蝴蝶''月明之夜''葡萄仙子''七姊妹游花园''神仙妹妹''春天的快乐''小羊救母''小画家''最后的胜利'等等（此项歌曲的唱片，亦在禁止之列）。"[1]同时将适用类的教科书、参考书、歌舞表演用书、教学法及一般参考书列名公布，其中教科书见表3-2：

表 3-2　适用教科书

书名	程度	册数	主要责任者	出版机构	备注
儿童音乐教科书	初级	8	沈秉廉	儿童书局	
儿童音乐教科书	高级	4	沈秉廉	儿童书局	有各调的识别法及各种音程练习法
北新音乐教本	高级	4	邱望湘、沈秉廉	北新书店	有各调读谱练习与音程节奏练习
基本教科书　音乐	三、四年级	4	何明斋、沈秉廉	商务印书馆	（高级）各册都有五线谱组织的说明，以备教学之用，并有基本练习
	高级	4			
新中华音乐课本	高级	4	朱稣典	中华书局	有乐谱识谱法、基本练习。另有教授书四册
	初级	8	朱稣典	中华书局	前四册不用五线谱，而将歌词的文字放在高高低低的音级上，先给养成高低的观念，以为他日视读五线谱之准备。后四册有乐谱视读的练习
新时代音乐教科书	初级	8	何孝元	商务印书馆	前二册用五线谱
新学制音乐教科书	初级	8	傅彦长、何明斋	商务印书馆	

资料来源：缪天瑞. 审查小学音乐科用书报告：适用的音节科用书[J]. 音乐教育，1934，2（1）：76-77。

[1] 缪天瑞. 审查小学音乐科用书报告：适用的音节科用书[J]. 音乐教育，1934，2（1）：76-77.

第二节
黄金十年的中小学音乐教科书呈现

因为这一时期的音乐教科书数量众多，且都是以课程标准为依据，所以接下来的教科书呈现，我们将以时间为顺序，按唱歌教科书、乐理教科书、综合音乐教科书的类别分类呈现。需要说明的是，名为“唱歌”的教科书，有些并不仅仅是唱歌集，有时也涵盖了乐理或欣赏的内容，只是目录的呈现多以歌曲为线索，内容也以歌曲为主。

一、唱歌教科书

1.《三民主义唱歌》（小学用）

3—1

图 3—1 《三民主义唱歌》（小学用），郑拔驾编，三民书店，1928 年

《三民主义唱歌》（小学用）以宣传三民主义各项精神为要旨，由三民书店1928年出版。编者郑拔驾，出生于福州的书香门第、诗词世家，曾出版一本《福州旅行指南》。

教科书为小学用书，共收录歌曲12首，分别为《三民主义歌》《中国革命史歌》《民众团结起来歌》《革命军人歌》《励志歌》《国民革命歌》《大家齐起来歌》《四季革命花名歌》《国耻纪念歌》《国民革命军行军歌》《特别守则歌》《一般守则歌》。每首歌先呈现完整的乐谱和一段歌词，其他歌词随后单独附上。教科书主题鲜明、立意明显，旨在歌唱教学中渗透三民主义教育，这是这一时期党义教科书的盛行在音乐学科中的体现。从选曲和歌词来看，它契合了在认识上明晰党义、在精神上形成对孙中山的个人崇拜以及对国民党无比忠诚、对三民主义高度信仰的理念。

教科书封面颇具音乐教学的特色，富有美感，以红色为基本色调，图景描绘的是音乐课室里，窗外春意盎然，窗内几名衣着工整的小学生或并肩坐于椅上，或席地而坐同声歌唱，一名男生弹奏印花风琴为歌曲伴奏。封面表达了唱歌是一种美好的形式，而内容也反映出编者要借由歌唱的审美特质，使“党化教育”摆脱枯燥呆板的灌输式印象。在共同歌唱的状态下，以自然浸润的方式宣传党义，同时给人以团结一致的振奋之感，这无疑是“党化教育”的一种有效且美好的形式。然而从音乐教育的角度来考量，不得不说这是对音乐教育审美本质的一种扭曲，是对小学生审美身心需求的毫不顾及。以《中国革命史歌》为例，这首歌歌曲旋律简单且朗朗上口，然歌词却有8段，以对孙中山的推崇为核心要义，讲述国民党的革命史，对于小学生来说，未免显得说教性太强且晦涩难解，破坏了唱歌的愉悦性，更因词曲间难以完全匹配，导致音乐的审美性弱化。

2.《三民主义唱歌集》

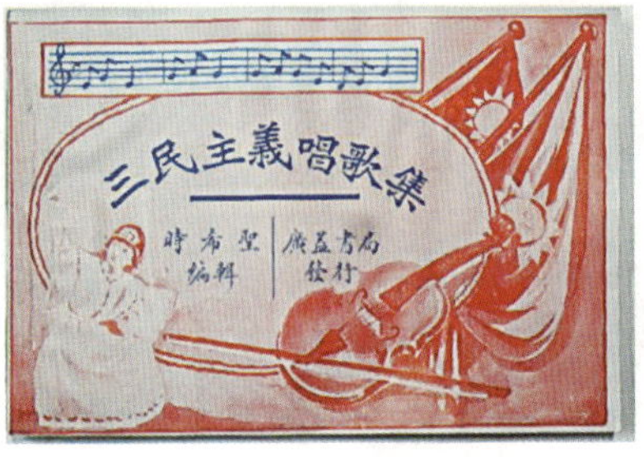

3—2

图 3—2 《三民主义唱歌集》，时希圣编辑，广益书局，1929 年

《三民主义唱歌集》为常熟时希圣所编辑，由广益书局1929年出版。广益书局于1900年创办于上海，创办人为魏天生、杜鸣雁、萧伯润、李东生等，初名广益书室，主要出版科举考场用书和童蒙读物。1904年改名广益书局，出版古籍、医卜和村塾用书。1917年受盘彪蒙书室，1925年与世界书局共同受盘广智书局。1943年改组为股份有限公司，以出版通俗小说为主。1947年参加“小五联”（广益书局、北新书店、大中国图书局、新亚书店、中联书局），担任一部分“国定本教科书”的印刷发行工作。中华人民共和国成立后并入四联出版社等单位。

教科书是供小学唱歌用的，红色封面上两面大的青天白日旗昭示了教科书的主题，另附的小提琴和舞者凸显了音乐的学科特点。教科书共收录20首歌曲，分别为《革命军歌》、《革命的颂歌》、《自由歌》、《民族主义歌》、《爱用国货歌》、《快醒歌》、《同志革命歌》、《当兵保民歌》、《民众解放歌》、《救国歌》、《废除不平等条约歌》、《毋忘国耻歌》（一）、《毋忘国耻歌》（二）、《五分钟》、《誓雪国耻》、《抵制劣货》、《五五纪念歌》、《秋瑾女烈士纪念歌》、《恢复共和歌》、《孙总理纪念歌》。

教材提出教学要遵循音乐学科的特点，强调音乐的实践，原因在于“‘音乐是人类感情最直接且抽象地发表的唯一艺术。’因为音乐是最抽象最流动而难于把握的艺术，所以学习音乐必须从实习上着手，实习的方法有三：第一步…………听唱法 第二步…………视唱法 第三步…………单独唱奏法”[1]。这其实还是一种朴实的口传心授、反复训练的教学法，是一种科学理性主义教学思维的体现。但这种方法缺乏根据学生不同年龄段身心特点安排的教学活动设计，更不用说音乐审美愉悦性的体现了，但至少还是保有了音乐学科的特性。

[1] 时希圣. 三民主义唱歌集[M]. 上海：广益书局，1929：Prelude 1.

尽管教科书体现了遵循音乐学习规律的理念，但“党化教育”原则却始终占据统领位置。教科书在目录中将歌曲按不同的主题进行了分类，并对教学理念、教学程序作了说明，比如在“纪念革命历史的歌曲”这一主题之下，包括了歌曲《废除不平等条约歌》、《毋忘国耻歌》（一）、《毋忘国耻歌》（二）、《五分钟》、《誓雪国耻》、《抵制劣货》、《五五纪念歌》、《秋瑾女烈士纪念歌》、《恢复共和歌》、《孙总理纪念歌》。主题目录下首先说明这一主题的教学要旨：纪念歌曲分为关于庆祝的和关于哀悼的两类，这一部分的教学目的除了让学生感同身受纪念时的景与事外，更要引发他们对伟人人格的崇拜；其次说明这一部分的教学程序，包括“a解释歌题，b解释歌词歌曲，c讲演纪念的事迹，d练习音阶，e范唱，f练习，g歌唱，h表演”；最后是每一首歌曲遵循上述程序建议的教学时间分布，如《废除不平等条约歌》占时30~60分钟，《五分钟》占时60~90分钟，《誓雪国耻》占时90~120分钟，等等。由此可见，本教科书宣扬的理念是唱歌的首要目的不是愉悦身心、抒发情感，而是解读历史、宣传革命、引发崇拜、牢固信仰。

3. 《中学新歌曲》

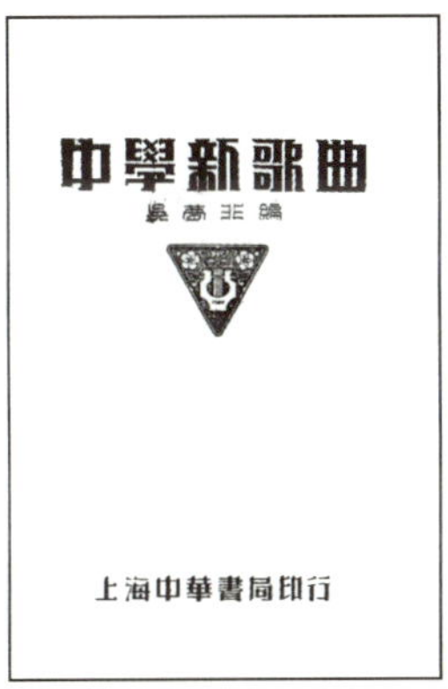

3–3

图 3–3 《中学新歌曲》，吴梦非编，中华书局，1930 年

《中学新歌曲》由吴梦非编写，中华书局1930年初版，1934年再版。吴梦非，音乐教育家。他曾就读于杭州浙江两级师范学校，师从李叔同，系统学习了音乐和美术。1915年学成之后，吴梦非辗转于多所学校任教。1919年与刘质平、丰子恺等人共同创办了上海艺术专科师范学校，这是中国第一所综合性的艺术学校，后改名上海艺术师范大学，吴梦非出任校长。同年，三人又创建了中华美育会，汇集了来自各地的艺术师资；并创办《美育》杂志。1934年，吴梦非加入由教育部组织的中学师范课程标准起草委员会。此外，他还编写了大量的音乐教材，包括《和声学大纲》《中学新歌曲》《初中乐理教本》《风琴弹奏法》《初级中学音乐》《中学音乐教材初集》等。他与妻子王元振合作创作的大量歌曲也被选入教育部审定的教科书中。

《中学新歌曲》专供中等学校音乐课使用，共有歌曲35首，在歌曲的编排上并未按从易到难、循序渐进的原则进行，而是以季节为线索，安排应景的曲目，并穿插与仪式相关的歌曲。题材包括爱国主义精神培养、抒发大自然美好情趣、描写学校生活、赞美劳动等。歌曲目录如下：《国旗》《革命军》《初春》《江水》《满江红》《清明》《和平》《中华民国》《蜜蜂》《春季旅行》《桃花源》《卖花女》《蝴蝶》《四月池水满》《贫女》《兰花》《枝头小鸟》《下山》《五月九日》《大中华》《莲花》《空谷回声》《菊》《农民的快乐》《运动会》《睡孩》《初冬》《国庆纪念》《野营之晓》《冬之日》《铁匠和农人》《收获》《雪人》《休业式》《毕业式》。教科书后附“乐语记号人名略解”。

编者在歌曲的选编上颇费心思，其曲调来源有三。其一是西方名曲，如《春季旅行》由Sir George Grove作曲，《桃花源》由J. Schwartz作曲，《蝴蝶》由W. Valckmar作曲，《四月池水满》由Weber作曲，《兰花》由M. Havplmann作曲，《枝头小鸟》由F. F. G. Kirchhof作曲，《五月九日》由Rossini作曲，《莲花》由Mozart作曲，《空谷回声》由K. Wilhelm作曲，《菊》由A. Sullivam作曲，《睡孩》由F. Silcher作曲，《野营之晓》曲调源于瑞士民歌，《铁匠和农人》由Auber作曲，《收获》由Robert Burns作曲。虽然这些曲调来自西方，但所配歌词往往极富中国古典文学色彩，且与曲调和谐一致。例如，《莲花》以莫扎特的作品为曲调，行板速度，旋律线条流畅，起伏明显，舒缓悠扬。其歌词由胡寄尘创作，与音乐风格一致，优美雅致，“一泓清水，半亩荒塘，碧云深处仙乡。浅红晕颊，嫩绿裁裳，出水芙蕖雅淡妆。悠扬，映斜阳，果然绝代容远香，宜晚凉，光，仙姝萼绿，高士花黄，洛阳佳种称王，逊汝端庄，君子名芳”。[1]遣词造句的长短与音乐的行进完美契合，发音与旋律的走向也基本一致，由开始的单声部到高潮部分双声部表现对莲花的赞誉，听上去令人感觉流畅惬意。编者在词曲结合方面颇下功夫，概因其在从事音乐教育工作十余年时间里，常感当时各学校所用音乐教科书选曲很不规范，“歌词和曲谱，都不很一致，即坊间已出版的唱歌集，能够弥补此种缺陷的，到现在还可说是鲜见；所以本书便格外注意于这一点，务使曲谱和歌词能够深深地相吻合”[2]。

曲调来源之二为中国旧曲。曲调来源之三为编者自己创作的曲目，其中编者自己的创作有《国旗》《革命军》《清明》《运动会》。

歌词上，由吴梦非和王元振创作的占大半，包括《中华民国》《春季旅行》《桃花源》《兰花》《枝头小鸟》《五月九日》《空谷回声》《农民的快乐》《运动会》《睡孩》《初冬》《野营之晓》《冬之日》《铁匠和农人》《收获》《休业式》，还有一些是请当时的文学名家创作的，也有选用旧诗词的，如《满江红》选自岳飞诗词，《贫女》选自秦韬玉诗词，《下山》选自宋子问诗词。

教科书在正式出版前曾在江浙几所中学进行试教，确定适用后方才出版。教科书用五线谱教学，多为二声部合唱，每首歌曲都配有钢琴伴奏正谱，这契合了1932年《初级中学音乐课程标准》中提出的在音乐教学中不论单音重音，最好均选用有伴奏之歌唱，教师在教学时也要弹伴奏，以培养学生听辨和声的习惯的要求。[3]实际上，教科书对于教师的教学能力和学生的基本音乐素养要求

[1] 吴梦非. 中学新歌曲[M]. 上海：中华书局，1930：24-25.

[2] 吴梦非. 中学新歌曲[M]. 上海：中华书局，1930：卷头语1.

[3] 课程教材研究所. 20世纪中国中小学课程标准·教学大纲汇编：音乐·美术·劳技卷[M]. 北京：人民教育出版社，2001：32.

都比较高，以此也可窥见编者高水准的音乐素养和对音乐教育规范性、严谨性、科学性的要求与理想所在。

4.《新时代高中唱歌集》

3-4

图 3-4 《新时代高中唱歌集》，周玲荪编，商务印书馆，1933 年

《新时代高中唱歌集》由周玲荪编写，商务印书馆1933年初版。教科书来源于前述1924年出版的《中等学校唱歌集》的第二编，该册原为高中课本，后经两次改编，删去旧谱增加新歌，以求所选歌曲符合新时代的需求，故改名为《新时代高中唱歌集》。该歌集的两篇序言与下文将述的《中等学校乐理唱歌合编》一致，也是由于右任题词。

教科书为歌曲的合集，没有乐理知识的呈现，采用五线谱并附钢琴伴奏。歌曲排列没有以难易程度为原则，但为查询方便，大致按季节而列，同时插入仪式所用的歌曲，以满足学生参加一些正式集会活动所用。歌曲目录如下：《党歌》（即《中国国民党党歌》）、《始业式》、《欢迎歌》、《到音乐园里来》、《青天白日满地红》、《诚》、《秋夜》、《归夜与归莺》、《丰年》、《国庆纪念》、《自由》、《月》、《忆儿时》、《人与自然界》、《庆祝总理诞辰》、《金陵怀古》、《幽居》、《静夜读书》、《潮》、《冬之日》、《雪》、《休业式》、《我的家庭》、《米丽容》、《废墟》、《度岁》、《庆祝新年》、《晨》、《客至》、《春思》、《春游》、《晚》、《十万里铁路》、《旅行》、《西湖》、《他乡遇故友》、《运动会》、《卖花女》、《饯春》、《落花》、《黄花岗七十二烈士纪念》、《旧都》、《四月池水满》、《金谷园》、《丐》、《努力》、《晚钟》、《夏日》、《采莲》、《送别歌》、《毕业式》、《毕业生之别》。

根据高中生的年龄和接受程度，教科书选取了多部多声部歌曲，旨在构建学生的多声部概念和乐感。编者给出的教学建议是要根据学生实际的音域，形成声部的固定分组，然后各自练习自己的声部，最后进行合唱。

教科书歌曲的声调与词旨都力求高雅，按署名计，教科书中由周玲荪填词的歌曲有19首，除此之外，还选用了李叔同、萧友梅、易韦斋、戴季陶、刘大白、胡寄尘、吴梦非、沈秉廉、白露汀等名家的作品。教科书对李叔同的作品尤为推崇，孙继南在研究李叔同的作品时，将本教科书作为重要的史料列出，提到教科书的创作动机时，孙继南甚至认为，“因该歌集编者周玲荪为李叔同执教浙江第一师范时期弟子，如同丰子恺当年编《中文名歌五十曲》（简称《五十曲》）的动机一样，这类歌集，都缘起于在校时受李师音乐课深刻影响，满怀敬慕之情而编纂出版的”[1]。

教科书中选用的李叔同的作品有：《诚》《月》《忆儿时》《幽居》《西湖》《落花》《晚钟》，另外还有一首由李叔同和周玲荪共同填词的《送别歌》。其中比较有特殊意义的是《诚》与《送别歌》。《诚》的特殊性在于，作为李叔同的作品，它在很长一段时间里都未被大众所知，而这本教科书对于考据它是李叔同的作品具有决定性意义。孙继南在形容他初见到这部作品时说：“见到这首闻所未闻、署名凿凿的李叔同歌谱，不禁惊喜交加，同时也意识到，《诚》歌问世应当在李叔同出家之前，距今不下百年历史，经历了如此漫长岁月，却从未见到过与之相关的任何资料或信息，按史料学研究通例，此谱不无孤证之嫌，故须有相应材料佐证方可为信。”[2]由此，孙继南对这首歌曲进行了严谨的历史考据，发现《诚》这首歌曲分别出现在了周玲荪编写的《中等学校唱歌集》（第二编）和《新时代高中唱歌集》中，如前所述，这两本教科书实际上是初本和修订本的关系，但这首歌在1924年出现于《中等学校唱歌集》（第二编）中时，仅有曲作者，署名为“美人Smith，W. G. 作曲”，并未署名词作者；到1933年的《新编高中唱歌集》中才署有李叔同之名为词作者。联系到郭秉文序言中对周玲荪编撰教科书严谨规范的赞誉，孙继南认为该教科书对《诚》词作者的署名，也是持慎重的态度。另外，这种补署名的情况也出现在李叔同的其他作品中，“周氏初编《中学唱歌集》署名‘李叔同’者也仅《月》《幽居》《落花》《晚钟》4首，10年后方将《诚》与《忆儿时》《西湖》《送别歌》一并补署于修订本之中；至此，周编教材先后明确署‘李叔同’之名者计8首，除《诚》外，其余7首与丰子恺编《五十曲》中同名歌曲词作者之署名完全一致，历经数十年迄今均无任何变化或差错”[3]。

另外，考据《诚》的创作年份以及李叔同当时的生活背景，可以发现，这首歌曲创作于1915—1916年李叔同在南京高等师范学校任教时期，该校时任校长江谦1915年8月在《关于南京高等师范学校开办状况报告书》中提出：“本校校训所用诚字，诚者自成，所以成物；先圣至言，实为教育精神之根本。演言之诚，则有信心、有信力。有信心，乃知非教育不足以救国；有信力，乃知非实行教育不足以救国。期望学生以信心为体，以信力为用，此本校训育之主旨也。”[4]由江易园作词、李叔同作曲的南京高等师范学校校歌开始句便是：“大哉一诚天下动。”《诚》的歌词也与其相呼应：

大哉一诚，圣人之本。弥纶六合炳日星；唯诚可以参天地，唯诚可以通神明；大哉一诚，执厥中；大哉一诚，圣人之本，大哉，大哉，一诚！[5]

---

[1] 孙继南.《诚》：李叔同百年乐歌新发现：兼及周玲荪唱歌教材与李叔同歌曲史料研究[J]. 音乐艺术，2016（2）：62.

[2] 孙继南.《诚》：李叔同百年乐歌新发现：兼及周玲荪唱歌教材与李叔同歌曲史料研究[J]. 音乐艺术，2016（2）：62.

[3] 孙继南.《诚》：李叔同百年乐歌新发现：兼及周玲荪唱歌教材与李叔同歌曲史料研究[J]. 音乐艺术，2016（2）：64.

[4] 孙继南.《诚》：李叔同百年乐歌新发现：兼及周玲荪唱歌教材与李叔同歌曲史料研究[J]. 音乐艺术，2016（2）：65.

[5] 周玲荪. 新时代高中唱歌集[M]. 上海：商务印书馆，1933：6-7.

这也解释了为什么《诚》只出现在周玲荪所编写的教材中，而不见于李叔同其他弟子所编歌集中的问题，孙继南认为："只要我们关注到以上相关背景的分析，进而联想到当年此歌传唱范围很可能局限于南京高师校园之内，而周氏本人因执教于该校才有可能将其收入自编歌集等方方面面的因素，这一看似难解的疑点，应该迎刃而解才是。"[1]

《送别歌》的特殊性在于它是李叔同填词的《送别》的延续，《送别歌》的曲调及前面两段歌词与《送别》一致，但后面又有三段歌词是周玲荪创作的——"周氏出于教学需要，除在原词之后续词一段，作为'普通'离别之用，另外又专门填词两段作为'对师长'离别感恩之用，共计续词三段，《送别歌》之名当由此而来"[2]。因此，《送别》与《送别歌》既有同一性又有所区别，不可混为一谈，《送别歌》全部歌词如下：

长亭外，古道边，芳草碧连天。晚逢［风］拂柳笛声残，夕阳山外山。天之涯，地之角，知交半零落。一觚浊酒尽余欢，今宵别梦寒。

情千缕，酒一杯，声声离笛催。问君此去几时来，来时莫徘徊。草碧色，水绿波，南浦伤如何。人生难得是欢聚，惟有别离多。

渭城雨，祁连云，多是别离情。春风何事黯销魂？杜宇一声声。沾化育，植根荄，山蹊茅塞开，无端绛帐赋归来，芳草尽愁怀。施教泽，留雪泥，何处问鸿飞？锦帆天际远难追，岸上柳依依。

受教育，感良师，深深雨露滋。追随几席几何时？匆匆赋别离。劝杯酒，情黯然，骊驹在门前。一言留别意拳拳，勖我祖鞭先。芳草碧，夕阳红，车马各西东。愿问程门深雪中，云山第几重。[3]

如前述所言，教科书中有很多歌曲歌词都是由周玲荪填词，周玲荪师承李叔同，极富文学修养和填词才华，因此所填歌曲多富中国古文学美感，又与曲调和谐并行。但也因此有人将他的作品与李叔同的创作混淆，比如《秋夜》一曲，本为周玲荪所作，也被收录在1924年的《中等学校唱歌集》（第二编）中，但当时并未署名。后钱君匋将其收录于1928年出版的《中国名歌选》时，署以"李叔同"之名。为此，周玲荪在教科书中此歌曲下方特别予以说明："钱君匋先生编中国名歌选，曾选用拙著此歌，误注为李叔同先生所作。"[4]但直到今天，这首《秋夜》仍被大部分人认为是李叔同所作。

周玲荪对文学之美的推崇和对音乐德育的阐发还体现在他对歌曲的引导性解读上，尤其是对李叔同的作品，既有客观上的注释，例如，《诚》的注释为"诚为天地之精气：又为吾人立身之根本。古人以智仁勇三者包含于诚。诚者：诚与吾人有莫大之关系焉。爰列此歌于卷首，以示人生之正鹄"，《西湖》的注释为"西湖，一名西子湖，在杭城西北隅，风景极佳，每当春秋佳日，游人

[1] 孙继南.《诚》：李叔同百年乐歌新发现：兼及周玲荪唱歌教材与李叔同歌曲史料研究[J]. 音乐艺术，2016（2）：67.

[2] 孙继南.《诚》：李叔同百年乐歌新发现：兼及周玲荪唱歌教材与李叔同歌曲史料研究[J]. 音乐艺术，2016（2）：69.

[3] 周玲荪. 新时代高中唱歌集[M]. 上海：商务印书馆，1933：74-75.

[4] 周玲荪. 新时代高中唱歌集[M]. 上海：商务印书馆，1933：8.

如卿。湖中有苏白二堤，堤上有桥六，以断桥与西冷［泠］桥尤为著名。湖之南北西三面环山，山之最高者有南北二高峰，又有保叔［、］雷峰二塔，对峙湖滨（雷峰塔近已倾倒甚可惜也）”；[1]又有自我理解式的交流和引导，例如，《月》的注释为“此歌含有极高尚幽静之意味，吾人唱之不啻服一帖清凉剂，使人尘俗之念都消除。又此歌并含有一种哲学的意味，与寻常描写月色月华不同”，《忆儿时》的注释为“此歌系述回忆做儿童时之情景，寓意甚深邃，反覆熟唱，不觉兴为学须及时，光阴易蹉跎之感”，《幽居》的注释为“此歌系述幽居之乐，当此物质文明极为发达之时，学者只为求名求利至为烦恼。偶唱此歌，不觉胸襟开阔，心气平和”，《落花》的注释为“此歌题为落花，而寓意极深。歌中‘荣枯不须臾、盛衰有常数’一段，尤为警惕动人”。[2]

与上面这些关于歌曲内涵的解释性表达的注释不同，而《晚钟》则是以商榷的语气，将艺术与宗教的关系，进而与灵感力（想象力）激发的关系进行了逻辑上的梳理。对于将宗教作为迷信还是艺术，不同思维路径下导致的育人结果的不同进行了辩证性的探讨，展现了一种独特的审美视角，其注释如下：

此歌稍带宗教意味，如于普通学校内不便使用尽可删去。惟按诸历史美术与宗教至有关系，例如，古代希腊，宗教极为发达，故美术亦极发达，此因宗教与美术有共通之要素，为求心灵安慰一也。凡一国之民灵感力愈发达，则美术亦必发达，而宗教即为发达灵感力之导线。故吾人视宗教为迷信，有达科学之精神，固极正当。若吾人用审美之心理对待宗教，则宗教亦极有意味焉。又西洋音乐关于宗教乐曲种类极多，并于音乐界内甚有势力。本书特采用一首聊供参考，未知当代音乐家及教育家以为然否？[3]

5.《独唱曲选》（第一集）

《独唱曲选》（第一集）由李抱忱编写，中华乐社1933年初版。根据笔者查找以及《中国合唱运动先驱李抱忱年表》一文所载，目前只见一集。对此，编者在“序”中也有说明，即教科书最初只出一集，共十曲，而“以后若能续出，打算每集也是十曲，能出几集就出几集”[4]。

3—5

图 3—5 《独唱曲选》（第一集），李抱忱编，中华乐社，1933 年

[1] 周玲荪. 新时代高中唱歌集[M]. 上海：商务印书馆，1933：7，51.

[2] 周玲荪. 新时代高中唱歌集[M]. 上海：商务印书馆，1933：17，20，27，59.

[3] 周玲荪. 新时代高中唱歌集[M]. 上海：商务印书馆，1933：70.

[4] 李抱忱. 独唱曲选：第一集[M]. 北平：中华乐社，1933：序1.

李抱忱（1907—1979），我国近现代指挥家、音乐教育家、理论家、作曲家、中国合唱活动的先驱。1926年就读燕京大学。1939年，任音乐教育委员会教育组主任，主管全国音乐教育的推动工作。李抱忱主编《中国抗战歌曲集》（*China's Patriots Sing*），亲自翻译《义勇军进行曲》和《自卫》两首歌词，并为《义勇军进行曲》《自卫》和《中华民族不会亡》编配伴奏。出版有音乐教科书《乐理教科书》《普天同唱集》《独唱曲选》《男声合唱曲集》《混声合唱曲集》《育英中学歌咏队南下表演歌曲》等。

这是一本英文歌曲集，五线谱记谱，每首歌曲都附有钢琴伴奏谱，歌词以中英文双语呈现，其中中文歌词全部由李抱忱自己翻译或者创作而成。对于有人质疑将外文歌翻译成中文演唱，会破坏原曲词与谱的抑扬顿挫以及音韵轻重清浊的吻合，编者提出了自己的见解予以回应。他认为，虽然从严谨的艺术眼光来看，这种观点是有其合理性的，但从普及艺术的角度而言，“与其用最好的方法（就是凡歌都唱原文）使多数的人不能明白而变为少数人欣赏的东西，何如用较次的方法（就是都译成本国文字）而成为人人能欣赏的东西呢！极少数人能用英，德，法，意，俄等国的文字来唱他们各国的唱歌；但是有许多人能用本国的文字来唱英，德，法，意，俄等国的唱歌的”[1]。实际上，编者有着较高的语言造诣，在将英文翻译成中文时，更强调意译而不是直译，因此行文流畅优美，通俗易懂又富有意境，并不囿于与原词的死板对应，也重视与旋律的起伏相匹配。比如《都纳故乡》（*Duna*）的第一段中英文歌词对照见表3-3：

表 3-3　《都纳故乡》第一段中英文歌词对照

英文歌词	中文歌词
When I was a little lad with folly on my lips. Fain was I for journeying. All the seas in ships. But now across the southern swell. Every dawn I hear the little streams of Duna runing clear.	从前在我幼年时，整天游戏笑颜开，只愿坐上一只船，渡重洋漂大海。但现在已然如愿，朝朝听得见，我都纳故乡溪水流潺潺。

资料来源：李抱忱. 独唱曲选：第一集[M]. 北平：中华乐社，1933：4-5.

教科书虽只有10首歌曲，但编者仍力求体现题材和风格的丰富性，有些歌曲富有诗歌意境，比如《不屈》（*Invictus*）和《树》（*Trees*）；有些歌曲是时下的流行曲，如《都纳故乡》（*Duna*）和《故乡》（*Carry Me Back to Old Virginny*）；有些歌曲雄壮激昂，如《不屈》（*Invictus*）、《一侠客》（*A Warrior Bold*）、《二武士》（*The Two Grenadiers*）；有些歌曲悠扬细腻，如《夜曲》（*Serenade*）、《祷颂》（*Ave Maria*）；有些歌曲庄严肃穆，如《祷颂》（*Ave Maria*）、《当我老母亲》（*When the Dear Old Mother*）；有些歌曲诙谐幽默，如《我的“伴奏”》（*Ma Little Banjo*）。

[1] 李抱忱. 独唱曲选：第一集[M]. 北平：中华乐社，1933：序1.

6.《小学唱歌教材》

3–6

图 3–6 《小学唱歌教材》，邱望湘编，开明书店，1934 年

《小学唱歌教材》的编者为邱望湘，由开明书店1934年初版，共四册，供小学高级四个学期使用。

邱望湘（1900—1977），作曲家，浙江吴兴（今湖州）人，原名文藻。毕业于湖州中学，16岁考入湖州第三师范学校，1921年考入上海艺术专科师范学校图画音乐科，师从吴梦非、刘质平和丰子恺攻读音乐与美术专业。1923年毕业后先后任教于湖南省立第一师范学校、浙江艺术专门学校、上海爱国女学、两江女学、浙江上虞春晖中学、杭州市立中学等。1937年后，又先后任教于贵州铜仁国立第三中学、重庆青木关国立音乐院、松林岗国立音乐院分院、国立上海音乐专科学校等。1955—1958年，任上海音乐学院作曲系教授，民族音乐教研室研究员。

邱望湘的主要成就在作曲和音乐教科书的编写上，其中教科书的编写以唱歌教科书为主，兼及和声教科书。主要包括《金梦》《傻田鸡》《恶蜜蜂》《儿童乐剧　魔笛》《童谣曲创作集》《小学唱歌教材》《新标准初中教本　唱歌》《抒情歌曲集》《抒情歌曲》《初中音乐乐理课本三　和声学初步》《卖花集》《寄影集》《送春集》以及《读谱法》《唱歌教本》等[1]。

教科书主要由视唱和歌曲两大板块构成，其中歌曲是主要部分。两部分内容遵循循序渐进的原则，按照1932年《小学课程标准　音乐》的学段目标和内容要求相互配合呈现。教科书的视唱部分实际上也涵盖了基本的乐理知识，分为视唱练习曲、音程练习曲、节奏练习曲。每册视唱练习曲前，都会有一个相应的调式音阶谱表，为下面的视唱及歌曲学习打下基础，如第一册首先呈现的是C大调的音阶谱表，辅以文字说明，“C调：DO字在下第一线”，其后所附的三条视唱练习曲、两条音程练习曲都是C调。在引导学生接触不同调号的学习上，编者充分考虑到难度的循序渐进。四册由第一册的无升降号、一升、一降三个调号的学习，到第二册两升两降的学习，第三、四册主要是对前两册的巩固，且在此基础上加深了难度，出现了三升三降的调号学习。各册音程练习的渐进顺序为：第一册为二度、三度音程练习曲，第二册加入四度音程练习曲，第三册加入五度音程练习曲，第四册加入六度音程练习曲。节奏练习曲从第二册中开始加入，余后各册均有出现，按从简单到复杂的顺序，依次涉及四分音符、八分音符、十六分音符、前八后十六音符、附点八分音符，切分音，三连音等节奏型。教科书包括C，G，F，D，♭E，A，♭B各大调式，其中第一册的歌曲为C，G，F调，后续逐渐

[1] 杨和平．“上音”三位音乐家吴梦非、邱望湘、陈啸空研究：下[J]．音乐艺术（上海音乐学院学报），2018（3）：111.

增加其他调式，每册各调式歌曲组合呈现，起到学以致用、温故知新的效果。

教科书每册歌曲在16首以上，共有71首歌曲，其中由邱望湘作词的有22首，由他作词作曲的有5首，由他作曲的有11首。对于这些歌曲的学习，编者在“编辑大意”中写道：“教者每学期教十二三首已足，其余尽可由学者自习。”[1]歌曲题材丰富，曲调活泼流畅，各册曲目如下：

第一册：《纺织娘》《我家》《麻雀的自傲》《羊》《我的志愿》《秋之园》《好春天》《剪刀匠》《好朋友》《晚歌》《想》《牛的不平》《小舟》《家庭之乐》《小朋友与白头翁》《卖布谣》。

第二册：《帝国主义》《小小兵队》《冬老人和春姑娘》《卖花女》《花鸟订交》《种花》《自由天使》《夜姑娘》《落花》《早起歌》《两棵花儿》《菊花》《白鹅诗人》《我想做个革命家》《小鸟学飞》《快乐之钟》《麻雀的救国会议》。

第三册：《钟的话》《舞歌》《开心极了》《催眠歌》《欢迎与盼望》《秋虫》《布谷》《晚歌》《牧童的悲哀》《黄鹤楼》《世界大同的祷歌》《自然之美》《种豆》《我中华》《自励》《小孩与乞丐》《幽境》《野花》。

第四册：《各各作工》《水底月》《闻琴》《繁星》《鹰》《驾犁》《短篱边的蔷薇》《布谷》《春游》《舟子》《好青年》《我愿》《海边眺远》《回想曲》《请问摘花人》《铁匠的怨命》《口号》《卖花女》《蝶》《为农夫而歌》。

7. 《初中音乐唱歌》

3–7

图 3–7　《初中音乐唱歌》（第一册），朱稣典、邱望湘、吕伯攸、徐小涛编，中华书局，1934 年

《初中音乐唱歌》由朱稣典与邱望湘、吕伯攸、徐小涛合编，共三册，供初中三年使用，由中华书局1934年出版。

朱稣典（1896—1947），字西奄，浙江杭州人。就读于浙江省立第一师范学校时，师从李叔同、夏丏尊、经亨颐、姜丹书等，系统学习了音乐和美术。毕业后曾“先后担任过山东省立第一师范艺体专修科、浙江省立第五师范、浙江省立第三师范学校、上海美术专科学校，以及上虞春晖中学等学校的音乐教师”[2]。于1926年任中华书局编辑和主编等职务，编辑出版了大量的美术、音乐教科书和各类文艺书籍。其编辑出版的音乐类书籍有《音乐概论》《小学音乐课本》《小学音乐课本教学法》《小学音乐指导书》《音乐课本教授书》《新中华教科书音乐课本》《新中华音乐课

[1] 邱望湘. 小学唱歌教材：第一册[M]. 上海：开明书店，1934：编辑大意1.

[2] 蒋立平，杨和平. 近现代师范教育的一个缩影：析朱稣典两个版本《音乐概论》[J]. 中国音乐，2018（5）：162.

本》《新中华音乐课本教授书》《新中华小学教师应用音乐》《初中音乐读谱法》《音乐的基础知识》《新中华风琴课本》《五线谱的学习》《作曲法初步》《小学音乐教师手册》《小学教师的艺术知识》等，为中国彼时音乐教育的普及和发展作出了极大的贡献。

教科书依据1932年教育部颁《初级中学音乐课程标准》编写而成，与另外编写的三本乐理教科书——《初中音乐　乐理课本一　读谱法》《初中音乐　乐理课本二　音乐常识》和《初中音乐　乐理课本三　和声学初步》联合使用，互为补充。教科书以五线谱呈现，分为基本练习和歌曲练习两部分内容，基本练习主要包括发声练习、发音练习、呼吸练习、音阶练习和音程练习，按循序渐进、由易到难的原则分布于各册中。歌曲的编排以季节为线索（如第一册与季节有关的歌曲先后为《冬》《早春》《初夏》），按歌词与曲谱的难易程度展开。每册在末尾都有附录，附一些歌曲作为课外唱歌曲目或欣赏的素材用。

除了上述基本概况外，教材还有以下特点：

第一，尤其强调因材施教、因地制宜，如第一册的发声练习，考虑到初中生正处于变声期，男生和女生的声带有别，故为此专门设置了“男生用发声练习曲”和“女生用发声练习曲”。另外，教科书的内容虽是按难易程度逐次展开，但在“编辑大意”中有提到，教师亦可根据教学的实际需求将歌曲的先后顺序进行调整教学。对于歌曲伴奏的呈现，是为了养成学生和声的听觉思维，提升欣赏的程度，但如果学生畏难，就可以“将前几首歌曲，只弹奏旋律，或等歌曲能唱以后，再逐渐用伴奏曲伴奏”[1]。

第二，追求音乐的审美性体现和对学生审美品格的培养，如选曲原则为“注重于能涵养美的情感，及活泼、雄壮、和爱、奋发等精神的。并力求适合于时代的需要，和学生的程度”[2]。教科书在一些歌曲结束的空白处，附有与音乐题材有关的图画，也是为了增厚音乐的氛围，助长歌唱的兴趣[3]。

8.《开明音乐教本　唱歌编》

3–8

图 3–8　《开明音乐教本　唱歌编》，丰子恺、裘梦痕编，上海开明书店，1937 年

[1] 朱稣典，邱望湘，吕伯攸，等. 初中音乐唱歌：第一册[M]. 上海：中华书局，1934：编辑大意1.

[2] 朱稣典，邱望湘，吕伯攸，等. 初中音乐唱歌：第一册[M]. 上海：中华书局，1934：编辑大意1.

[3] 朱稣典，邱望湘，吕伯攸，等. 初中音乐唱歌：第一册[M]. 上海：中华书局，1934：编辑大意1.

《开明音乐教本　唱歌编》由丰子恺和裘梦痕编写，开明书店1935年初版，1937年再版。

裘梦痕（1909—1978），名绍，浙江杭州人，音乐教育家、作曲家、音乐理论家。裘梦痕师从丰子恺、刘质平、吴梦非等人，先后在立达学园、劳动大学、复旦大学附属中学、爱国女子中学、澄衷中学、浦东中学等校任教。与丰子恺有着亦师亦友的关系，二人一起合编了《中文名歌五十曲》《洋琴弹奏法》《环娥铃演奏法》《开明音乐教本　乐理编》《开明音乐教本　唱歌编》，其中《中文名歌五十曲》被认为“是对以学堂乐歌为主的中国早期新歌曲创作的历史性辑集”[1]。独立编写了《中等学校唱歌》《读谱法》《音乐常识》等。

“开明音乐教本”依1932年教育部颁行的《初级中学音乐课程标准》编写而成，后又据1936年《初级中学音乐课程标准》进行修订，分为《开明音乐教本　乐理编》和《开明音乐教本　唱歌编》两种。《开明音乐教本　唱歌编》有六册，供初中六个学期使用，每本教科书的结构框架一致，每册分为“发音及呼吸练习”“基本练习”“歌曲”三部分。我们以第一册为例，对各部分的特点进行分析。

“发音及呼吸练习”中共有10条发声练习曲，按A至J的序号列出，供学生唱歌前开嗓所用。练习曲只提供了乐谱并无唱名，但在“例言”中的建议是“宜用A（阿）E（爱）I（依）O（屋）U（乌）母音歌唱（或用Mo，Ma，Loo亦可）”[2]。教学时可先由教师范唱一句，学生再模唱。因发声练习主要在于训练学生声音的音色和呼吸，所以全六册的10条发声练习都是相同的，主要是半音的级进上下行及换气练习。另外，第“B”条是全白键音符的发声练习；第“H”条的两行乐谱是一个大小调的对比练习，在练声的同时也能起到音准的训练效果；第“J”条是跳音和连音相结合的开声练习。

“基本练习”是各调的长音阶乐谱、音程关系、相关视唱练习，按由易到难、温故知新的原则编排。第一册的练习最多，包括C调的长音阶乐谱、C自然大调各级音上的二度音程属性谱例及视唱练习、C自然大调各级音上的三度音程属性谱例及视唱练习、C自然大调各级音上的四度音程属性谱例及视唱练习，随后是G，F，D，B各调的长音阶乐谱和长音阶练习曲。

第二册“基本练习”包括二度音程练习、三度音程练习、四度音程练习。

第三册“基本练习”包括C自然大调各级音上的五度音程属性谱例及视唱练习、C自然大调各级音上的六度音程属性谱例及视唱练习、A调长音阶谱例和长A调练习曲、降E调长音阶谱例和长降E调练习曲。

第四册“基本练习”包括五度音程练习、六度音程练习、短音阶练习（即小调音阶，含c和声小调和c旋律小调练习）、短C调练习曲、短D调练习曲、短A调练习曲。

第五册“基本练习”包括C自然大调各级音上的七度音程属性谱例及视唱练习、C自然大调各

[1] 杨立青．音乐学术的历史轨迹：上集[M]．上海：上海音乐学院出版社，2006：447．

[2] 丰子恺，裘梦痕．开明音乐教本　唱歌编：第一册[M]．上海：开明书店，1937：例言1．

级音上的八度音程属性谱例及视唱练习、E调长音阶、长E调练习曲、降A调长音阶、长降A调练习曲。

第六册“基本练习”包括七度音程练习、八度音程练习、短A调练习曲、短B调练习曲、短E调练习曲、短F调练习曲。

“歌曲”是教科书中篇幅最大的部分，以五线谱呈现，每首歌曲都附有钢琴伴奏谱，旋律优美、歌词优雅，在节奏、拍子、音域、音阶、音程、速度、情绪等曲调方面均以活泼、优美、雄壮、大气为主，富有节奏感。歌曲的题材多样，并有一定的时令性特点。各册曲目如下：

第一册：《入学歌》《高山》《求学》《长江》《闲步》《秋景》《双十节》《忆儿时》《深秋》《晨》《江上月》《菊花》《关山月》《青天白日》《休业歌》。

第二册：《梅》、《风筝》、《早春》、《小舟》（三部轮唱）、《青年》、《游子吟》、《种田》、《春行》、《暮春》、《杨花》、《远足》、《五月之愿》、《红了樱桃》、《暑假》。

第三册：《大中华》《星期六》《长城》《双十节》《秋光老》《人生与自然》《野游》《草与松》《渔翁》《夜景》《丰收》《岁暮》《再会》。

第四册：《钱塘湖春行》《浩哥》《古诗》《春与秋》《黄龙戍》《小草与小鸟》《我所思》《静夜》《古从军行》《小窗》《催眠歌》《送别》。

第五册：《立志》《野老》《夜曲》《国庆前夜》《落叶》《怀古》《鱼与鸟》《赞歌》《小弟弟》《梦》《铁匠》《雪与冰之歌》。

第六册：《春之先驱》《野草》《春院》《西湖》《深耕》《卖花女》《怀友》《五月之歌》《别离》《感激》《毕业》。

教科书与《开明音乐教本　乐理编》配合使用，按1932年《初级中学音乐课程标准》、1936年《初级中学音乐课程标准》所规定的初中音乐教学时间，教师可根据实际情况自行调整。

二、乐理教科书

1.《普通乐学》（高级中学适用）

3—9

图 3—9　《普通乐学》（高级中学适用），萧友梅著，商务印书馆，1928 年

《普通乐学》由萧友梅著，商务印书馆1928年初版，其适用范围为高中音乐教学和师范院校音乐系一年级，被认为是“高等教育乐理教材的开山之作”[1]。这本教科书体现了萧友梅以西方音乐理论为载体，发展中国音乐的理想，这主要表现在以下两处：

第一，内容涵盖的全面性体现了萧友梅的“乐学”思想。教科书名为《乐学》，是以此与当时一般的乐理教科书作区分。萧友梅将“乐学”这一概念解读为“研究音乐的科学”，认为“依着研究科学的方法排列起来，当然第一是声学，第二是声音生理学，第三是音乐美学，第四是乐理，第五是音乐史”[2]。因此，这本教科书也依据这样一个概念范畴，其内容远远超出当时一般乐理教科书的内容构架。正如萧友梅在“绪言”中所言，“以前中等学校所用乐理课本，多以说明乐谱的组织为主，间或有论及音程，音阶者亦甚简略。本书不单说明乐谱，音程，音阶，关于音乐理论上（除音律一项须另行编述外）与技术上之常识及音乐史的概要亦一一备载”[3]。这些从下面所列的教科书目录（表3-4）中可见一斑。

表 3-4 《普通乐学》目录

章题	节题	内容
		1. 总论
第一章 音名	第一节　干音	2. 干音
		3. 半音（单律）
	第二节　枝音	4. 枝音
	第三节　标准音，黄钟音	5. 标准音，黄钟音
第二章 乐谱	第一节　谱号	6. 乐谱
		7. 谱号
		8. 五线数法及加线
		练习题第一集
		9. 高号低号及本位记号
		10. 等和声的音
		练习题第二集
	第二节　乐谱的种类	11. 单谱
		12. 双谱
		13. 联谱（总谱），分谱
	第三节　音符，休止符	14. 音符
		15. 休止符
		练习题第三集

[1] 罗兴. 萧友梅《普通乐学》对当代乐理教学的价值[J]. 湖南科技学院学报，2018（10）：143.

[2] 罗兴. 萧友梅《普通乐学》对当代乐理教学的价值[J]. 湖南科技学院学报，2018（10）：143.

[3] 萧友梅. 普通乐学[M]. 上海：商务印书馆，1928：绪言1.

（续表）

<table>
<tr><th>章题</th><th>节题</th><th>内容</th></tr>
<tr><td rowspan="22">第二章
乐谱</td><td rowspan="5">第四节　节拍</td><td>16. 节线（纵线）</td></tr>
<tr><td>17. 拍子的种类</td></tr>
<tr><td>18. 拍子数法</td></tr>
<tr><td>19. 指挥法</td></tr>
<tr><td>20. 变强弱</td></tr>
<tr><td>第五节　强度用语</td><td>21. 强度用语</td></tr>
<tr><td>第六节　速度用语</td><td>22. 速度用语</td></tr>
<tr><td>第七节　表情用语</td><td>23. 表情用语</td></tr>
<tr><td rowspan="7">第八节　装饰音记法</td><td>24. 装饰音</td></tr>
<tr><td>25. 倚音</td></tr>
<tr><td>26. 回转音</td></tr>
<tr><td>27. 震音</td></tr>
<tr><td>28. 波状音</td></tr>
<tr><td>29. 拨音（琶音）</td></tr>
<tr><td>练习题第四集</td></tr>
<tr><td rowspan="8">第九节　杂记号</td><td>30. 反复记号</td></tr>
<tr><td>31. 跳音记号</td></tr>
<tr><td>32. 延声记号</td></tr>
<tr><td>33. 弧线</td></tr>
<tr><td>34. 用弓记号</td></tr>
<tr><td>35. 泛音记号</td></tr>
<tr><td>36. 大提琴拇指记号</td></tr>
<tr><td>37. 踏板记号</td></tr>
<tr><td rowspan="5">第三章
音程</td><td rowspan="5"></td><td>38. 音程的数法</td></tr>
<tr><td>39. 音程的种类</td></tr>
<tr><td>各音程内容律数表</td></tr>
<tr><td>40. 辨音程法</td></tr>
<tr><td>练习题第五集</td></tr>
<tr><td rowspan="8">第四章
音阶</td><td rowspan="8"></td><td>41. 无单律的音阶（五声音阶）</td></tr>
<tr><td>42. 无双律的音阶（半音阶）</td></tr>
<tr><td>43. 五度循环（隔八相生，旋相为宫）</td></tr>
<tr><td>44. 单律，双律并用的音阶</td></tr>
<tr><td>45. 大音阶</td></tr>
<tr><td>46. 小音阶</td></tr>
<tr><td>47. 音阶唱法</td></tr>
<tr><td>48. 应用音阶唱法来区别音程</td></tr>
</table>

（续表）

章题	节题	内容
第四章 音阶		49. 改调
		练习题第六集
		50. 寺院音阶
		51. 正调与越调
		52. 八十四调，六十调
		52a. Tonic Sol-fa与简谱之创用者
第五章 理论概说	第一节　和声学研究的问题	53. 和音（和弦）的定义与读法
		54. 和音的原位记法与转位记法
		练习题第七集
		55. 广位和声与狭位和声
		56. 五和弦的转位
		练习题第八集第九集
		57. 和声外的音
		58. 长音及长音短奏法
	第二节　高级音乐理论研究的是什么？	59. 对位法（Counterpoint）
		60. 循环曲（Canon）
		61. 赋格曲（Fuge）
第六章 曲调概论	第一节　曲调的组织	62. 曲调组成的三大要素
		63. 曲调的动机（Motive）
		64. 曲调的韵
		65. 曲调的句读
		普通乐句及长乐句的组织形式
	第二节　曲调的种类	66. 形式上曲调的分类
		67. 用途上曲调的分类
第七章 曲体概论	第一节　器乐乐曲的形式	68. 乐曲的基本形式 （一）一段体，（二）两段体，（三）三段体，（四）混合三段体，（五）轮旋曲体，（六）模范大曲首章形式，（七）幻想曲体
		69. 乐曲的应用形式 （一）变体曲，（二）连曲，（三）夜乐，（四）模范大曲，（五）细乐，（六）音乐会曲，（七）大乐
	第二节　声乐乐曲的形式	70. 单音的声乐乐曲
		71. 复音的声乐乐曲
第八章 声乐		72. 人声的区分与歌队的组织
		73. 声乐的种类

（续表）

章题	节题	内容
第九章 器乐		74. 乐器的分类
		75. 乐器的音域
		76. 乐器的改调记法
		77. 乐队的种类
		78. 器乐的种类
		79. 音乐会的种类
第十章 音乐发达的梗概		80. 音乐史的要素
		81. 音乐史的年代区分法
	第一节　古代（八世纪以前）	82. 古代的音乐
	第二节　中古时代（九世纪到十三世纪）	83. 中古时代的音乐
	第三节　近古时代（十四世纪到十八世纪中叶）	84. 近古时代的音乐
	第四节　新时代（1750年以后）	85. 新时代作曲家的分派
		86. 新时代的歌剧作曲家
		87. 十九世纪的著名音乐家
		88. 音乐教育机关

从表3-4可以看出，教科书涵盖的内容全面，不仅包括基本的乐理知识，还涉及了作曲技术理论、音乐的体裁结构以及音乐史的相关内容，因此其专业化程度较高，难度也比一般乐理教科书要大。

第二，体现了萧友梅以西方音乐理论促进中国民族音乐发展的思想。萧友梅是近代积极引进西方音乐理论的代表人物，但他引进西方音乐理论并不是为了全盘西化中国音乐创作。他曾经说过："我希望将来有一天会给中国引进统一的记谱法与和声，那在旋律上那么丰富的中国音乐将会迎来一个发展的新时代，在保留中国情思的前提之下获得古乐的新生，这种音乐在中国人民中间已经成为一笔财产而且要永远成为一笔财产。"[1]由此可见，萧友梅对于民族音乐保持着取其精华，去其糟粕的态度，将西方的作曲法、和声等技法引入中国，一个重要的目的就是用新的形式改造传统国乐，使国乐得以在不失民族特色的同时又能得到长久的发展与普及。这本乐理教科书就深刻地体现了萧友梅将民族音乐语汇与西方音乐理论相结合的思想。教科书并非一味地介绍西方的音乐理论，而是将西方音乐记谱法与中国传统音乐记谱法相对应地进行呈现，使其能够融会贯通。比如，在讲解无双律的音阶时，教科书中呈现了甲、乙、丙、丁、戊五种记谱法，用以将中国传统音乐记谱法与西方音乐记谱法进行对比，其中甲为中国古代记谱法，乙为宋代笛色字谱，丙为明朝笛色字谱，

[1] 萧友梅. 十七世纪以前中国管弦乐队的历史的研究：上[J]. 廖辅叔，译. 音乐艺术（上海音乐学院学报），1989（2）：5.

丁是当时西方的五线谱记谱法，戊是萧友梅主张的读谱法。教科书中类似这样的对比比比皆是。

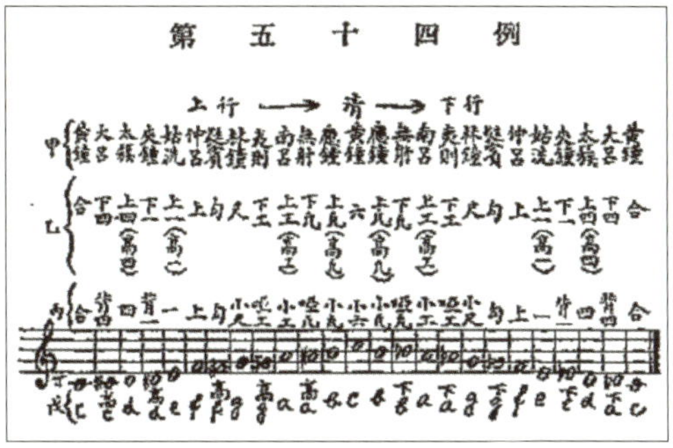

图 3—10 《普通乐学》中无双律的音阶谱例

另外，在教科书的一些文字叙述中，也可以看出萧友梅对中国传统音乐发展保守性的叹惋，以及将中国音乐发展寄托于西方先进音乐形态的希望。比如，在讲到五声音阶时，教科书在介绍了西方音乐在发展中对五声音阶的舍弃后，转而提到了五声音阶在中国一直占主导地位的原因——“单独中国的音乐大半还是用这种音阶，因为中国人保守性质太强，又因为一千多年没有人留意音乐教育这件事，所以学音乐的人多半不是有教育的。让这种无教育的乐工去研究，如何可以有改良音乐的希望呢？所以现在中国的音乐还是同前一千二百年的差不多”[1]。此段言辞虽有失偏颇，但萧友梅急于用现代化的作曲理论和技术改良中国音乐的心情却可见一斑。

2. 《新中华中等乐理课本》

《新中华中等乐理课本》由新国民图书社1928年初版，中华书局印刷，编者为江宁索树白。除了这本乐理教科书外，他还编写了《风琴教科书》《乐歌基本练习》等教科书。

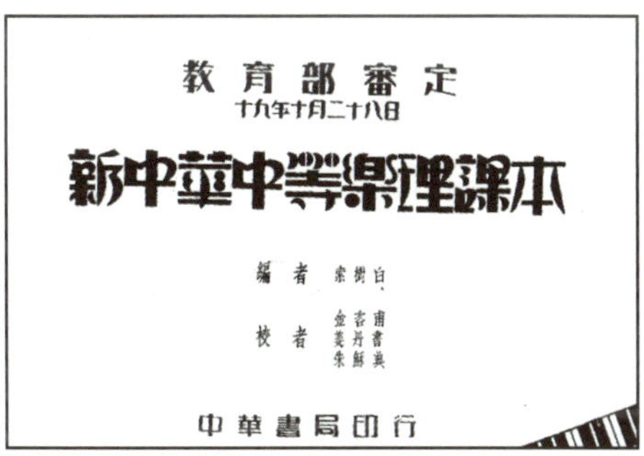

图 3—11 《新中华中等乐理课本》，索树白编，新国民图书社，1933 年第 9 版

该教科书依据1923年《新学制课程标准纲要》而编写，是编者在湖南省立第一师范学校、第一女子师范学校、第一中学及江苏省立第四师范学校、暨南大学、南京女子美术学校等各学校经过反复的教学实验编写而成。本书全书分上、下两编，上编主要是与识读乐谱有关的各种谱面知识的学习，包括“乐谱”“音符及休止符”“节拍”“高低记号”“强弱记号”“快慢记号”“省略记号”“装饰音”“杂记号”“表情记号”等十章内容；下编是与音乐结构相关的知识点的学习，包括“音程”“音阶”“和声”三章。

教科书的行文简洁明晰，主要是概念的呈现，并附图说明，没有过多叙述性语言。知识点较多的章节结束时都会有“问题”和“练习”部分，以及时巩固知识的学习。教科书注重知识呈现的追

[1] 萧友梅. 普通乐学[M]. 上海：商务印书馆，1928：64-65.

本溯源性，在专有名词旁均附有原文，以备参考，如第一个知识点“谱表”的解释为：“表示乐音高低之位置者，曰谱表Staff。”[1]又如在解释何谓“阶名”时写道：“唱歌练习，及附于各音阶之名称，谓之阶名Solmization Syllables。”[2]这些都足以体现编者思维的严谨性。

3.《普通乐理》

3–12

图 3–12　《普通乐理》，任瑞轩编，驻万世界书局，1934 年第 3 版

《普通乐理》由任瑞轩编写，驻万世界书局1929年初版，中华印务公司印刷，供初级中学使用。按编者所言，教科书编写的初衷并不在于著书立说，而是来自实际教学的需求。编者在音乐教学过程中，曾尝试寻求合适的乐理教科书，但始终难以如意，对于当时各书局出版的乐理书籍，编者认为“有的质精而量吝，有的内容复杂而次序凌乱，若依之作教本，怕更要摸不着头脑，终无补益”[3]，由此希望能出一本“比油印较清白完整，比书籍较简要而有条理的讲义”[4]。

该教科书的内容来自编者在实际教学中的累积和经验总结。编者1928年在四川万县四川省第四师范学校、万县中学、商业中学教授音乐期间，曾尝试教授拟编入教科书的内容，并根据实际教学需求进行内容的删减，最终形成较为完备实用的乐理知识体系，编印成册，供初级中学使用。另外，教科书还参考了两部译作*Music Course Complete*，*the Academic Manual of the Rudiments of Music*，以及丰子恺的《音乐入门》和萧友梅的《普通乐学》。[5]

教科书内容共分为4个部分，第一编为“谱表上的各种认识”，共13节，含4套练习题；第二编为“音阶”，共8小节，含2套练习题；第三编为“音程”，共4小节，含1套练习题；第四编为“杂记号”，共4小节，含1套练习题。

教科书结构简洁清晰，分类合理，内容并不在于求全、求宽，而在于求精，注重让学生掌握基本的乐理知识，不至于对当下的学习有畏难和排斥情绪，也为今后进行更深入的学习打下坚实的基础。教科书行文朴实自然，如同教师上课一般娓娓道来，重点突出、详略得当，比如在讲到音符与休止符时，为避免学生对休止符的价值产生误解，编者另辟附言写道：“音符与休止符的价值是相等的；音符高低强弱优美的声音，固然使我们感觉一种特别的情趣，而休止符的默止，更使

[1] 索树白. 新中华中等乐理课本[M]. 上海：新国民图书社，1933：1.

[2] 索树白. 新中华中等乐理课本[M]. 上海：新国民图书社，1933：3.

[3] 任瑞轩. 普通乐理[M]. 四川：驻万世界书局，1934：自序1.

[4] 任瑞轩. 普通乐理[M]. 四川：驻万世界书局，1934：自序1.

[5] 任瑞轩. 普通乐理[M]. 四川：驻万世界书局，1934：自序3.

我们感觉一种快乐。”[1]

4.《简明图说五线谱》

3–13

图 3–13 《简明图说五线谱》，兰生编，世界书局，1934 年

《简明图说五线谱》是一本独立的乐理教学用书，由世界书局1934年出版，编者为兰生。据其“序”所言，教科书是在他情场失意之时所作。编者将热恋时情人间的窃窃私语比喻为婉转动人的音乐，而伤心失意之时，哪怕是最美妙的音乐，在他耳里也是让人心烦意乱的声音。作此教科书初始之意在于打动“伊人”，却不想“伊人”“恝然他适”，并不在意。故编者在“序”结尾处感叹道：“其后每书一字。绘一图。其心之受隐痛。如被白刃。故是书之成。兰生之心。实早碎矣。悲夫。兰生识。”[2]

教材封面为黑底花卉图案，中间以一行五线谱例贯穿，应和教科书主题，上方标明“男女学校教科教授适用”。编者认为五线谱的学习，若以口授，“数小时内便能了了”，但若以著书的形式呈现，“非万言莫能尽矣”，但此教科书“为便读者练习计。但求简明易晓。至其理解。陈义甚深”[3]。

教科书共分为十六个部分，分别是“五线谱之组织”“大谱表”“音之记号与调之缘起”“音符之种种”“休止符与附点”“单纵线与复纵线之区别”“拍子记号”“切分音与结合”“调名之标记、长调各调及其键色”“短调各调及其键色”“长短调之区分”“变化记号”“发想记号”“省略记号”“装饰记号”，其中长调对应的是各大调音阶，短调对应的是各小调音阶。

其中“发想记号”是一个比较有趣的标题，编者在教科书中的说明为：

发想记号或附加于乐曲之首。或附加于某部。或附加于某音。其效用在发挥乐曲固有之兴趣。使人闻之。益形感动。[4]

“发想记号”的内容又分为“关于强弱者”“关于缓急者”“关于感情者”“关于声音者（又含：圆点、垂点、连音记号、延长记号）”，由此可见，“发想记号”就是各种音乐的表情符号，因其使音乐的表现突破了规范性表达，富有个性和情感阐发的力量，使人产生情绪的波动，触发想象力，故命名为“发想记号”。

[1] 任瑞轩. 普通乐理[M]. 四川：驻万世界书局，1934：21.

[2] 兰生. 简明图说五线谱[M]. 上海：世界书局，1934：序1.

[3] 兰生. 简明图说五线谱[M]. 上海：世界书局，1934：1.

[4] 兰生. 简明图说五线谱[M]. 上海：世界书局，1934：30.

教科书最大的特点即如它的名称所示，以图解惑，虽短小，却以图文并茂将知识点讲解得清晰明了。每一个知识点都配有详尽的图片解析，页面构图也很流畅美观。如在讲解长调和短调时，会在大小调各调的五线谱例下配以钢琴键盘，用首调音名标记各调主音音阶在键盘上的位置，通俗易懂，很适合初学者的普及性教学。

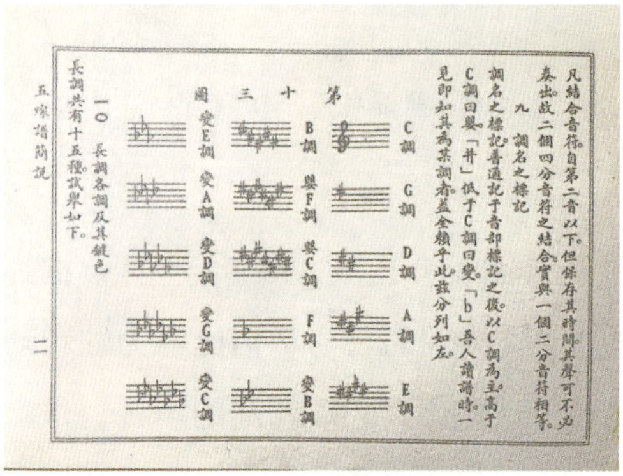
凡結合音符。自第二音以下。但保存其時間。其聲可不必奏出。故二個四分音符之結合。實與一個二分音符相等。

九 調名之標記

調名之標記普通記于音部標記之後。以C調為主。高于C調曰嬰。「#」低于C調曰變。「b」吾人讀譜時。一見即知其為某調者。蓋全賴乎此。茲分列如左。

C調　G調　D調　A調　E調
B調　嬰F調　嬰C調　F調　變B調
變E調　變A調　變D調　變G調　變C調

第十三圖

一〇 長調各調及其鍵色

長調共有十五種。試舉如下。

五線譜簡說　二

3—14

图 3—14　《简明图说五线谱》中的“长调各调及其键色”图示

教材还有附录部分，收录欧美名曲16首，都是单声部大调音乐，各曲目及调式调性如下：《春草》（G大调）、《战场之月》（F大调）、《旧友》（D大调）、《船》（D大调）、《秋山》（C大调）、《故乡》（C大调）、《最后之玫瑰》（E大调）、《朝日》（♭E大调）、《蝴蝶》（G大调）、《雪》（G大调）、《燕》（D大调）、《晓星》（♭E大调）、《樱花》（♭B大调）、《湖上之花》（C大调）、《晚霞》（D大调）、《萤》（F大调）。

5.《乐理教科书》（第一册）

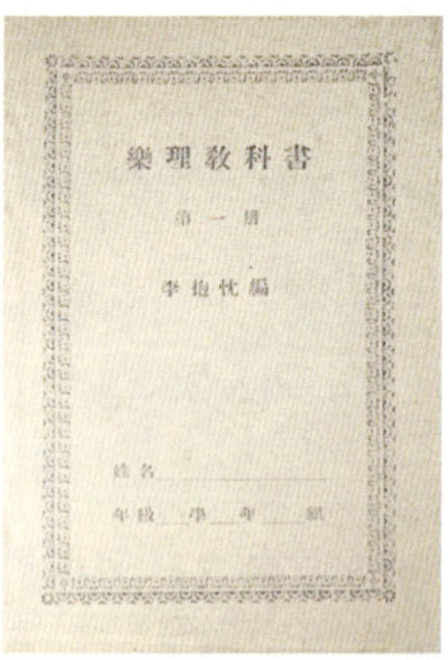

3—15

图 3—15　《乐理教科书》（第一册），李抱忱编，中华乐社，1932 年

《乐理教科书》（第一册）由李抱忱编写，由中华乐社1932年初版。

《乐理教科书》是李抱忱在育英中学任教期间根据自己之前在燕京大学读音乐教学法时学到的知识和教学经验，同时还参考了相关的中外书籍所编写的教学用书。目前笔者仅见教科书第一册，按书后所附“李抱忱编各种音乐书籍”所列书目，以及查阅《民国时期总书目　中小学教材》所见，均未有其他册数呈现。教材共14课，分别为“总论”“谱表”“音符（一）”“休止符（一）”“小节；拍；时间记号”“音符及休止符（二）”“学而时习之”“表情记号”“其他记号”“钢琴与五线谱”“婴号；变号；本位号”“音阶”“婴号首音记号”“温故而知新”。教科书也是图文并茂，每一个知识点都配有相应的图片说明，并且在目录中把插图的名称和页码都罗列出来，便于读者查找。图片包括“谱表的‘基本军’”“谱表的最后改善”“高音部记号”“低音部记号”“大谱表”“线与空的数法”“谱表的‘义勇军’”“音名”“小节与节线”“小节内拍子的轻重”“常用时间记号”“音符及休止符”“音符对照表”“附点音符及附点休止符”“反复记号”“键盘与五线谱”“钢琴上黑键的名称”“婴号，变号，本位号”“模范长音阶”“五音音阶与长音阶的对照”“C调长音阶与G调长音阶的对照”“G调长音阶与D调长音阶的对照”“婴号首音记号”。

编者指出教科书的第一册是为初中一年级写的，但在当时中国音乐教育并不振兴的时候，“初中一的音乐程度与高中一的音乐程度差也差不了许多；同时高中一的音乐程度又与大学一年的音乐程度差不了多少；总而言之，都是一样的不好。所以暂时初高中均可采用”[1]。

除了一般乐理教科书的特质外，教科书的行文中还体现出以下几个性特质：

第一，编者对乐理教学在音乐教育体系中的地位有着客观的定位。这体现在“序”中对教科书教学进度的安排建议上，编者提出对于一星期上课两次的音乐班，一学期可以将一册学完；对于一星期上一次课的音乐班，一学年学完该册。不建议比这个进度快，因为“在班上不只是学乐理，还有唱歌，欣赏等重要的工作呢”[2]。可见，编者并没有把乐理的学习放于唱歌和欣赏之上，甚至认为唱歌和欣赏更为重要。

第二，编者对于音乐的价值有着准确的描述。编者认为音乐的价值主要体现在四个方面，首先，体现在人的精神生活层面寻求的人生目标；其次，美是艺术能给予人高层次的精神生活，“精神生活的标准就是美，精神生活的稠剂就是艺术”；再次，音乐是艺术中最直接作用于人的感性诉求与表达的，因为“音乐的声音能直接感应筋肉；所以音乐能令人‘手舞足蹈’，能令人‘摇头晃脑’”；最后，音乐最具有社会性和大众普及性，并能全面陶冶人的性情，因为“里面有团结，有合作，有牺牲，有互助；包含着暗示着宇宙的真美善”。[3]

第三，编者的行文表达不囿于一般乐理教科书的理性枯燥，而是具有幽默风趣的个性特点，具有很强的可读性。教科书行文多以“我们”为主语，多叙述化、形象化的表达，使得知识点在承上启下、亲切流畅的语言中自然地呈现，避免了一般乐理教科书的死板和枯燥。比如，在讲到五线谱时，编者写道：“所以五线谱是什么？不过是摆下一座谱表阵，里面安置些音符，休止符等兵卒来往巡逻呼应，再有些时间记号，表情记号，首音记号等将军来四下里镇守就是了。若有人领你进阵去参观，为你稍微一指点，你就要了如指掌，觉得里面秩序井然，繁而不乱。若是你冒［贸］然的自己冲进去，你就要觉得里面天翻地覆，神出鬼没，烧得你焦头烂额的跑出来。”[4]在讲解婴号

[1] 李抱忱. 乐理教科书：第一册[M]. 北平：中华乐社，1932：序1.
[2] 李抱忱. 乐理教科书：第一册[M]. 北平：中华乐社，1932：序1.
[3] 李抱忱. 乐理教科书：第一册[M]. 北平：中华乐社，1932：1.
[4] 李抱忱. 乐理教科书：第一册[M]. 北平：中华乐社，1932：7.

（即升号）、变号（即降号）时，书中写道：

看第十六图键盘与五线谱的对照表时就可以知道键盘上的白键已经将五线谱上所有的线与空都占据的毫无隙地了，剩下这群可怜的‘小黑子’们无家可归。但是长此以往，‘小黑子’们那里能忍受，于是开联合会议想出以武力抢夺地盘的方法来。‘婴C’这个‘小黑子’抢了C的地盘后，就将他的‘♯’得胜旗高插门外；‘变E’这个‘小黑子’抢了E的地盘，也将他的‘♭’得胜旗高插门外；其余的‘小黑子’们也都将他们的婴号变号得胜旗插在门外以表扬他们的战绩。因此在谱表上黑白中间地盘的争竞是永没有止息的……婴D左边有‘♯’，变D左边有‘♭’，与在新搬家的家门外贴的那个‘某姓移此院内’的纸条是一样的意思。D音左边也没有‘♯’，也没有‘♭’，就如同在一处已经住了许多年的老户人家，用不着在门口贴着‘某姓住此院内’的纸条似的。[1]

如此妙趣横生的比拟，在书中无处不在，使枯燥的音符有了生动的形象，又与学生的生活相联系，比之简单乏味的概念呈现，更能使人领会各个乐理知识的内涵、用处与写法，使人读了还想往下读。

教科书的表述具有强烈的个性化特质，这是其优点，但难以避免主观性太强的弊端。比如，在介绍中国的五音音阶时，编者写道："五音音阶是古代未开化民族用的音阶。我国现时虽有长音阶，理论上也早就有十二律的半音阶，但我国的音乐仍是多建造于五音音阶，这是不可讳言的事实。所以五音音阶现在可以说是我国的音阶，故特为画图细讲，编者认为这只证明我国音乐的简单（根本音阶上就简单）与落后，而不是我国什么光荣……"[2]编者对于我国五声音阶的态度是非常消极的，以西方乐理体系为标准来衡量中国传统音乐创作，这本就是一种审美价值判断的失衡，是一种对待中国传统音乐的不公平态度。如果只将其理解为一种个人的喜好，则我们难以对其进行批驳，但如果载入教科书中，就会被默认为是一种规范化的标准，从而影响读者的审美好恶与价值判断，这显然是不合适的，甚至可以说是一种很严重的误导。

6. 《初中乐理》

3—16

图 3—16　《初中乐理》，吴伯超编，北新书局，1933 年

[1] 李抱忱. 乐理教科书：第一册[M]. 北平：中华乐社，1932：58-59.

[2] 李抱忱. 乐理教科书：第一册[M]. 北平：中华乐社，1932：67.

《初中乐理》由吴伯超编写，北新书局1933年初版。吴伯超（1903—1949），江苏武进（今常州）人，作曲家、指挥家和音乐教育家。早年曾师从刘天华学习二胡，1922年入北京大学音乐传习所学习，1927年毕业后任上海国立音乐学院助教，教授二胡和钢琴；1931年，获得中比庚子赔款名额，赴比利时布鲁塞尔皇家音乐学院留学，师从著名指挥家舍尔兴。1936年回国，继续受聘于母校，教授视唱练耳、乐理、钢琴、指挥法及二胡等课程。抗战期间，吴伯超历任广西省艺术师资训练班主任等职。他工作之余还积极投身抗日救亡歌曲的创作和歌咏活动中，创作并指挥演唱了一大批抗战歌曲。

《初中乐理》依据1932年教育部颁发的《初级中学音乐课程标准》编写而成，由教育部审定通过。按课程标准的规定，初中第一和第二学年主要学习乐典及音乐常识，第三学年学习和声学初步，因此教材也分为上、中、下三个篇章，后附“作曲法概论”。其中上篇为“乐典”，中篇为“音乐常识”，下篇为“和声学纲要”，各部分目录如下：

“乐典”部分含“总论”和七章内容——分别为“音名谱表及谱号”“音符及休止符”“拍子”“音阶”“音程”“句读法装饰音及记号”“音乐上所用之术语”。

“音乐常识”部分含六章内容，分别为“乐曲的形式”“复音乐曲的形式”“纯粹声乐”“器乐”“乐队的组织及音学会的种类”“音乐史的概要”。

“和声学纲要”部分含“总论”和十五章内容——分别为“三和弦”“三和弦的练习”“小调三和弦”“三和弦的转位”“结束及反覆进行”“七和弦”“副七和弦”“转调”“九和弦”“十一和弦及十三和弦”“变和弦及增和弦”“留音”“装饰音”“转调及横逆音”“长音”。

教科书在知识点的呈现和基本结构框架上与一般乐理教科书并无太大区别，然其编写思路却有独特之处。首先体现在教学流程建议与教科书呈现序列的不完全一致性上。虽然教科书的篇章划分有其归类性和循序渐进性，但不同类别的内容之间也有相对并行的独立性。因此编者在教学建议中提出不必严苛按照书本呈现的知识序列来教授，可根据实际教学情况对教学内容进行删减，即“教授的程序，在学生读完第三章之后，已具有音乐上基本的智识，就可把中篇的音乐常识同时并讲。下篇和声学纲要，倘第三学年不能读完，可在高中选修科的学程上，继续讲述”[1]。

另外，教科书在练习题的安排上也不追求多和全，唯在上篇的每章末尾附有问题，下篇附有和声题，而中篇并没有安排练习题，这并不是因为中篇的内容不重要，恰恰相反，中篇的每一章都是音乐学门下很大的音乐常识门类，还有大量的内容可供挖掘和学习，而限于中学生实际的基础和接受能力，教科书在这些门类下所呈现的仅仅是浅尝辄止的知识，所以也就不需要专门的练习题。

[1] 吴伯超. 初中乐理[M]. 上海：北新书局，1933：序言1.

7.《初中音乐　乐理课本一　读谱法》

3—17

图 3—17　《初中音乐　乐理课本一　读谱法》，朱稣典编，中华书局，1934 年

《初中音乐　乐理课本一　读谱法》是根据1932年《初级中学音乐课程标准》所编“初中音乐　乐理课本”三册中的一册，由朱稣典编写，徐小涛校对，中华书局1934年初版。本教科书与前述《初中音乐唱歌》相互补充，于初中音乐的乐理教学中配套使用。编者将乐理与唱歌教科书分开编写，是认为以往教科书将乐理知识穿插在唱歌中呈现的形式，会破坏乐理知识整体的逻辑性和结构化，把乐理按类别集中编排呈现，可“避去混合编制割裂散漫的弊病”[1]。

教科书是按乐理知识的逻辑性和学生学习的规律性来呈现的，分为八章。每章标题如下：“绪说”“关于音之长短的”“关于音之高低的”“关于音之强弱的”“关于音之快慢的”“关于音阶和调子的”“关于移调和转调的”“各种的标语及记号”。教科书并未像一般乐理教科书那样把音程的学习列入其中，是因为音程与读谱没有太大关系，更多的是与作品的分析相关，故而将其放入《初中音乐　乐理课本三　和声学初步》中。

教科书的主要特点如下：

第一，关注细节，便于查阅。教科书行文严谨，衔接紧密，每一段文字基本上涉及一个知识点或者概念要义的呈现，因此教科书给每一段都标记了序号，并在目录中呈现，便于学生查阅，如第一章第一节“乐谱的必要和发达［§1-§3］”，就表明这一知识点是在教科书第一节的第一至三段中。

第二，图文并茂，详细解读。教科书除了用文字对知识点进行讲解外，还配有大量的图示用以形象生动地说明。在知识点的呈现上也尽可能详尽，如讲到“音名”的概念时，分别列出了中国旧称，英、美，德、奥，法，意、日的音名写法用以对比，比一般乐理书只介绍英、美的音名要详致许多。

第三，鼓励思考，强调反馈。教科书在每章后面都附有问题和练习，以鼓励学生积极思考，并将所学知识运用于解决实际问题，如第六章“关于音阶和调子的”后面的问题和练习共有18题，除各种概念的复述以外，还包括为特定调号音阶增加升降号、标记调名及主音位置、填长短音阶调名、练习写长短音阶、根据音阶识别特殊调式等练习。

[1] 朱稣典. 初中音乐　乐理课本一　读谱法[M]. 上海：中华书局，1934：编辑大意1.

但教科书中有些知识点和练习题未免超出了初中生的能力范围，并且陷入了纯粹理性的练习中，缺失了音乐的审美实践趣味，如第五章“关于音之快慢的”的问题和练习中，最后一道练习题为“下列乐曲，如照M.M. ♩=96的速度记号，奏唱一遍，要多少时间？如若在三分钟间，奏唱两遍，应改用怎样的记号？并奏唱几遍看，是否正确？”[1]这样的练习题，虽有应用之实，但是实际并无应用之意，不但不能提高学生识谱读谱的能力，反而使学生陷入枯燥的数据计算中，毫无音乐的审美之趣。

8.《初中音乐　乐理课本二　音乐常识》

《初中音乐　乐理课本二　音乐常识》由徐小涛编写，朱稣典校对，中华书局于1934年初版，是前述“初中音乐　乐理课本”的第二册。

教科书主要概括介绍一些关于音乐史、音乐的分类、音乐的价值等基本常识性问题，共分为七章和附录章，即“音乐之意义”“音乐发达概况”“音乐之分类”“人声与声乐曲”“乐器与器乐曲、古典派音乐与浪漫派音乐、绝对音乐与标题音乐、音乐与人生”；附录为“欣赏用的留声机唱片”。教科书延续了第一册的风格，为每段都编上了序号以方便查阅，每章末尾都有问题对本章内容进行复习巩固。

教科书以图文并茂的形式对知识点进行解读，多以叙述化的语言和讲故事的形式对概念性的东西进行描述，可谓深入浅出。更值得一提的是，教科书在开篇对于音乐的定位和本质的解读，首先把音乐定位于“艺术”，将其与非艺术学科区分开来；接着强调音乐是“音”的艺术，因其抽象性的特质将它与绘画、雕塑、建筑等其他艺术形式区分开来；最后在解读音乐的抽象性时，其观点十分接近“绝对表现主义”的立场，将看重音乐作为一种与人的感觉息息相关的艺术——“他只用一种空漠广泛的、不可捉摸的音，巧妙地连接起来，就能够把人们潜在于内心的感情表白出来”[2]。这样的解读将音乐放在一个具有自我独立审美价值的位置上，而不是隶属于德育和智育的范畴，可见当时人们对音乐和音乐价值的思考已日渐深入和客观，这也可以看作对当时生搬硬套的“党化教育”的一种矫正。

9.《开明音乐教本　乐理编》

3—18

图 3—18　《开明音乐教本　乐理编》，丰子恺、裘梦痕编，开明书店，1937 年第 5 版

[1] 朱稣典. 初中音乐　乐理课本一　读谱法[M]. 上海：中华书局，1934：48.

[2] 徐小涛. 初中音乐　乐理课本二　音乐常识[M]. 上海：中华书局，1934：1.

《开明音乐教本　乐理编》与上述《开明音乐教本　唱歌编》属于同一个系列的教科书，同样由丰子恺和裘梦痕编写，开明书店1935年初版，1937年再版。这本教科书共有四篇，分别为“读谱法”“音乐常识”“和声学初步”“小歌曲作法”；整本教科书分三个学年来教授，其中“读谱法”和“音乐常识”（上半）为第一学年；“音乐常识”（下半）和“和声学初步”（上半）为第二学年；“和声学初步”（下半）和“小歌曲作法”（课外）为第三学年；不过教师亦可根据实际情况灵活调配。后来裘梦痕将第一、二篇分别抽出，加以修改、完善，独立发表，名为《读谱法》和《音乐常识》，前者由春风音乐教育社1938年出版，后者由春风音乐教育社1939年出版。

“读谱法”相当于今日乐理教科书中的“记谱法”，主要是识读乐谱所需要的各项知识，基本内容见表3-5：

表 3-5　“读谱法”基本内容

章题	基本内容
第一章　乐谱的组织	第一节　谱表
	第二节　音符与休止符
	第三节　拍子
	第四节　速度
	第五节　标语及记号
第二章　音阶	第一节　长音阶
	第二节　短音阶
	第三节　转调

“音乐常识”主要是讲述音乐的意义、音乐的历史以及与音乐欣赏有关的各项知识，主要内容见表3-6：

表 3-6　“音乐常识”基本内容

章题	基本内容
第一章　音乐的意义	
第二章　音乐发达概况	第一节　古代的音乐
	第二节　中世的音乐
	第三节　近世的音乐
第三章　音乐的分类	
第四章　人声与声乐曲	

（续表）

章题	基本内容
第五章　乐器与器乐曲	第一节　乐器的分类
	第二节　弦乐器
	第三节　管乐器
	第四节　打乐器
	第五节　键盘乐器
	第六节　乐器的组织
	第七饰　器乐曲形式
第六章　古典派音乐与浪漫派音乐	第一节　古典派音乐
	第二节　浪漫派音乐
第七章　绝对音乐与标题音乐	
第八章　音乐与人生	

这一篇章中关于音乐意义的论述值得探讨，编者从感觉的特性、层次出发，通过生动形象的比喻，将美术与音乐定性为由人类“高等感觉”造出的、富有修养的、人人平等而共享的艺术。其表述如下：

我们的感觉中，视觉与听觉两者，性质特异，称为‘高等感觉’。其所以称为高等者，有两个原因。第一：其他的感觉，如味觉，嗅觉等，意义浅薄，不须修养与进步。视觉与听觉则意义深刻，且必须因修养而进步。第二：其他的感觉，感觉的对象常只限一人（或少数人）所占有。例如一粒糖，被张三吃了，只限张三一人感觉甜，他人不得与之共享；要共享时必须把糖分开，减少各人所享受的分量。视觉与听觉就不然。例如一幅画，或是一曲歌，张三、李四、王五、赵六等大众皆得平等地看或听，决不因了人多而减少享受的分量。因这原［缘］故，视觉与听觉被称为高等感觉。人类为高等感觉造出两种艺术来，即‘视觉艺术’与‘听觉艺术’。视觉艺术中主要者是美术（绘画、雕塑、建筑），听觉艺术中主要者是音乐。

故美术是用眼观赏的形状与色彩所构成的艺术；音乐与之相对，是用耳听赏的声音所构成的艺术。[1]

关于音乐史的内容只是在讲述中国古代音乐时略微提及了一下，其余均是西方音乐历史的回溯。但在进入第二章第三节“近世的音乐”时，并未像一般的音乐史教科书那样按不同时期的音乐风格流派进行梳理，而是按音乐类别的四次进展进行了讲述：

第一次是音乐脱离宗教而独立为艺术品，即音乐不复为宗教的装饰品而自成一艺术了。第二次是器乐的勃兴，即宗教时代音乐重用声乐，到了近世而重用器乐了。第三次是单音乐的成立与乐曲形式的发达，即中世所用的复音乐到了近世而变成单音乐，产生朔拿大等大曲形式了。第四次是标题音乐的兴行与乐剧的建设，即用音乐描写事象，用音乐构成戏剧，那是音乐的最高度的发达了。[2]

[1] 丰子恺，裘梦痕. 开明音乐教本　乐理编[M]. 上海：开明书店，1937：56.

[2] 丰子恺，裘梦痕. 开明音乐教本　乐理编[M]. 上海：开明书店，1937：68.

可以看出，一些专有名词的表述与当今的规范化表述有所不同，比如“单音乐”与“复音乐”就是今日所说的主调音乐和复调音乐，“朔拿大”是“Sonata”的音译，也就是奏鸣曲。此外，书中的“洋琴”指的是钢琴，“怀娥铃”指的是小提琴，“赛洛”指的是大提琴。

“和声学初步”主要从音程与和弦入手，给学生构建了多声部的概念，并附有一些音程与和弦构建的练习。不过与当今的和声教程相比，少了关于乐曲的分析。这一部分基本内容见表3-7：

表 3-7 “和声学初步”基本内容

章题	基本内容
第一章 音程	第一节 十四音程
	第二节 音程名称解说
	第三节 变体音程
	第四节 音程的转位
	第五节 音程的协和
第二章 三和音	第一节 三和音之组织
	第二节 四声部
	第三节 和音的进行
	第四节 和音的连接
	第五节 和音进行上的禁避
	第六节 短音阶的进行
第三章 三和音的转位	第一节 原位三和音与转位三和音
	第二节 转位三和音的重复和连接
第四章 七和音	第一节 七和音的组织
	第二节 正七和音
	第三节 副七和音
第五章 转调及终止	第一节 转调
	第二节 终止
第六章 和声学的应用	

“小歌曲作法”讲解了一些西方歌曲创作的基本理论（见表3-8），鼓励学生大胆通过歌曲创作来表达心声。编者认为音乐是随着人类文化进步而产生的，是艺术化地表达喜怒哀乐的一种形式，所以它关乎人的情感。作曲的源流就是哭、笑、叹息与欢呼，人人都有感情，故而人人都可以研究音乐，都有作曲的潜质，只是一般人觉得作曲是一门专业性很强的学科，不敢染指，使得音乐成为供极少数人享乐的事物。与发达的西洋音乐对比可知，其中有个重要的原因是我国没有总结出一套行之有效的作曲法，这使得国人对音乐有所疏远。所以学生在学习了基本乐理常识后，接下来就可以学习并练习歌曲的作法了。这部分内容在“例言”中有注明为“课外”，故可以推测应该是学有余力之选修。

表 3-8 “小歌曲作法”基本内容

章节	基本内容
第一节	作曲的始原
第二节	旋律的解剖
第三节	旋律的构成
第四节	旋律的进行
第五节	节奏与拍子
第六节	旋律的开始及终止
第七节	旋律的基本形式
第八节	旋律与音域
第九节	旋律与调子
第十节	旋律与和声
第十一节	旋律与歌词
第十二节	结论

教科书的主体部分都是理论阐述，但这并不表示不注重音乐的聆听，除了上述四个篇章外，教科书在最末还附录有“蓄音片选”（即唱片选）这一内容，将书中所涉及的名曲或一些体裁中的经典作品一一列出，给出了十分详尽的信息，以供学生查找。条目中的方括号内标明的是乐曲体裁的简写，包括：〔管弦〕=管弦乐合奏（Orchestra）、〔弦合〕=弦乐合奏（String orchestra）、〔P独〕=洋琴独奏（Piano solo）、〔V独〕=怀娥铃独奏（Violin solo）、〔C独〕=赛洛独奏（Cello solo）、〔声合〕=混声合唱（Chorus）、〔声高〕=声乐高音部独唱（Soprano solo）、〔声中〕=声乐中音部独唱（Alto solo）、〔声次中〕=声乐次中音部独唱（Tenor solo）、〔声低〕=声乐低音部独唱（Bass solo）。正文部分中，方括号后面是曲名，依照A、B、C的首字母顺序排列，曲名后面的括号里是曲作者的名字，如果后面有两个括号，则第一个是曲注，第二个是人名，人名后面短横线后的括号内的数字是胜利（Victor）公司唱片的号码。若不止一个数目的，就表示不止一片。如“〔管弦〕*Carmen—Suite*（Bizet）—（55103）（736）”，这一条目指的是“管弦乐合奏《卡门组曲》（曲作者：比才），胜利公司唱片第55103号和第736号”。

三、综合音乐教科书

1.《小学校音乐集》

3—19

图 3—19 《小学校音乐集》，钱君匋、陈啸空编，开明书店，1927 年

《小学校音乐集》由钱君匋、陈啸空编，1927年开明书店出版，为国民政府行政院教育部审定参考用书，并注明为“春蜂乐会业刊之一”。钱君匋（1907—1998），原名王棠，别号豫堂、午斋，浙江桐乡人。钱君匋是我国近代史上集音乐、书法、绘画、篆刻、装帧于一身的著名艺术家之一。1924年毕业于上海艺术专科师范学校，师从丰子恺学习西洋画，师从刘质平学习音乐，师从吴梦非学习图案。与同学沈秉廉、邱望湘、陈啸空等组织“春蜂乐会”，创作抒情歌曲。1926年8月担任开明书店音乐、美术编辑。1938年7月创办全国首家以出版音乐刊物为主的万叶书店，被推举为经理兼总编辑，出版了大量音乐著作和译作。先后创作歌词、歌曲100余首，其中有许多儿童歌曲。

陈啸空（1903—1962），湖州荻港人。1922年考入上海艺术专科师范学校，师从刘质平学习音乐，师从丰子恺学习绘画。陈啸空也是“春蜂乐会”的作曲家之一。他一生创作儿童歌曲较多，曾与钱君匋合编《小学校音乐集》《小学生唱歌集》《孩子们的甜歌》等，作有歌曲《卫生十戒歌》《猫家三弟兄》《鹅大胖子》《牧童意》等。

《小学校音乐集》全书分六个部分，分别是“弁首语”“Preludio”“付印补记”“啸空歌曲之部”“君匋歌曲之部”“本集的简谱”。这本教科书为纯粹的歌曲集，共有40首歌曲，由陈啸空、钱君匋各创作20首。教科书使用五线谱记谱，并在最后一章给出本集的简谱。

弁首语由杨朗垣写成，他将音乐比作人精神的食粮，阐述了好的音乐在激发民族精神、培育新生人才中所起的重要作用，全文充满了感性色彩，并用极具号召力的语气鼓舞大家去创作和传播音乐，实施音乐教育，全文如下：

要求面包的叫声里，也混和着要求音乐的叫声！

面包，虽只一部分，终久［究］得到了。音乐怎么样？终搔不到自己心中的痒处。此外呢？沈［沉］寂如死的古乐，艳冶妖淫的俗乐，算了罢！

并且，我们都有一张张着吃面包的口，吃音乐的口在那里？我们有能力吸收那强健体魄振作精神的养料吗？

但是王光祈说：“凡有了国乐的民族，决不会亡的。”我总是乐观的相信中华民族的精神的存在。那么，澎湃郁勃的精神，正弥漫充满着，遇得了紧张着的心弦，终久［究］要琮琮的弹出。更能在将来一代的幼稚的心渊，鼓起洪潮，发为大声。

起来吧！努力创作！努力音乐教育！

杨朗垣写于湖滨公园，十四年十二月六日。[1]

40首歌曲分为“啸空歌曲之部”和“君匋歌曲之部”，其中“啸空歌曲之部”包括《小麻雀》《是谁美丽》《呀，那春天去了哟！》《喜鹊叫》《纸鸢》《月季花》《小猫》《我愿》《玛丽，

[1] 钱君匋，陈啸空. 小学校音乐集[M]. 上海：开明书店，1927：弁首语1.

你来呀。》《春游》《小妹妹》《春到了》《东风儿飘飘》《拿去送给小妹妹》《惜阴》《菜花黄》《春光好》《回家》《钓竿长》《来来来》。“君匋歌曲之部”包括《春风吹》《黄昏》《蝉说的话》《一天清早》《玫瑰》《雨后》《我们的姊姊妹妹》《打铁》《星》《摸金鱼》《一起来唱歌》《桃花》《绵羊儿乖乖》《冬天》《磨粉》《落叶》《太阳好似我的母亲》《风》《春天》《倘使吹到书桌上》。

教科书的歌曲蕴含着丰富的含义，在这本教科书中，歌曲的内容都是根据1923年《新学制课程标准纲要·小学音乐》来创作的，以描写动物、自然、生活、季节为主，歌词创作均从小学生的视角出发，符合他们的年龄特征。从小学生日常生活中取材，题材大致分为四个类别：生活情感类、动物植物类、风景节气类、教育启示类。具体分类如下：

①生活情感类。

生活情感类歌曲共计15首，占歌曲总数的37.5%，占比最大，主要内容是学生的日常生活与情感。具体歌曲见表3-9：

表 3-9 《小学校音乐集》中生活情感类歌曲

序号	曲名	页码
1	《是谁美丽》	第17页
2	《我愿》	第23页
3	《玛丽，你来呀。》	第25页
4	《小妹妹》	第27页
5	《拿去送给小妹妹》	第30页
6	《回家》	第35页
7	《钓竿长》	第36页
8	《来来来》	第37页
9	《我们的姊姊妹妹》	第48页
10	《打铁》	第49页
11	《星》	第50页
12	《一起来唱歌》	第53页
13	《磨粉》	第57页
14	《太阳好似我的母亲》	第60页
15	《倘使吹到书桌上》	第63页

②动物植物类。

动物植物类歌曲共计12首，占歌曲总数的30%。这类型的歌曲多描绘小学生较熟悉的动物、植物，运用拟人化的手法，把动物、植物表现得栩栩如生，让儿童感到更亲切。具体歌曲见表3-10：

表 3-10 《小学校音乐集》中动物植物类歌曲

序号	曲名	页码
1	《小麻雀》	第15页
2	《喜鹊叫》	第19页
3	《纸鸢》	第20页
4	《月季花》	第21页
5	《小猫》	第22页
6	《菜花黄》	第32页
7	《蝉说的话》	第44页
8	《玫瑰》	第46页
9	《摸金鱼》	第51页
10	《桃花》	第54页
11	《绵羊儿乖乖》	第55页
12	《落叶》	第59页

③风景节气类。

风景节气类歌曲共计12首，占歌曲总数的30%。这种类型的歌曲通常描写节气时令的风景，也采用拟人化的表现手法，将自然风景拟人化，让歌曲富有想象力。具体歌曲见表3-11：

表 3-11 《小学校音乐集》中风景节气类歌曲

序号	曲名	页码
1	《呀，那春天去了哟！》	第18页
2	《春游》	第26页
3	《春到了》	第28页
4	《东风儿飘飘》	第29页
5	《春光好》	第33页
6	《春风吹》	第41页
7	《黄昏》	第43页
8	《一天清早》	第45页
9	《雨后》	第47页
10	《冬天》	第56页
11	《风》	第61页
12	《春天》	第62页

④教育启示类。

教育启示类歌曲只有1首，占歌曲总数的2.5%，占比最小。这一类型的歌曲蕴含着深刻的教育意义，教育学生尊老爱幼、热爱学习、养成良好的生活习惯、珍惜时间等，使学生在歌唱过程中达到寓教于乐的目的。具体歌曲见表3-12：

表 3-12 《小学校音乐集》中教育启示类歌曲

序号	曲名	页码
1	《惜阴》	第31页

40首歌曲中，单声部旋律的歌曲26首，二声部和声歌曲11首，带有伴奏的歌曲3首。教科书中的歌曲节拍以四拍子为主，只有一首八拍子的歌曲。从音调上看，旋律简单不呆板，并带有中国五声调式的特征。歌曲的调性在三升三降内，以一升一降为主，调式以大调为主，只有一首小调歌曲。从音乐的结构上看，歌曲以一段体为主，也有几首歌曲是二段曲式，例如《玛丽，你来呀。》。总的来说，歌曲的音调与结构均比较简单明了，易于小学生学唱。

教科书还具有图文并茂的特点，极富童趣。在大部分歌曲的上方或下方，均配有相对应的插图。例如，描述某动物、植物的歌曲，一般会附上该动物、植物的图片；歌曲描写的是某一处的风景或事物，会附上相对应的风景或事物的图片。这样的插图的形式，不仅激发了学生的兴趣，增添了学生学习的趣味性，还对歌曲的内容进行了补充解释，有利于小学生对歌词的理解。

2. 《新中华教科书 音乐课本》

3-20

图 3-20 《新中华教科书 音乐课本》（第五册），朱稣典编，新国民图书社，1928 年

《新中华教科书 音乐课本》编者为朱稣典，由新国民图书社1927至1929年出版。

该套教科书实际有十二册，供小学六学年使用。前八册依据1923年教育部颁布的《新学制课程标准纲要·小学音乐》编写而成；后四册依据1929年教育部所制的《小学课程暂行标准·小学音乐》及1932年的《小学课程标准 音乐》编撰而成，故我们将其分开介绍，在此仅介绍前八册。

教材每册均由16课组成，以歌曲为主，各册目录如下：

第一册：《长音 短音》《高音 低音》《钟声》《猫来了》《我的马儿》《知了》《我爱我的小狗》《团团转》《月亮圆圆》《风雨》《太阳来了》《卖糖》《锣鼓》《小雀儿呀》《下雪》

《谢谢》。

第二册：《小小鸟》《大家这样做》《红花儿开》《跳绳》《老母鸡》《我来呀》《要是没有它》《燕飞来》《这是谁的声音》《刨刨刨》《枇杷》《兔子》《蜘蛛》《小小青蛙》《小花猫》《吹喇叭》。

第三册：《吃巧果》《满天星》《鸟语》《远远的看》《纺织娘》《衣裳》《原来是》《小宝宝》《跳舞》《一只橘子》《小蜗牛》《大鼓响了》《落叶》《城门》《什么东西响》《乌鸦》。

第四册：《大家都早》《向前走》《放纸鹞》《黄牛》《蜜蜂》《下种》《我愿》《电话》《假火车》《灯光》《风和花》《夏天到了》《一只胡琴》《欢迎来宾》《湖边》《袋鼠》。

第五册："五线谱上的位置"、《圆圈和声音》、"全音符二分音符四分音符　一只苹果"、《小狗》、《用国货》、"高音部记号C调音阶　我来学做"、"四分休止符二分休止符　大家努力"、《月亮》、《小军人》、《你可听得》、"八分音符　绿衣服"、《慢慢做他成功》、《不要怕》、"加点二分加点四分音符　我的家"、《走走走》、《送旧迎新》。

第六册："复习音乐的记号"、"音符的组织　康健"、"八分休止符　蜜蜂做客人"、"G调音阶　春日春风"、《蒲公英》、"低音　问蝴蝶"、《飞蛾》、《抵抗》、"纵线和小节"、《移去石头》、《谁敲门》、《钟的摆》、"十六分音符加点八分音符　大扫除"、《钟馗像》、《知了呀知了》、《夏天的早夜》。

第七册：《大中华》、《虫的音乐会》、"拍子和强弱　拍子记号"、《天河》、"D调记号　光明的心"、《两小鸟》、《实在做》、"强起和弱起　傲霜菊"、《祖母的眼镜》、"渔娘曲　反覆记号"、《夕阳影里》、《我要》、《互助》、《猎人》、《我的故乡》、《踏歌》。

第八册：《世界》、《造路》、《怕只怕》、"F调记号　微微春雨"、《大明镜》、《植树》、《同心》、《再见》、"音名和普通用的调子记号"、《八点钟》、《机器做工》、"强弱记号　布谷"、"农夫　高音部记号调子记号的写法"、"放大镜　音符休止符的写法"、《晨鸡》、《东流水》。

另外，第七、八册后附有几页空白五线谱，是为了方便教师指导学生进行写谱练习或抄写选修歌曲所用。

教科书整体布局严谨规范，兼具审美性与学科逻辑性，在与教科书配套的《新中华教科书　音乐课本教授书》中，编者在解读小学音乐教育的目的与价值时指出，技能上，在于能唱平易的歌曲，能识简易的乐谱，这是音乐教育相对的价值和手段；陶冶上，发展快乐活泼的天性，涵养和爱合群的情感，这是音乐教育的绝对价值和目的。由此可见，编者不仅将审美性与知识性结合起来，更是将审美作为音乐教育的本质与终极价值提出。

教科书的审美性首先体现在歌曲的选择上，词曲不以直白说教为目的，而是强调与儿童身心相符的和谐美好之作，如编者在第一册"编辑大意"中提及，歌词上"凡枯燥轻浮以及不合儿童心理者，皆所不取”，曲调上“均与歌词协和，力避强凑硬加之弊”。[1]其次，教科书的审美性还体现在图文并茂上，教科书不是简单的歌曲和曲谱的呈现，而是配以丰富的图画，以达成不同的辅助学习的目的。在前四册教科书中，没有曲谱，而是以生动有趣的图形谱，依据曲谱画出旋律线，并在旋律线上配以歌词，再附上与歌曲主题相关的漫画。如第一册第二课《高音　低音》，分别用长竖线和短竖线代表高音和低音，配上两个孩子分别放长线风筝和短线风筝的图片；第一册第四课《猫来了》则在图形谱上方配有两幅猫抓老鼠的简笔画；第五册第一课“五线谱上的位置”，将五线谱的五线看作树枝，画了五只小鸟停留在树枝上，而线与线之间的“间”，则画上飞翔的小鸟，使学生能够迅速直观地掌握五线谱的形态。第五册开始呈现曲谱，但同样在一些歌曲后面附有相关场景图，如第五册第十五课《走走走》，在曲谱下方配上年龄衣着性别各异的人在人行道上按“靠左行”的规则行走的图片，极富生活气息，从而达成教育目的。

教科书在保证审美的基础上，并未牺牲其学科的逻辑性。学科逻辑性体现在对儿童音乐学习心理和生理特点尊重的基础上，歌曲和知识点的安排遵循循序渐进的原则。编者将儿童的音乐学习阶段分为四个时期，即“一、盲目的效仿期，二、自觉服从期，三、自发的活动时期，四、反省的活动时期”[2]。这在教科书中也得到了严谨的体现，在歌曲的选择上，第一册“编辑大意”中提到“多合于儿童的音域，依学年的不同，渐次增广”[3]，教科书中的歌曲以C，G，F调为主，拍子多用$\frac{2}{4}$、$\frac{4}{4}$和$\frac{6}{8}$，歌曲长短适宜，多控制在16小节到32小节之间；在知识点的呈现上，如前所述，一、二年级以听唱为主，并不呈现曲谱，曲谱在《新中华教科书　音乐课本教授书》中呈现，以供教师教唱，符合儿童喜欢唱游的身心特点。从第五册开始教授识读五线谱，呈现曲谱，并按从易到难的原则安排乐理知识的学习。另外，教科书在知识的呈现上还显示出螺旋式上升的设计。学科逻辑性还体现在遵从音乐学习实践性的特点，乐理知识总是依傍着歌曲呈现，在歌曲的学习中得以运用，这非常符合音乐是在具体实践中展开和感悟的特点，如第六册第四课在讲G调音阶时，随附的歌曲《春日春风》即为G大调，且旋律以音阶的级进为主，便于学生练习。另外，在五线谱的呈现上，第五、六册为加粗加黑体，以易于学生辨认，随着学生对五线谱逐渐熟悉，到第七册稍变细，第八册的五线谱开始以正常字体显示。

与教科书配套的《新中华教科书　音乐课本教授书》附有每个学期的音乐教学法总说明一篇，每课附教学说明，包括目的、歌词、曲谱、奏琴法、教学法等，教学法极为详尽，甚至连教师与学生该如何对话都有示例，还有教师该如何根据不同的教学情境、学生回答问题的实际情况更改教学内容。以上可以显见作者的细致与良苦用心。

[1] 朱稣典. 新中华教科书　音乐课本：第一册[M]. 上海：新国民图书社，1927：编辑大意1.

[2] 罗晓慧. 民国音乐教育价值观及其在小学音乐教科书的体现[J]. 全球教育展望，2014（1）：124.

[3] 朱稣典. 新中华教科书　音乐课本：第一册[M]. 上海：新国民图书社，1927：编辑大意1.

3.《中等学校乐理唱歌合编》

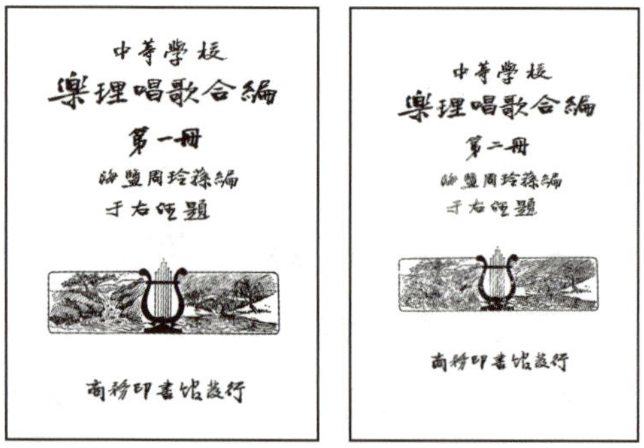

3–21

图 3–21 《中等学校乐理唱歌合编》（第二册），周玲荪编，商务印书馆，1933 年

《中等学校乐理唱歌合编》编者为周玲荪，是1922年出版的《中等学校唱歌集》的修订版本，共两册。编者根据实际教学经验和需求，将原本打算增补《中等学校唱歌集》第一、二编的乐理和歌曲，改名为《中等学校乐理唱歌合编》，1933年由商务印书馆出版。

教科书仍然由郭秉文、古文字学家顾实分别作序，于右任题词。两篇序与《中等学校唱歌集》中的序基本内容一致，只是适时作了一些应景的变更，其中郭秉文的序补充内容更多一些，并对教科书的内容和基本特点作了概括：

古有六艺，乐居其一。举凡历聘，朝飨，游宴，送别，莫不有歌。所以致诚敬，达性情。自雅乐云亡，士夫乃缄口不言乐。反不如村童牧竖，短笛无腔，尚足发抒其天籁。学校兴，而弦诵作。沈心工小学唱歌集，风行于二十年前，学子无不人手一册，呜呜传习。比年以来，乃反沈［沉］寂。中学以上，更少专集。间有习者，率用西文歌；然在学者未必皆娴西文，全能了解歌词之意义。且为唤醒我国民族精神计，学者尤宜多唱本国歌。周君玲荪，潜心音乐，曾任南高，东大，中大教授有年。课暇编辑中等学校唱歌集两大册，业由商务印书馆印行，风行全国。当第三版付印时，曾将书中材料完全修新，分订三册，正在制版印刷中，惨遭国难，原版尽毁，深为可惜！现周君又将旧稿重行整理，凡已稍陈旧之歌谱，尽行删去。增加新著歌曲甚多，第一、二册内，并补加乐理，使乐理与歌曲并重；且以乐理为纲目，歌曲为应用之例。前后贯通，互相联络。俾初学者可得事半功倍之效，在我国音乐书中，别开生面。该书内容既已改变，自不宜再用唱歌集之原名，故改名为中等学校乐理唱歌合编，余与周君共事甚久，相知甚深，爰述本书编辑概况，以作介绍。吾知爱好音乐之同志，必以先睹为快也。[1]

顾实的序只有个别改动，不再赘述。

与《中等学校唱歌集》相比，修订后的教科书结构更加严谨，内容更加翔实且分布合理，同时延续了原教科书的文学美，具体分析如下：

第一，结构严谨，内容翔实。教科书共两册，第一册共三十二课，第二册共十六课，按每两周一课计，可供初中三年使用。各册基本内容见表3–13、表3–14：

[1] 郭秉文. 序一[M]//周玲荪. 中等学校乐理唱歌合编：第一册. 上海：商务印书馆，1933：1.

表 3-13 《中等学校乐理唱歌合编》（第一册）基本内容

课题	基本内容
学习唱歌应注意的事项	1. 关于姿势上应该注意的事项 2. 关于卫生上应该注意的事项 3. 练习时应该注意的事项
第一课 音符	1. 单纯音符 2. 单附点音符 3. 双附点音符 4. 三连音符 5. 练习题目
第二课 休止符	1. 单纯休止符 2. 附点休止符 3. 练习题目
第三课 谱表和音名	1. 谱表上线间的数法 2. 高音部记号 3. 低音部记号 4. 键盘和乐谱对照图 5. 练习题目
第四课 节拍	1. 单纵线 2. 复纵线 3. 拍子 4. 练习题目
第五课 C调长音阶	1. C调长音阶键盘和谱表对照图 2. C调长音阶读谱练习 3. 长C调音阶练习 4. 歌曲练习 《党歌》《三民主义》《秋季开学》《早秋》《及时为学》 5. 练习题目
第六课 发声练习	1. 发声练习的要领 2. 人声的区域 3. 声区练习法 4. 发声于生理上的关系 5. 基本练习 6. 歌曲练习 《国旗》《秋景》《蟋蟀》《秋季运动会》《小舟》 7. 练习题目
第七课 发韵练习	1. 五母韵的口形 2. 发韵练习曲 3. 基本练习 4. 歌曲练习 《爱国歌》《同胞醒了》《中山先生》《前进》《散步》 5. 练习题目
第八课 呼吸练习	1. 呼吸练习法 2. 乐曲上吸息的用法 3. 呼吸练习曲 4. 基本练习 5. 歌曲练习 《同胞》《读书乐》《行易知难》《雪》 6. 练习题目

（续表）

课题	基本内容
第九课 婴变和本位记号	1. 婴变和本位记号的形状，名称，作用 2. 当临时记号用 3. 当调子记号用 4. 双婴和双变记号 5. 基本练习 6. 歌曲练习　《中华民国》《血钟响了》《追悼同学》 7. 练习题目
第十课 音程一	1. 普通音程 2. 变体音程 3. 二度音程练习 4. 歌曲练习　《义勇军进行歌》《布谷》《庄周梦》 5. 练习题目
第十一课 音程二	1. 协和音程与不协和音程 2. 音程的转回 3. 音程识别法 4. 三度音程练习 5. 歌曲练习　《春景》《劝学》《小草》《踏青》 6. 练习题目
第十二课 G调长音阶	1. G调长音阶键盘和谱表对照图 2. 三度音程练习 3. 长G调音阶练习 4. 歌曲练习　《新中国》《黄河》《我们需要战争》 5. 练习题目
第十三课 F调长音阶	1. F调长音阶键盘和谱表对照图 2. 四度音程练习 3. 长F调音阶练习 4. 歌曲练习　《欢迎新年》《认识国历》《春游》《晚眺》 5. 练习题目
第十四课 强弱练习	1. 关于乐曲一部分的强弱记号 2. 附记于乐曲中一音符上面，表示特别加强的记号 3. 强弱练习曲 4. 四度音程练习 5. 歌曲练习　《植树节》《胡不归》《春兴》 6. 练习题目
第十五课 缓急练习	1. 关于乐曲全体的速度记号 2. 关于乐曲一部分的速度记号 3. 拍节器 4. 四度音程练习 5. 歌曲练习　《国耻纪念》《和平奋斗救中国》《农家四时乐》《送别》 6. 练习题目

（续表）

课题	基本内容
第十六课 D调长音阶	1. D调长音阶键盘和谱表对照图 2. 五度音程练习 3. 长D调音阶练习 4. 歌曲练习 《中国童子军》《美哉中华》《国历节令歌》《国殇曲》 5. 练习题目
第十七课 变B调长音阶	1. 变B调键盘和谱表对照图 2. 五度音程练习 3. 长变B调音阶练习 4. 歌曲练习 《黄花岗七十二烈士纪念》《报国仇》《梅花》《追悼黄兴蔡锷二公歌》 5. 练习题目
第十八课 省略记号	1. 小节省略记号 2. 反复法 3. 音符省略记号 4. 五度音程练习 5. 歌曲练习 《国庆纪念》《凯旋》《菊花》 6. 练习题目
第十九课 A调长音阶	1. A调长音阶键盘和谱表对照图 2. 六度音程练习 3. 长A调音阶练习 4. 歌曲练习 《庆祝总理诞辰》《秋柳》《废除不平等条约》 5. 练习题目
第二十课 变E调长音阶	1. 变E调长音阶键盘和谱表对照图 2. 六度音程练习 3. 长变E调音阶练习 4. 歌曲练习 《古从军行》《乌羊之孝》《公民信条》《上前线去》 5. 练习题目
第二十一课 移调，转调和改拍	1. 移调，转调，改拍 2. 六度音程练习 3. 移调歌曲练习 《陇西行》 5. 转调和改拍歌曲练习 《送出师西征》《汤山》 6. 练习题目
第二十二课 E调长音阶	1. E调长音阶键盘和谱表对照图 2. 六度音程练习 3. 长E调音阶练习 4. 歌曲练习 《自励》《清明》《卿云歌》《蝉》 5. 练习题目
第二十三课 变A调长音阶	1. 变A调长音阶键盘和谱表对照图 2. 七度音程练习 3. 长变A调音阶练习 4. 歌曲练习 《锦绣江山》《海滨》《春夜》《蚁战》 5. 练习题目

（续表）

课题	基本内容
第二十四课 表情用语一	1. 表情记号 2. 七度音程练习 3. 歌曲练习　《思故乡》《冬》《病中吟》 4. 练习题目
第二十五课 B调长音阶	1. B调长音阶键盘和谱表对照图 2. 七度音程练习 3. 长B调音阶练习 4. 歌曲练习　《赛跑》《燕子》《明湖夜游》 5. 练习题目
第二十六课 变D调长音阶	1. 变D调长音阶键盘和谱表对照图 2. 八度音程练习 3. 长变D调音阶练习 4. 歌曲练习　《织》《梦》《五分钟》 5. 练习题目
第二十七课 表情用语二	1. 最通用的表情用语 2. 八度音程练习 3. 歌曲练习　《天清似水》《民族》《民权》《民生》 4. 练习题目
第二十八课 婴F调长音阶	1. 婴F调长音阶键盘和谱表对照图 2. 八度音程练习 3. 长婴F调音阶练习 4. 歌曲练习　《晓》《国音字母歌》 5. 练习题目
第二十九课 变G调长音阶	1. 变G调长音阶键盘和谱表对照图 2. 视唱练习 3. 长变G调音阶练习 4. 歌曲练习　《四时读书乐》《农工商学兵》 5. 练习题目
第三十课 杂记号	1. 顿音记号 2. 延声记号 3. 弧线 4. 踏板记号 5. 最高音和最低音的记谱法 6. 视唱练习 7. 歌曲练习　《运动会》《阳春曲》 8. 练习题目
第三十一课 婴C调和变C调长音阶	1. 婴C调长音阶 2. 变C调长音阶 3. 视唱练习 4. 歌曲练习　《苏轼诗》《渔翁》《万岁楼》《秋雨潇潇》 5. 练习题目

（续表）

课题	基本内容
第三十二课 装饰记号	1. 普通所用的装饰音的种类 2. 视唱练习 3. 歌曲练习　《忠实的Joh-nie》《古柏》《休业式》 4. 练习题目
附简谱记法并参考歌谱	1. 用简谱替代各种音符和休止符的方法 2. 简谱和正谱音符休止符对照表 3. 名歌选集　《霓裳羽衣曲》《满江红》《苏武牧羊》《诸葛孔明》《木兰辞》《板桥道情》 4. 名曲选集　《梅花三弄》《平沙落雁》《浪淘沙》《乌夜啼》

表 3-14　《中等学校乐理唱歌合编》（第二册）基本内容

课题	基本内容
第三十三课 短音阶一	1. 自然的短音阶 2. 和声的短音阶 3. 旋律的短音阶 4. 三种短音阶的区别 5. 短音阶音阶图 6. 视唱练习　短音阶练习曲（一） 7. 歌曲练习　《金陵怀古》《秋兴》 8. 练习题目
第三十四课 短音阶二	1. 婴种短音阶 2. 变种短音阶 3. 婴变两种短音阶的调号 4. 视唱练习　短音阶练习曲（二） 5. 歌曲练习　《秋之夜》《追悼蔡公时》 6. 练习题目
第三十五课 短音阶三（附转调及半音阶）	1. 检调法 2. 关系短音阶 3. 同主短音阶 4. 转调 5. 半音阶 6. 视唱练习 7. 歌曲练习　《落叶》《秋风辞》 8. 练习题目
第三十六课 人声的分类（附中音谱号的用法）	1. 女声声域 2. 男声声域 3. 男女混合四部声域 4. 女声三部音域 5. 男声三部音域 6. 中音谱号的用法 7. 各谱号音位比较表 8. 视唱练习　复音音阶练习曲 9. 复音歌曲练习　《衣》《远行》 10. 练习题目

（续表）

课题	基本内容
第三十七课 和声纲要一（三和音）	1. 音域 2. 进行 3. 三和音的概例 4. 三和音的解剖 5. 重复音及废除音 6. 位置 7. 视唱练习 《静夜》 8. 复音歌曲练习 《夜归鹿门》《黄昏》 9. 练习题目
第三十八课 和声纲要二（三和音连合的规则）	1. 三和音连合规则 2. 结尾之例 3. 连续八音及连续五音 4. 密集和声与开离和声 5. 婴变及本位记号特别的用法 6. 增音的忌避 7. 视唱练习 《秋歌》 8. 复音歌曲练习 《花蝶》《火车》 9. 练习题目
第三十九课 和声纲要三（三和音转回的规则）	1. 三和音转回的方式 2. 六和弦的规则 3. 六四和弦的规则 4. 隐伏八音或五音的规则 5. 视唱练习（《进行歌》） 6. 复音歌曲练习 《春景》《出山的泉水》 7. 练习题目
第四十课 和声纲要四（七和音弦的规则附反复进行）	1. 七和弦的形式 2. 七和弦的解剖 3. 七和弦的符号 4. 七和弦重复及废除的规则 5. 七和弦第一种与第二种的区别 6. 第五度的七和弦及其解决方法 7. 七和弦调和方法 8. 七和弦结尾格式 9. 反复进行 10. 视唱练习 《劝学》 11. 复音歌曲练习 《幽境》《给我住在大海旁》 12. 练习题目
第四十一课 和声纲要五（第五度七和弦转回从属的七和弦）	1. 第五度七和弦转回 2. 转回和声的解决 3. 从属七和弦 4. 视唱练习 《自戒》 5. 复音歌曲练习 《海滨》 6. 练习题目

（续表）

课题	基本内容
第四十二课 和声纲要六（长短音阶导音七和弦的规则，七和弦的连续，第七音例外进行的规则，静止法）	1. 长音阶导音七和弦的规则 2. 短音阶导音七和弦的规则 3. 七和弦的连续 4. 第七音例外进行的规则 5. 静止法 6. 视唱练习　《秋晓》 7. 复音歌曲练习　《留别》《盆菊》 8. 练习题目
第四十三课 和声纲要七（伊大利[①]，法兰西，日耳曼，及那不列的第六音）	1. 增六的和弦 2. 增六四三的和弦 3. 增六五的和弦 4. 那不列的六音 5. 视唱练习　《思》 6. 复音歌曲练习　《风》《野菊》 7. 练习题目
第四十四课 和声纲要八（转调）	1. 关系调的转调 2. 格外转调 3. 确定的转调 4. 经过的转调 5. 视唱练习　《爱国歌》 6. 复音歌曲练习　《春游》 7. 练习题目
第四十五课 和声纲要九（挂留音及怠音，倚音等七种，重复八音，和弦的分割，开离和声，旋律的调和）	1. 挂留音及怠音 2. 倚音等七种 （A）倚音 （B）经过音 （C）变过音 （D）跳越音 （E）预期音 （F）低止音 （G）保持音 3. 重复八音 4. 和弦的分割 5. 开离和声 6. 旋律的调和 7. 视唱练习　《旅行》 8. 复音歌曲练习　《明月》 9. 练习题目

（续表）

课题	基本内容
第四十六课 乐式大意一（基本形式的要则，形式的统一及变化）	1. 基本形式的要则 （A）节度的种类 （B）由强起的节度 （C）由弱起的节度 （D）弱起及强起混合的节度 2. 形式的统一及变化 3. 举例　《越谣》《登乐游原》《秋夕》《夜》 4. 视唱练习　《丹麦民歌》 5. 复音歌曲练习　《春游》 6. 练习题目
第四十七课 乐式大意二（形式的伸缩，旋律接连的规则）	1. 形式的伸缩 （A）十小节的段落 （B）九小节的段落 （C）七小节的段落 （D）六小节的段落 （E）五小节的段落 2. 旋律接连的规则 3. 视唱练习　《苏格兰民歌》 4. 伴奏曲歌曲练习　《夏日歌》 5. 练习题目
第四十八课 西乐常识	1. 西洋乐器的种类 （A）弦乐器 （B）管乐器 （C）打乐器 （D）键盘乐器 2. 歌队的组织 3. 管弦乐队的组织 （A）小管弦乐 （B）大管弦乐 （C）近代管弦乐 4. 管弦乐队的人数 5. 管弦乐器在舞台面排列的形式 6. 音乐会 7. 视唱练习　《瑞士民歌》 8. 复音歌曲练习　《毕业式》 9. 练习题目
附录	1. 和声乐语索引 2. 西洋乐器图式 3. 各国国歌 （A）我国国歌 （B）英国国歌 （C）美国国歌 （D）法国国歌 （E）德国国歌 （F）澳国国歌 （G）俄国国歌 （H）日本国歌 （I）意国国歌

注：①伊大利，今译作意大利。

教科书的前身为《中等学校唱歌集》，后来编者将第三编的乐理内容合并至第一、二编中，将乐理和歌曲混合编排，重新命名后出版。将乐理与歌曲融合编排，是出于对音乐教学的基础性与愉悦性并重的考量，因为“教学音乐的时候，专讲乐理，未免有些枯燥无味，使学生不易记忆；若专授歌曲，不讲乐理，那是舍本就末，更不相宜，所以乐理和歌曲并重”[1]。教科书除第一册的前四课没有安排歌曲学唱外，其他每一课都有固定的组织结构：先是乐理知识的讲解，然后是与所授乐理知识相关的视唱练习和歌曲练习，最后是练习题目，各部分之间融会贯通，彼此联系。比如第一册第十三课“F调长音阶”中，在对F大调进行讲解后，是四度音程和F大调音阶的视唱练习，随后四首歌曲《欢迎新年》《认识国历》《春游》《晚眺》都是F大调的歌曲，最后是巩固知识点的练习题目，包括“1. 长F调怎样变化而成？2. 长F调为什么要用一个变号当调号？3. 试在谱表上画一高低音部完全的长F调，并注出阶名。4. 试在琴上将长F调音阶练习一遍！5. 上列歌曲练习，于全体唱熟后，宜轮流抽唱或背唱！”[2]

教科书所包含的材料不可谓不丰富翔实，于实际教学中可能难以逐一完成，故编者指出教师可根据教学的实际情况，对练习曲部分尽可能酌量选习，但也坚持乐理教学之不可动摇和疏漏的地位，强调乐理不能不详细讲述，因为乐理是音乐的根本，如果上课不能及时讲解透彻，则学生课后也不可能自行理解，且乐理的前后逻辑严密，不可省略任何一个中间环节。

教科书很看重学习后的及时反馈，故每课都安排一节或数节基本练习，且要求按题抽问或让学生进行笔试，不管是练习题还是歌曲，都要求达到“纯熟为止，不可贪多或求快”[3]，以保证学习能够循序渐进，事半功倍。而视唱练习独立于基本练习列出，是为了“养成学者无乐器伴奏而能独唱的习惯”[4]。

教科书从第二册的第三十六课开始，每课所附歌曲均为多声部歌曲，以二声部歌曲为主，另第四十七课的《夏日歌》为带伴奏谱的歌曲。这也体现了循序渐进的原则。

书后还附有简谱记法和歌谱，以供学生课外练习之用。

第二，音韵优雅，国学渗透。教科书中收录的歌曲，大部分还是依循学堂乐歌的形式，用外来曲调填词而作。在曲调的选择上，以古今名作为主，同时兼顾曲调对人性的培养和鼓励。“其声调以发扬蹈厉为主，希望引起学者向上的志趣，因为音乐和国民性的高下，很有关系，所以当选词撰曲的时候，曾经郑重考虑。”[5]为激励民志，歌曲多以大调为主，概因“长调性质愉快，能表雄壮、活泼、优美等情感，使人听了，能起兴奋！短调性质抑郁，善表悲哀、沉静等情感，使人听了，徒增哀感！现代我国文化，已落在他国之后，凡我青年，正宜急起直追，事事猛进。于音乐上应促进他们向前进的精神，所以本书多选用长调的歌曲，短调歌曲，仅在第二册开始讲短调乐理

[1] 周玲荪. 中等学校乐理唱歌合编：第一册[M]. 上海：商务印书馆，1933：编辑大意5.

[2] 周玲荪. 中等学校乐理唱歌合编：第一册[M]. 上海：商务印书馆，1933：54.

[3] 周玲荪. 中等学校乐理唱歌合编：第一册[M]. 上海：商务印书馆，1933：编辑大意6.

[4] 周玲荪. 中等学校乐理唱歌合编：第一册[M]. 上海：商务印书馆，1933：编辑大意5.

[5] 周玲荪. 中等学校乐理唱歌合编：第一册[M]. 上海：商务印书馆，1933：编辑大意6.

时，采用数首，以作实例”[1]。

教科书歌词部分有着多元化特征，反映出新旧文化、中西文化的碰撞和新文化创作的时代特征。歌词有古文学风范的，如来自苏轼、柳宗元、王昌龄、叶清臣等古人的诗作，也有基于中国传统文学美感的半白话文创作，如第二册第四十四课是由李叔同作词作曲的三声部歌曲《春游》，歌词如下：

春风吹面薄于纱，春人妆束淡于画。

游春人在画中行，万花飞舞春人下。

梨花淡白菜花黄，柳花委地芥花香。

莺啼陌上人归去，花外疏钟送夕阳。[2]

这是一首七言格律诗词，通过花、莺、夕阳等意象描绘了一幅清丽淡雅的水彩画，读来使人如沐春风，如在画中行。歌词以传统中国文学为纲，曲调以dol，mi，so为骨干音，以三度、六度为主进行变化发展，旋律淳朴、自然，和声织体简洁工整，有别于中国的传统曲调，有着浓浓的欧洲艺术歌曲韵味。

歌词中还有反映民主自由等现代意识的白话创作，如《出山的泉水》：

快流，快流；慢流，慢流。看山中泉水出山口，山口。我要留他，我要留他，他只是不回头，他只是不回头！他仿佛说：可怜我不自由！他仿佛说：可怜我不自由！泉水，泉水！泉水，泉水！你为甚不自由？你为甚不自由？[3]

歌词中更为直白和充满现实主义精神的是革命歌曲，如《我们需要战争》：

我们需要战争，我们需要一次维持世界公理的战争，民族不灭的战争，保持祖国的战争！我们愿意用一百个同胞，前去换取一个仇人，仇人，仇人！要用我们的血和头宣誓，我们需要这样的战争！[4]

又如《义勇军行军歌》：

猛进，猛进，努力猛进！快，快，快，弟兄们，举着刀枪，提着精神，努力猛进！那怕他枪林弹雨，只管前奔，前奔！要救国救民，打倒帝国主义！打倒强暴的敌人！[5]

第三，寓教于乐，闻乐知德。教科书对于音乐教育的功能，并不局限于简单的娱乐，而是将军国民教育、德行教育和知识教育渗透进音乐教育，为读者提供一个以音乐为主要载体的学科联合、知识融合范例。

教科书出版之时，正值我国抗日战争初期，通过音乐来表达对民族危难的担忧、对同仇敌忾民众意识的唤起、对保持斗志抗争到底的英雄气概的鼓舞是这本教科书的一个重要功能。教科书中有大量的革命歌曲，如上述《我们需要战争》，其中也不乏一些口号式革命歌曲，如《和平奋斗救中国》中唱道：

同志们！同志们！振起精神，合力同心，齐来革命，革命，革命！打倒，打倒，打倒帝国的凶

[1] 周玲荪. 中等学校乐理唱歌合编：第一册[M]. 上海：商务印书馆，1933：编辑大意6.

[2] 周玲荪. 中等学校乐理唱歌合编：第二册[M]. 上海：商务印书馆，1933：181.

[3] 周玲荪. 中等学校乐理唱歌合编：第二册[M]. 上海：商务印书馆，1933：153.

[4] 周玲荪. 中等学校乐理唱歌合编：第一册[M]. 上海：商务印书馆，1933：49.

[5] 周玲荪. 中等学校乐理唱歌合编：第一册[M]. 上海：商务印书馆，1933：41.

顽残暴！打倒，打倒，打倒军阀的强梁霸道！打倒，打倒，打倒害社会的劣绅土豪！革命者是我们的朋友；反革命是我们的仇敌，我们的趋向是和平奋斗救中国！[1]

教科书中的歌曲还体现了科学理性主义精神，有很多关于自然常识、基本概念的歌词，如《认识国历》的歌词为：

国历是三百六十五日当一年，高处大月低处小，拳上好分辨。四个月三十日，七个三十一。惟有二月二十八日，四年加一天。[2]

这首歌曲用简明扼要的方法、朗朗上口的旋律呈现了自然知识，在歌曲下面还附有阳历月建记忆法（如图3–22所示），详细讲解了阳历每月的日期计数和闰年的轮回，还用手握拳型的图示教授学生计算大月、小月的方法。这种寓教于乐的呈现方式，生动地诠释了音乐不仅能给人精神上的满足，还能潜移默化地传授、渗透知识。

3–22

图 3–22　《中等学校乐理唱歌合编》（第一册）第十三课歌曲练习《认识国历》

还有为推广白话文而作的《国音字母歌》，如图3–23所示：

3–23

图 3–23　《中等学校乐理唱歌合编》（第一册）第二十八课歌曲练习《国音字母歌》

[1] 周玲荪. 中等学校乐理唱歌合编：第一册[M]. 上海：商务印书馆，1933：61.

[2] 周玲荪. 中等学校乐理唱歌合编：第一册[M]. 上海：商务印书馆，1933：52.

4.《新中华音乐课本》

3—24

图 3—24　《新中华音乐课本》（第四册），朱稣典编，新国民图书社，1932 年

《新中华音乐课本》（共4册）是上述《新中华教科书　音乐课本》的续接，由新国民图书社1930—1932年初版。

教科书结构工整，每册都以一篇“乐谱的认识”及十个单元组成，每单元都包括乐理练习、音乐常识和歌曲，具体如下：

第一册：C调音阶练习一，《青年》；G调音阶，《荷》；C调音阶练习二，写谱练习，《三民主义》；音程练习一，音程，《报国仇》；F调音阶，《好榜样》；音程练习二，歌唱时的姿势，《雾》；写谱练习，音符的写法，《农家好》；音程练习三，歌唱时的注意，《市声》；音程练习四，《写字》；音程练习五，声乐和器乐，《劳工神圣》。

第二册：D调音阶，D调音阶练习，《中国》；音程练习六，《明日》；拍节练习一，拍节法，《柳线和榆钱》；音程练习七，《自然界的文具》；拍节练习二，音的高低长短强弱，《蚕娘》；听音写谱练习，临时记号，《租借地和割让地的呼声》；音程练习八，乐音和闹音，《国货》；音程练习九，音阶的种类，《夏日的傍晚》；音程练习十，长音阶，《光明》；音程练习十一，谱表和键盘，《青天白日》。

第三册：音程练习十二，谱表和键盘，《朝和夕》；写谱练习，单音曲和重音曲，《小舟》；音程练习十三，谱表和键盘，《晚霞》；二部轮唱练习曲，拍节法，《梦》；重音音阶练习一，独唱齐唱重唱，《工和农》；音程练习十四，前奏曲间奏曲后奏曲，《壮士》；三连音符练习，三连音符和变拍子，《渔翁乐》；重音音阶练习二，谱表和键盘，《松风竹影》；音程练习十五，《日历》；低音练习，大谱表，《等待》。

第四册：音程练习十六，乐器的分类，《梅》；音程练习十七，独奏重奏合奏，《晓》；二重音练习一，《蜜蜂》；E调音阶练习，谱表和键盘，《高山》；二重音练习二，歌曲的表情，《记起园中》；音程练习十八，《歌舞》；♭E调音阶，乐曲组织的大要，《抵抗》；音程练习十九，歌和曲的关系，《归鸦》；二重音练习三，《谁也不该折攀》；音程练习二十，音乐的理论和技术，《行行行》。

每册册尾均附有空白五线谱若干页，以供学生练习写谱所用。

与前述《新中华教科书　音乐课本》（一至八册）相比较，该套教科书有以下特点：

第一，强调对前期所学知识的复习与巩固。每册册首“乐谱的认识”这部分内容，就是将前几个年级所学过的乐理知识加以系统的复习。其中第一册为：谱表、音符、休止符、纵线、小节、拍子、拍子记号、音名、音阶、调子记号。第二册为：谱表上线和间的名称、谱表上音名的位置、调子记号和第一音的位置、音符和休止符的长短、拍子、其他的记号。第三册为：关于音的高低的记号、关于音的长短的记号、关于音的强弱的记号、其他的辅助记号。第四册为：乐谱、五线谱、位置、音名、音部记线、纵线、小节、括线、音符、休止符、加点、弧号、反复记号、延长记号、促音记号、吸气记号、强弱记号、变化记号、调子记号、拍子记号、三连音符、强起和弱起、速度记号。由上述内容可以看出，每册的知识复习并不是按由易到难的逻辑关系安排，而是每册相似并多有重复，以便学生反复复习巩固，也易于查询。

第二，强调音乐“双基”教学，并大量增加了研究性学习的内容。每个单元都将乐理或视唱练习作为首要内容，并贯穿在歌曲的呈现、欣赏和学唱过程中，尤其体现在每课后的“问题”中。如第二册《蚕娘》一课，歌曲下方的问题有：“曲谱是甚么调，甚么拍子？强起呢弱起？有几种音符？最高的音符在甚么位置，唱甚么音？最低的音符在甚么位置，唱甚么音？”[1]《国货》一课中的问题有：“G调谱表，在下一间的音符，唱甚么音？弱起的曲谱是怎样唱法的？”[2]这些问题的呈现，是该教科书一个非常明显的特点，即契合1929年教育部颁布的《小学课程暂行标准·小学音乐》将音乐教学分为欣赏（教科书中未直接呈现，但教授书中有相应分析）、演习和研究三部分的规定，同时也反映了在温故知新的过程中，让学生反复复习、牢固掌握知识点的设计意图。

第三，契合当时政治教化的需求，适量增加了爱国主义和“党化教育”的歌曲，如《三民主义》《报国仇》《租借地和割让地的呼声》《青天白日》《工和农》《抵抗》等。

教科书配套教师用书为《新中华音乐课本教授书》（一至四册），详尽分析了课程的教学指导思想，从目标、教材、教学法、注意、附录等五个方面对教学进行了详细的指导和说明。

5. 《北新音乐教本》

3—25

图 3—25　《北新音乐教本》（第一册），邱望湘、沈秉廉合编，北新书局，1932 年

《北新音乐教本》由邱望湘、沈秉廉合编，共四册，供小学高年级四学期使用，由北新书局

[1] 朱稣典. 新中华音乐课本：第二册[M]. 上海：新国民图书社，1932：17.

[2] 朱稣典. 新中华音乐课本：第二册[M]. 上海：新国民图书社，1932：21.

1932年初版。

沈秉廉（1900—1957），浙江苏吴县人，原名沈福恕，笔名沈醉了，音乐教育家、词曲作家。1916年考入江苏省第一师范学校，1922年入上海艺术专科师范学校学习。1925—1931年间，曾于上海、宁波、扬州、温州、台州等地区的学校任音乐教师。1926年，他与沈云庐创办浙江艺术专门学校，任教务主任。1931年任商务印书馆儿童读物编辑，编著音乐类教科书，翻译300余首外国歌曲。1933年，被国民政府教育部聘为中小学音乐教材编订委员会委员。1953年，任万叶书店编辑。1954—1957年，入少年儿童出版社工作。沈秉廉主编或参与编写的教科书有《儿童音乐教科书》《复兴音乐教科书》《幼稚园新歌》《幼稚园音乐一百六十首》《小学生的甜歌77曲》。

教材出版单位北新书局成立于1924年，由李小峰、孙伏园等创办于北京，其前身为北京大学新潮社。1926年在上海开办分销处，创办《北新》杂志。1927年北京总店被军阀查封，此后业务重心转至上海。1929年设立上海虹口分店，1930年又一次因为出版发售进步书籍而遭查封。多次被查封后，北新书局逐渐转型，从原来出版新文学为主转变为民间出版、儿童出版及教科书出版。1933年更名为“青光书局”，1934年恢复为“北新书局”。1937年北新书局发行《抗战》半月刊，为国家抗日宣传作出了较大贡献。1938年将总部迁往安徽立煌，1946年迁回上海，业务以出售教科书为主。1947年开始，与广益书局、大中国图书局、新亚书店、中联书局联合，辅助印刷国定教科书。1950年，北新书局与62家书店联合组织成立了上海通俗读物业联合书店；1953年与广益书局、人世间出版社、大中国图书局合并为四联出版社；1956年，北新书局退出历史舞台。北新书局的出版物种类丰富，其中出版教科书的鼎盛时期是1927—1936年，“共计出版教科书48种，教育类书籍18种，内容涉及数学、化学、英语、音乐、生理卫生、自然科学等多个领域”[1]。

《北新音乐教本》按照教育部1932年颁布的《小学课程标准・音乐》编写，以五线谱呈现，主要是歌曲集，兼顾简单的调式调性的讲解与视唱练习，均是为了更好地进行唱歌教学所设。知识点的呈现与歌曲的编排密切配合，按音乐知识要素的由浅入深、由易到难原则呈现，每进入一个新的学习阶段时，必先有相应的知识讲解和练习，方才进入歌曲学唱。比如，第一册的第1课是“读音练习（C调）”，讲解了“C调大音阶在谱表上的位置”，并安排了四条C大调读谱练习。

教材的选曲原则是“充实，丰富，美丽，晓畅，新颖，和谐，协韵自然顺口”[2]，除编者自创的歌曲外，其余均精选自世界有名的童谣曲和民谣曲，曲趣均倾向快乐、雄壮，旨在涵养儿童的德性。题材内容与学生生活紧密结合，与自然环境相协，尤其在一些时令歌曲上，每册与季节有关的歌曲均按一定的时节序列安排，如第一册与时令有关的歌曲按陈列顺序为《天气热》《春神到了》《冬姑娘》《雪，蔷薇姑娘》，第二册分别为《春来了》《蜜蜂做工》《归燕》《雪》。

[1] 胡砚捷. 北新书局研究[D]. 上海：上海师范大学，2017：31.

[2] 邱望湘，沈秉廉. 北新音乐教本：第一册[M]. 上海：北新书局，1932：编辑大意1.

6. 《复兴音乐教科书》

3–26

图 3–26 《复兴音乐教科书》，沈秉廉编著，商务印书馆，1933—1934 年

《复兴音乐教科书》的编著者为沈秉廉，商务印书馆1933—1934年初版，教科书依据教育部1932年颁布的《小学课程标准 音乐》编辑，是商务印书馆“复兴教科书”系列之一。1932年，被日军的炮火炸毁的商务印书馆在激愤中勃发，喊出了“为国难而牺牲，为文化而奋斗”的口号，积极编印“复兴教科书”系列，包括小学、初中用的“复兴教科书”及教学法，以及高中“复兴教科书”。其中初中有教科书27种，准备书、辅导书14种；高中有教科书25种，指导书1种，由王云五等主编，为该馆规模最大的一套教科书。[1]该套教科书的封面比较统一，小学阶段各学科教科书的封面为一群学生在配合用积木搭建宏伟大厦，寓意共同复兴。初中的封面相对朴实，并无特别的图画设计。

这套教科书是沈秉廉音乐教育思想和音乐创作的集中反映，无论是框架构建、内容摘选，还是词曲创作、逻辑编排，都颇为用心。与《北新音乐教本》的编写理念和风格有着一脉相承的关系，但相对而言又更加丰富、细腻和具体，具体从以下几个方面来说明。

①结构统一，以歌为主。教科书含初小四册和高小四册，分别供初级小学三、四学年和高级小学二学年使用，各册结构统一，包括图表、练习和歌曲三部分。其中图表是以图示说明乐理知识，练习是视唱练习，歌曲则是教科书的主干部分。其中乐理知识和视唱练习所占篇幅很小，教科书的主干是歌曲集，这与沈秉廉认为“唱歌是音乐教学的主要内容”不无关系。每册含歌曲20首，每册的最后两首歌曲都是《中国国民党党歌》和《中国心》，由此也可见教科书与当时政治生活的紧密相关性。

②题材广泛，时令为引。歌曲的排列线索和《北新音乐教本》一样，体现了与时令的匹配性。例如，高小第一册的使用时节是秋季，则选曲多与秋有关，并展开了由秋到冬的时间序列，如从《秋虫》《秋风》《秋季远足》《秋花》到《寒雀》《冬天的阳光》；高小第二册在春季学期使用，选曲上就呈现了由春到夏的图景，如从《待春来》到《夏日》《好雨》。除了纵向的时令线索，教科书在横向上还展现了颇有生活旨趣和时代气息的题材，有描写自然风光、场景的，如上述与时令紧密结合的歌曲；有关于日常劳作和生息的，如《布谷》《田家生活》《农夫初归家》《暮

[1] 石鸥，吴小鸥. 中国近现代教科书史：上册[M]. 长沙：湖南教育出版社，2012：385.

郊》等；有以拟人化方式描写动物情趣的，如《燕》《小鸟的歌》《鱼》《鸟犬的战争》等；有关于校园生活的，如《年假休业歌》《运动会》等；另外还有许多宣传爱国思想、教导学生勤奋学习、热爱劳动的歌曲。

③词曲和谐，内涵深刻。沈秉廉非常注重歌词和曲调的高度统一性，教科书呈现的歌曲除了一两首特约的作品外，大部分是由他自己作词作曲的，这样可以保证歌曲“材料力求新颖，趣味力求高尚，措辞力求明显，立意力求深长”[1]的理念落到实处。在曲调的选择上，多活泼富有动感，节奏和节拍简单易学，音域的跨度适宜儿童，大部分控制在一个八度之内。他的歌词创作在词曲结合上多为一音对一字或者两音对一字，在行文上与新文化运动相应和，以白话为主，简单明了，但不失深刻的内涵。教科书特别强调对儿童德性操守的涵养，尤其是爱国主义教育，如《国耻》唱道：

> 历数国耻心痛酸，令我坐卧不安。最初失败鸦片战，外侮从此开端。割土地，索赔款，炮舰年年演惨案。同胞同胞快奋起，为国雪耻挽主权。[2]

也有借助物或景来育人的表述，如《小鸟的歌》歌词为：

> 救自己，救同胞，全在这一遭。猫头鹰儿不打倒，大家都难保。快快联合起来，誓死把仇报，只要团体结牢，何愁弱与小；最后胜利，归我小鸟。[3]

另外，教科书也在歌词的解读中渗透语言教育，歌词中但凡有押韵之处，均以国音注音；遇到难解字句，便会加以注释，比如《留别》的歌曲下方，就对歌词中的“黯”“彷徨”“渺渺”“苍苍”等词进行了注释。

④循序渐进，温故知新。每册的图表乐理知识都根据本年级的音乐基础和学习要求合理安排，其中初小第一册包括：谱表线间名称，长音阶图，C调长音阶，G调长音阶，全音符、二分音符、四分音符、八分音符，全休止符、二分休止符、四分休止符，$\frac{4}{4}$拍、$\frac{2}{4}$拍。初小第二册包括：十六分音符、附点二分音符、附点四分音符、八分休止符，C调长音阶，F调长音阶，$\frac{2}{4}$拍、$\frac{3}{4}$拍，音符休止符的拍数比较，用手计拍法。初小第三册包括：G调长音阶，D调长音阶，$\frac{3}{4}$拍、$\frac{6}{8}$拍，反复记号，母韵练习口形图。初小第四册包括：F调长音阶，♭B调长音阶，西洋乐器图、写谱法、中国乐器图。高小第一册包括：谱表线间名称、高音部谱表上的音名、音符和休止符以及相互间的等量关系、长音阶图、C调长音阶、G调长音阶。高小第二册包括：附点全音符、附点二分音符、附点四分音符、附点八分音符以及它们的时值，F调长音阶，D调长音阶。高小第三册包括：♭B调长音阶，A调长音阶，二拍子、三拍子、四拍子、六拍子的指挥式。高小第四册包括：♭E调长音阶、E调长音阶、♭A调长音阶、A调短音阶、E调短音阶。

从知识点的罗列可以看出，教科书的呈现并不是直线型的由易到难，基础的知识会在一个时间

[1] 沈秉廉. 复兴音乐教科书：高小第三册[M]. 上海：商务印书馆，1934：编辑大意1.

[2] 沈秉廉. 复兴音乐教科书：高小第三册[M]. 上海：商务印书馆，1934：10.

[3] 沈秉廉. 复兴音乐教科书：高小第二册[M]. 上海：商务印书馆，1933：10.

段后重复出现，从而起到反复提醒、温故知新的作用，比如谱表线间名称在初小第一册和高小第一册都有出现，附点二分音符、附点四分音符在初小第二册和高小第二册都有出现。这一特点充分体现并贯穿于教科书的各个方面。同时，乐理知识、视唱练习和歌曲的编排讲究相互融合、互为印证，如高小第一册讲解了C大调和G大调的音阶，则视唱曲目都为C大调和G大调，而本册的歌曲也是C大调和G大调，并包含了前面所学的基本乐理知识。高小第二册乐理部分讲解的是F大调和D大调音阶，歌曲则涵盖了C大调、G大调、F大调和D大调，这又体现了温故知新的理念。

7.《复兴初级中学教科书　音乐》

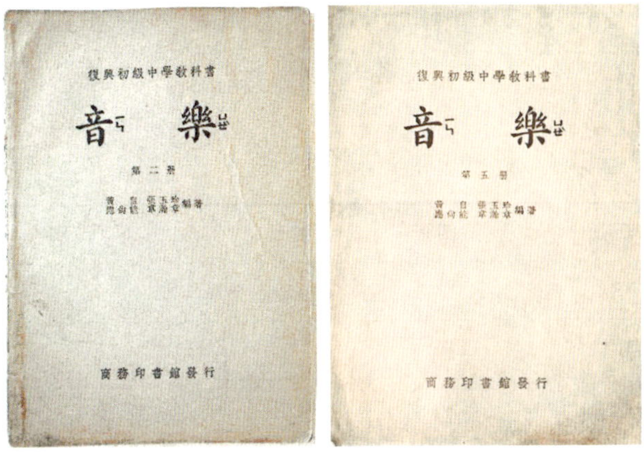

3–27

图 3–27　《复兴初级中学教科书　音乐》（第二、第五册），黄自、张玉珍、应尚能、韦瀚章编著，商务印书馆，1935 年

《复兴初级中学教科书　音乐》也是“复兴教科书”系列之一，由黄自、张玉珍、应尚能、韦瀚章编著，商务印书馆1933—1935年间初版，共六册，适用于当时初级中学三年使用。这套教科书横跨了1932年的《初级中学音乐课程标准》和1936年的修订课程标准的颁布，既适应1932年课程标准，经过修订后又成了适合1936年课程标准的教科书。教科书一经出版便广受好评，产生了极大的影响，到1941年6月竟高达21版。[1]教科书编撰的任务分配为“乐理部由张玉珍编辑，欣赏由黄自编辑，基本练习曲由应尚能编辑，歌词由韦瀚章编撰，至全书设计与编订由黄自担任；此外刘雪厂，陈田鹤，江定仙三君，予各方面工作上帮助很多特此申谢”[2]。

黄自（1904—1938），字今吾，江苏川沙（今属上海浦东新区）人，中国音乐教育家、作曲家、音乐理论家。1916年小学毕业后考入北京清华学校读书，开始接触欧洲音乐，在校期间积极参加音乐社团，系统学习了钢琴与和声，这一时期是其音乐事业起步的时期。1924年于清华学校毕业后，获庚子赔款名额赴美留学，入欧柏林学院主修心理学，兼修音乐。1926年，获学士学位，因“学行并茂”被校方提名为全美优秀大学生学术荣誉组织Phi Beta Kappa会员。1928年入耶鲁大学音乐学院学习理论作曲，1929年获音乐学士学位，其毕业作品《怀旧》在毕业音乐会上公演。1929年回国后，先后在上海沪江大学音乐系、国立音乐专科学校理论作曲组任教，并兼任国立音乐专科学校教务主任，系统开设了和声学、对位法、赋格、曲体学、乐器法、配器法等课程，培养了大批音

[1] 吴月欣. 黄自与《复兴初级中学音乐教科书》[D]. 金华：浙江师范大学，2005：13.

[2] 黄自，张玉珍，应尚能，等. 复兴初级中学教科书　音乐：第一册[M]. 上海：商务印书馆，1933：编辑大意1.

乐人才，贺绿汀、江定仙等都是他的学生。黄自对中国早期音乐教育起到了重要的奠基作用，1933年，他受聘为音乐教材编订委员会委员，与其他委员一起编写出版了《小学音乐教材初集》《中学音乐教材初集》以及这套《复兴初级中学教科书　音乐》。

教科书的基本结构包括四个部分：歌曲、欣赏、乐理、基本练习曲，以课为单位进行编排，但这四个部分并不是均衡分布于每一课中，比如有些课包含了“乐理、基本练习曲、歌曲”，有些课则包含了“欣赏、基本练习曲”，有些则含“欣赏、基本练习曲、歌曲”。但在“编辑大意”中又给出教学建议，“每次上课之前十五分钟，轮流教授乐理与欣赏。其余时间为唱基本练习曲与歌曲用”[1]。在课的数量上，除第一、二册各有36课外，其余各册均为18课。每册的内容与栏目分配见表3-15：

表 3-15　《复兴初级中学教科书　音乐》六册的内容与栏目分配

册次		第一册	第二册	第三册	第四册	第五册	第六册
课数		36	36	18	18	18	18
栏目数	歌曲	16	16	10	9	10	8
	欣赏	18	18	9	9	9	6
	乐理	18	18	9	9	9	9
	基本练习曲	36	36	18	18	18	18
附录内容		音乐名家像，欣赏及乐理课中需要的唱片		音乐名家像，欣赏及乐理课中需要的唱片	欣赏课中所需要的唱片	欣赏课中所需要的唱片	欣赏课中所需要的唱片

注：第四册无“乐理”栏目，有“和声”栏目；第六册另有“音乐与人生”栏目3课时。

歌曲是教科书的主体部分，一共有69首。歌曲题材广泛，包括宣传抗日救国精神、表现学生生活、反映学生纯真无邪天性、描写社会劳动、呈现大自然美景、古诗词歌曲，各册曲目如下：

第一册：《青天白日满地红》《良宵同乐歌》《国庆》《西风的话》《老大徒伤悲》《挂挂红灯》《花非花》《雨后西湖》《渔父》《励志》《采桑曲》《秋郊》《峨眉山月歌》《农家乐》《去来今》《新中国的主人》。

第二册：《喜春来》、《睡狮》、《游戏》、《南乡子》、《燕语》、《燕子的歌》、《农歌》、《四时渔家乐》、《春游》、《春光好》、《卜算子》、《惜春》、《催眠歌》、《渔父》（轮唱曲）、《采莲谣》、《鸡叫》。

第三册：《田家忙》、《摇君舟》（轮唱曲）、《国庆献词》、《秋郊乐》（二部合唱）、《嫩芽》、《布谷》、《怀古》（二部合唱）、《摇船歌》、《本事》（二部合唱）、《踏雪寻梅》。

[1] 黄自，张玉珍，应尚能，等. 复兴初级中学教科书　音乐：第一册[M]. 上海：商务印书馆，1933：编辑大意1.

第四册：《雪花飞》、《前途的光明》、《春夜洛城闻笛》、《春游》（二部合唱）、《杀敌》（二部合唱）、《欢迎运动员凯旋》、《怀疑之梦》、《采莲》（二部合唱）、《送毕业同学》（三部合唱）。

第五册：《懒惰礼赞》、《棉花》、《催眠歌》（二部合唱）、《快活歌》、《秋夜》、《我爱中华》（三部合唱）、《秋色近》、《卡农歌》（二部合唱）、《淮南民歌》（二重赋格曲）、《振兴中华》（四部合唱）。

第六册：《前途》、《寄所思》、《总理逝世纪念》、《点绛唇》、《蝴蝶》、《春归何处》、《摇篮曲》（三部合唱）、《南乡子》。

与学堂乐歌式教科书不同，入选教科书的歌曲，基本上是黄自与陈田鹤、江定仙、张玉珍、应尚能、刘雪厂一起专门为这套教科书而作的。原创的歌曲，一方面能够按照音乐教学循序渐进的规律和学生已有基础以及歌唱的特点而作；另一方面也能彰显创作者的美学取向。在这本教科书的歌曲创作中就非常典型地体现了黄自将民族音乐元素与西方音乐创作手法相结合，创作民族新音乐的审美追求。对此，黄自曾说过："我们所要的是学习西洋好的音乐的方法，而利用这方法来研究和整理我国的旧乐与民谣，那么我们就不难产生民族化的新音乐了。"[1]教科书中的《卜算子》《点绛唇》《花非花》《踏雪寻梅》都是将欧洲的和声写法与中国传统的五声调式相结合，可以被称为是中国风味的艺术歌曲。教科书每首歌曲都配有相应的伴奏，以使学生养成听和声的习惯。

在词曲的结合上，教科书的歌曲遵循依字行腔的原则，即力求"音乐与诗的意义、音节完全吻合"[2]。尤其强调歌词均要以国语演唱，因为"最能使词中字音的抑扬与乐曲调协"[3]。就歌词本身来说，既追求文学意蕴美，又要能彰显奋发和进取精神。这种文学意蕴美尤以富有中国古典诗词韵味的遣词造句为彰显，即便是在白话文的歌词创作中，也以对仗的句式、美妙的辞藻，呈现出深厚的中华诗词文化底蕴。比如，第三册歌曲《摇船歌》的歌词就在对自然现象的生动描述中，体现出奋进精神，歌曲由刘雪厂作词、应尚能作曲，歌词如下：

船儿摇向前，船儿摇向前，不怕浪没顶，不怕水连天。要把洪涛冲破。绕得享安全。微风吹绿了春树，小鸟啼红了杜鹃；遥瞻彼岸，美妙天然。鼓着勇气，再接再厉，努力！努力！努力！撑到对面，自然快乐无边。[4]

另外还有同样由刘雪厂作词、黄自作曲的《踏雪寻梅》，充满了童真童趣，歌词简单规整易懂，又有中国古诗词的韵味，生动活泼地表达了对学生好好学习不负时光的激励。该首歌曲目前仍被收录于中小学的音乐教科书中。歌词如下：

[1] 陈应时，陈聆群. 中国音乐简史[M]. 北京：高等教育出版社，2006：281.

[2] 黄自，张玉珍，应尚能，等. 复兴初级中学教科书　音乐：第一册[M]. 上海：商务印书馆，1933：编辑大意1.

[3] 黄自，张玉珍，应尚能，等. 复兴初级中学教科书　音乐：第一册[M]. 上海：商务印书馆，1933：编辑大意1.

[4] 黄自，张玉珍，应尚能，等. 复兴初级中学教科书　音乐：第三册[M]. 上海：商务印书馆，1934：53-55.

雪霁天晴朗，腊梅处处香，骑驴灞桥过，铃儿响叮当。响叮当，响叮当，响叮当，响叮当。好花采得瓶供养，伴我书声琴韵，共度好时光。[1]

“欣赏”栏目是完全由黄自编辑的，有着非常鲜明的特点，兼顾国际视野和民族情怀，呈现了黄自通过音乐欣赏普及音乐知识，提升群众音乐素养的理想。“欣赏”栏目的内容涵盖多元，分别对中外音乐进行了赏析介绍，首先是中国音乐部分，包括“中国音乐之起源”“虞舜，夏，商，周时之音乐”“汉代音乐之变化”“宋元时代之剧乐”“明清两朝音乐之概况”“近世音乐之趋向”，按时间序列对中国音乐作了一个梳理和呈现。西方音乐赏析主要包括西洋音乐简史和歌剧、古典派与浪漫派音乐赏析、标题音乐与纯正音乐等，呈现的是西方音乐的经典之作。我们从“欣赏”栏目的组织架构、内容摘选可以看出黄自对中西方音乐的态度：他对中国传统音乐是极为珍视的，有意对其进行保护与传承；而同时，他所处的社会历史背景和他所接受的西方音乐文化教育，又使其有着开放、严谨、规范的西方音乐体系思维，并体现在对西方音乐欣赏的知识呈现与经典作品的分析上。所以，他既是中华传统音乐文化的守望者，也是国际音乐文化视野的开拓者。

音乐欣赏部分也体现出黄自提升民众音乐素养的理想与做法。他提出：“‘欣赏’的目的，是在保持吾人爱好音乐的天性而发展之。庶几大家听了高尚的音乐而能爱好，了解及受它的感化。”[2]对于欣赏的层次，他由浅入深地作了三个层次的表述：“听音乐而仅能感觉到悦耳，是知觉的欣赏。假使能体会作者所表现的情感；或者听了之后，能唤起自己的喜，怒，哀，乐来；那么这欣赏是情感的。至于探求乐曲的结构，音题的变化，及作者技巧之妙用，是理智的欣赏。”[3]从直观的感受到情感的共鸣，再到理性的分析，这三个层次的欣赏是一个层层递进、逐步深入的过程，也是黄自在教科书欣赏内容呈现上遵循的原则。首先，在选材上，他选取的都是“西洋家弦户诵雅俗共赏的名作，而为爱好音乐者所不可不熟知的”，并提到“要使学者们能多听些名曲，唯一的办法是备一架留声机与若干唱片”[4]。这是在直观感受上令人觉得“悦耳”。其次，在情感的阐发上，黄自会对每一部赏析的作品做一个背景的交代，有些还会有意境的描述，以引发欣赏者的共情和共鸣。如第四册在赏析舒曼（该书译作许满）的《幻梦》（*Trächmerei*）时，他作了如下描述：“作者是浪漫派时期抛去形式的桎梏，注重感情倾泻的主要作家。所以此曲并无固定形式，只用一深长婉转的乐句，往返重复来表示一个尝尽了人世间辛苦的飘泊者，在客舍灯光下，寂寞无聊，回忆儿时甜蜜欢乐的情景，引起无限的缠绵幽思，悲戚情绪。”[5]最后，在理性的分析上，除了教科书中的乐理知识外，在“欣赏”栏目还会进行专门音乐知识的普及，比如第三册中关于古典音乐、浪漫音乐、标题音乐、标题音乐与纯正音乐的对比等专题，第五册中关于主调音乐和复调音乐的形

[1] 黄自，张玉珍，应尚能，等. 复兴初级中学教科书：音乐：第三册[M]. 上海：商务印书馆，1934：70-71.
[2] 黄自，张玉珍，应尚能，等. 复兴初级中学教科书：音乐：第一册[M]. 上海：商务印书馆，1935：6.
[3] 黄自，张玉珍，应尚能，等. 复兴初级中学教科书：音乐：第一册[M]. 上海：商务印书馆，1935：29.
[4] 黄自，张玉珍，应尚能，等. 复兴初级中学教科书：音乐：第三册[M]. 上海：商务印书馆，1934：附录二1.
[5] 黄自，张玉珍，应尚能，等. 复兴初级中学教科书：音乐：第四册[M]. 上海：商务印书馆，1935：37.

式及其代表作介绍等。

“乐理”栏目包含基本乐理与和声，其中第四、第六册是和声部分。这部分内容的摘选与编排体现了严密的欧洲近现代音乐知识体系，也体现了循序渐进的原则。练习曲与乐理知识的学习相应和，每册都包含8首视唱练习，但编者的建议是“本书含基本练习曲与歌曲数甚多，如限于时间，教员可加以选择，酌量减少。如必要时，教员可更改歌曲之次序”[1]。

教科书还于细微处体现了编者的严谨性和周全性，如“编辑大意”中提到的关于表情术语、图示等的说明：

一、各歌表情语，照世界各国习惯，沿用意文名词，但加详细注解。使学生谙熟术语，以便将来易于领会世界名作。

…………

一、本书中每一次引用术语，概用「」标记之，使学者注意。

一、本书将重要名词及术语，都加以详细注释，附于课末，一方备学者自由参考，一方省教者翻检之劳。

一、本书附乐器图及音乐名家像多种，既可使学者易于了解和认识，又足增进研究的兴趣。[2]

8.《小学音乐教材初集》

3—28

图 3—28 《小学音乐教材初集》（中年级之部），教育部编纂，中华书局，1935 年

《小学音乐教材初集》由教育部组织编写，之所以命名为“初集”，是因为教育部还有在此基础上不断完善、继续出版发行相应教材的意图。

鉴于音乐之于人的教化极为重要，教育部对音乐教材的建设非常重视，故先后于1933年成立中小学音乐教材编订委员会，1934年成立音乐教育委员会，编订中小学音乐教材。1933年6月开始征集，1934年3月开始审查。同年8月，小学部分审查完毕；1935年5月，中学部分审查完毕。要求不合选材标准的加以修改，中学部分缺和声内容的补加和声。后编成《中学音乐教材初集》一册，

[1] 黄自，张玉珍，应尚能，等. 复兴初级中学教科书：音乐：第一册[M]. 上海：商务印书馆，1933：编辑大意1.

[2] 黄自，张玉珍，应尚能，等. 复兴初级中学教科书：音乐：第一册[M]. 上海：商务印书馆，1933：编辑大意1.

《小学音乐教材初集》低、中、高年级各一册，交由各大书局出版。因此，这套教科书的出版单位，往往不同，但内容一致。

教科书依1932年《小学课程标准 音乐》编写而成，共三册，分低年级、中年级和高年级用书。低年级（第一、二学年）的教科书供儿童听唱使用，简单且充满童趣，曲目包括：《党歌》（即《中国国民党党歌》）、《国旗》、《弟弟疲倦了》、《喔喔喔公鸡》、《起身早》、《宝宝》、《揩凳抹几》、《大家这样做》、《衣裳》、《竹马》、《马来马来》、《左右》、《小运动会》、《一堆草》、《纺织娘》、《小小猫》、《小花猫》、《老鼠》、《小猫和老鼠》、《老鼠捉不到》、《问问猫》、《小羊》、《月光光》、《太阳下山》、《割稻》、《睡得早》、《磨豆腐》（邱望湘、沈工立）、《天上老鹰叫》、《喔喔喔》、《小麻雀》、《鸡不啼》、《下雪》、《年假》、《吹喇叭》、《不倒翁》、《踏踏踏》、《泥人》、《原来是》、《放纸鹞》、《打樱桃》、《小农夫》、《黄牛》、《磨豆腐》（沈心工）、《卖布》、《刨刨刨》、《拍拍拍》、《跳绳》、《跷跷板》、《红花儿开》、《月季花》、《蜜蜂儿》、《蜜蜂》、《小小鸟》、《小小鹦鹉》、《鸽姑姑》、《谁会飞》、《胆小的兔子》、《小小青蛙》、《采莲》、《满天星》、《夜夜红》、《远远的看》、《卖瓜》。

中年级（第三、四学年）曲目包括：《党歌》（即《中国国民党党歌》）、《欢迎新友》、《留客》（沈秉廉词）、《留客》（时代子词）、《男儿第一志气高》、《不要怕》、《康健》、《互动》、《太阳落在山边》、《小星稀》、《月》、《秋天的树叶》、《树叶的说话》、《草屋一间树几棵》、《鱼》、《收稻》、《淮南民歌》、《花鸡娘子》、《弹棉花》、《什么东西响》、《我是木匠》、《捉迷藏》、《小花猫》、《扑通跌进油》、《阳历便》、《钟拢》、《送旧年》、《太阳暖烘烘》、《木人戏》、《猴子戏》、《春天》、《春风》、《春雨》、《好雨》、《花园》、《游公园》、《是谁美丽》、《放纸鹞》、《满田菜花黄》、《小小花园》、《春花满山邱》、《风和花》、《桃花红》、《放牛放到山上》、《儿童节我们该纪念》、《田边种桑》、《农夫辛苦》、《布谷》、《农人和工人》、《小小船》、《逆风忽然转顺风》、《摇船》、《向前摇》、《大轮船》、《火车快飞》、《夏天到了》、《洗衣歌》、《湖边》、《采菱歌》、《萤火虫》。

高年级（第五、六学年）曲目包括：《党歌》（即《中国国民党党歌》）、《青天白日满地红》、《时计》、《合伙过活》、《晨钟》、《玛丽你来呀》、《靠武功》、《机关枪队》、《小兵队》、《龟兔》、《蜘蛛》、《笑》、《月夜》、《好和难》、《你可听见》、《秋天》、《月光明》、《月亮》、《月夜的海上》、《月亮白光光》、《一叶扁舟》、《秋天运动会》、《运动会》、《空中旅行》、《地球歌》、《振兴实业》、《农家好》、《雪》、《麻雀的烦恼》、《辛劳的记号》、《流水》、《春神来了》、《微微春雨》、《春雨》、《催眠歌》、《小孩们睡着了》、《春游》、《风筝比赛》、《植树》、《布布谷》、《农家》、《蜜蜂做工歌》、《燕窝》、《花和蝴蝶》、《儿童节祝福歌》、《我愿》、《青年歌》、《铁匠歌》、《造路》、《我是一只小青蛙》、《两小鸟》、《燕燕》、《燕子告别》、《夏日》、《葵扇》、《蚊虫歌》、《荷花》、《救生船》、《走向前走》、《上前》、《年轻力壮》、《亮晶晶》、《采莲》、《少年歌》。

教科书在编写理念，内容的选取、呈现与编排上具有以下特点：

第一，“博采众长，取之精华”的编写理念。教育部对这套教科书颇费心思，寄予厚望，从为之专门成立的中小学音乐教材编订委员会和音乐教育委员会的人员构成已可见一斑，其中，中小学音乐教材编订委员会的成员有：王瑞娴、吴研因、沈心工、沈秉廉、杜庭修、周淑安、唐学泳、黄今吾、赵元任、廖青主、薛天汉、萧友梅、顾树森。音乐教育委员会成员有：方东美、王瑞娴、沈心工、杜庭修、周淑安、唐学泳、黄今吾、黄建中、赵元任、赵梅伯、萧友梅、顾树森。上述成员名单中有教育家、哲学家、音乐家和音乐教育家，由此可见教育部“博采众长”之意图。

教科书在歌曲的选编上更是精益求精，由委员会自全国各书坊及各小学编著的音乐教科书两千余首作品中选出，经由征集期（1933年6月—1934年2月）、审查期（1934年3月—1934年8月）、校订缮印期（1934年9月—1935年7月）三个阶段，从最初选出的1000余首作品中筛选出187首，其中尚有不妥之处则由赵元任改曲，吴研因润色歌词，最后由部次长审定通过后录入教科书。187首作品中，沈秉廉创作的有50余首，朱稣典独立创作或与他人合作创作的有25余首，陶然、王重者合作创作的有25首以上。

另外，教科书对每首歌曲都标明了出自哪本教科书、教科书原出版单位、词曲作者，如此详尽地标示出版权信息，这在音乐教科书出版史上尚属首例。

第二，“题材广泛，词曲相宜”的选材标准。教科书歌曲的题材与儿童的教化及生活息息相关，可分为以下几类：德性训练类，如《党歌》《国旗》等；家庭生活类，如《弟弟疲倦了》、《留客》（沈秉廉词）等；描写自然之物类，如《树叶的说话》《蜘蛛》等；自然现象类，如《月亮》《满天星》等；游戏动作类，如《小农夫》《放纸鹞》《月亮白光光》等；社会职业类，如《收稻》《农人和工人》等；季节及仪式类，如《夏日》《年假》等；风景类，如《桃花红》《湖边》等。

教科书对歌词、歌曲以及词曲相关性方面有着严格的规定，具体如下：

甲、歌词方面

a. 可依意表演者；

b. 足以发扬民族精神者；

c. 适合儿童生活者；

d. 含有文学趣味者；

e. 文为语体，韵以国音为准者。

乙、歌曲方面

a. 易唱者——避用增减音程大七度及大九度；

b. 音域最高不过E，最低不过C者；

c. 节奏不用小的‘时值’者；

d. 乐曲全体有明显之结构者；

e. 参用世界通用音阶者。

丙、词与曲相关方面

a.‘时值’长短，与词句语气缓急及词类虚实相应者；

b. 在文法上为助词及其他轻声地位之字，不居曲之主拍者；

c. 意义较具体之字不用极短之音表出者；

d. 重要字音与国音声调相合者；

e. 曲趣与词意协调者；

f. 句法与曲谱组织相称者。[1]

第三，“因材施教，循序渐进”的呈现与编排。教科书以五线谱教学，除了因“党化教育”的需要，在每册都以《党歌》（二声部合唱）开篇外，各册均根据不同年龄段儿童的身心特点编排与呈现歌曲。其中低年级的教学法为听唱，歌曲曲调简单，题材上与家庭生活和自然之趣相关的歌曲较多，涉及游戏动作的歌曲有15首；中年级开始实施视唱法，曲谱较低年级稍复杂一点，调式基本上控制在三升三降以内，以一个升号和一个降号的调为主，增加了二声部合唱歌曲《不要怕》《是谁美丽》《花鸡娘子》和《儿童节我们该纪念》等，题材上有关德性教育的歌曲明显增多，涉及游戏动作的歌曲减少为8首；高年级难度进一步增加，调式上出现了四个升降号的作品，以两个升号和两个降号的调为主，二声部合唱歌曲也增多，包括《青天白日满地红》《麻雀的烦恼》《玛丽你来呀》《月夜》《夏日》《月光明》《春神来了》《救生船》《少年歌》，题材上有关德性教育的歌曲较中年级更多，而游戏动作类的歌曲则只有4首。

对于依教科书教学的建议，“编辑例言”中提到，虽然低年级和中高年级原则上要按《小学课程标准·音乐》的规定，依据教科书来教；但根据实际情况，教师可酌情进行变更，低年级可采用中年级教科书，中年级可采用低年级或高年级教科书，高年级也可以采用中年级教科书，总之，不必过于拘泥于规定。这也是教科书因材施教的一个表现。

作为部编教科书，《小学音乐教材初集》可谓集时代优秀学校歌曲之大成者，在综合培养学生的音乐美感、道德修养和文学素质上的作用是毋庸置疑的，但依然有一定的局限性。因其只局限于在已有教科书或歌曲集中进行选编，有些特定题材是有所阙如的，这在教科书的“编辑例言”中也有写道：“关于民族复兴之教材及歌咏历史人物，地理，物产等歌词，及古今诗人之名作，均因来源不广，或感贫乏，或竟阙如。即间有之，而亦往往为选材标准所限制，致从割爱。”[2]

[1] 教育部. 小学音乐教材初集：中年级之部[M]. 上海：中华书局，1935：编辑例言ⅰ-ⅱ.

[2] 教育部. 小学音乐教材初集：中年级之部[M]. 上海：中华书局，1935：编辑例言ⅲ.

9.《中学音乐教材初集》

3—29

图 3—29 《中学音乐教材初集》，教育部编，商务印书馆，1936 年

《中学音乐教材初集》由教育部组织编写，商务印书馆1936年出版，是上述《小学音乐教材初集》在中学的延续，供初级中学学生使用，但高级中学和其他中等学校亦可采用。

教科书同样由两个委员会经过征集期（1933年6月—1934年2月）、审选期（1934年3月—1935年5月）和校订缮印期（1935年6月—1935年9月），从全国各书坊和学校所送的六七百首歌曲中，剔选出68首词曲均佳的作品，编入教科书。教科书主要的编选者为黄自、赵元任、吴研因，其中歌曲的和声多为黄自所作，歌曲的校订以赵元任为主，歌词则主要由吴研因修订，最后由部次长审核定稿。

《中学音乐教材初集》的曲目有：《党歌》（即《中国国民党党歌》）、《大国民》、《国旗》、《始业式》、《渔夫》、《孤燕》、《秋声》、《破车瘦老的马》、《苏武牧羊》、《西湖》、《从军行》、《夏日》、《拉牵歌》、《迎冬舞》、《良宵同乐歌》、《老大徒伤悲》、《雨后西湖》、《渔父》、《励志》、《采桑曲》、《下江陵》、《春野》、《尽力中华》、《爱国歌》、《春郊》、《落花》、《霜晨》、《中国国民》、《中国心》、《运动会》、《进进进》、《凯旋》、《握别》、《看村童游泳》、《清音》、《猫歌》、《黄鹤楼》、《光福之柏》、《别矣故乡》、《静夜》、《最后之玫瑰》、《忆儿时》、《涉江》、《春游》、《卖布谣》、《湖上春行》、《晨歌》、《幽境》、《中国男儿》、《杜鹃》、《毕业别辞》、《春夜》、《春容》、《到处腾欢笑》、《少年的责任》、《中华民国》、《大中华》、《睡孩》、《岳鄂王墓》、《满江红》、《雪花》、《云的姿》、《春到人间》、《旅行》、《渔翁》、《雪中行军》、《甜美的家庭》。

教科书选材标准如下：

甲　歌词方面

a. 足以发扬民族精神者；

b. 含有文学趣味者；

c. 适切中学生身心及程度者；

d. 除古诗歌外，近人新作品以国音为韵者。

乙　歌曲方面

a. 适合中学生程度者；

b. 乐曲全体结构完整者；

c. 足以发扬志气或怡悦性情者。

丙　词曲相关方面

a.‘时值’长短，与词句语气缓急及词类虚实相应者；

b. 在文法上居轻声地位之字，不配在曲之主位处者；

c. 意义较具体之字不用极短之音表出者……[1]

中学音乐教科书相较于小学教科书，难度增加了很多。首先是曲调上，歌曲的篇幅增加，二声部合唱曲目增多，大部分歌曲配有钢琴伴奏正谱，出现了四个升降号的作品。其次是歌词的文学性增强，教科书十分注重歌词的中国传统文学底蕴，同时也强调词曲的和谐一致。如二声部合唱曲《春郊》，曲谱是中国传统五声调式，黄自配和声，沈心工作词，歌词极富诗意："云淡风轻，微雨初晴，假期恰遇良辰。既栉我发，复整我襟。出游以写幽情。绿阴为盖，芳草为茵，此间空气鲜新。歌声履声，一程半程，与子偕行偕行。"[2]除此之外，即便是对外来曲调的填词，也是以中国古诗词或半文半白之词填入，少见纯粹白话文的创作，如《涉江》的曲调源自苏格兰民歌，歌词是选自《古诗十九首》之一的汉代五言诗《涉江采芙蓉》；《忆儿时》由Wills S. Hays作曲，由李叔同填词，歌词写道："春去秋来，岁月如流，游子伤飘泊。回忆儿时，家居嬉戏，光景宛如昨。屋三椽，老梅一树，树底迷藏捉。高枝啼鸟，小川游鱼，曾把闲情托。儿时欢乐，斯乐不可作。儿时欢乐，斯乐不可作。"[3]歌词略带伤感，富含古文学韵味，与舒缓的旋律情绪一致，歌词的发音与旋律的走向亦十分匹配，故而整首歌曲听上去十分和谐悠扬。教科书中类似的作品还有很多，其与小学教科书歌词多以白话文形成鲜明对比。教科书仍然未涉及乐理知识的教学，在"编辑例言"中有说明："至研究乐理所用之教材，则为另一方面，非本书所及，亦无待选集也。"[4]

10.《初级中学音乐》

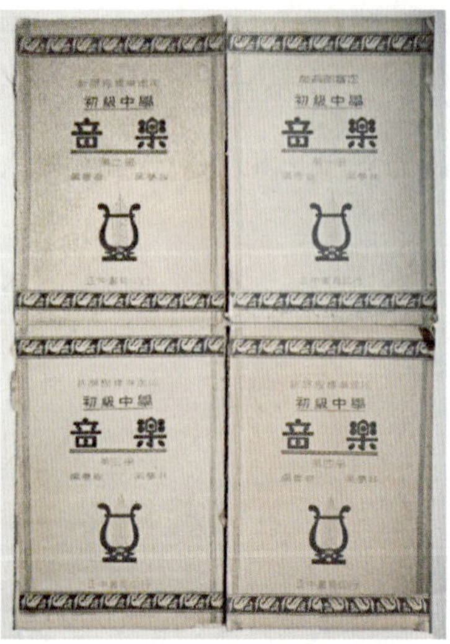

3—30

图 3—30　《初级中学音乐》，吴梦非编著，正中书局，1935 年

[1] 教育部. 中学音乐教材初集[M]. 上海：商务印书馆，1936：编辑例言1.

[2] 教育部. 中学音乐教材初集[M]. 上海：商务印书馆，1936：40-41.

[3] 教育部. 中学音乐教材初集[M]. 上海：商务印书馆，1936：65-66.

[4] 教育部. 中学音乐教材初集[M]. 上海：商务印书馆，1936：编辑例言1.

《初级中学音乐》由吴梦非编著，正中书局1935年印刷出版。全书共4册，其中第一学年第一学期用第一册，第二学期用第二册，第二学年用第三册，第三学年用第四册。教科书以1932年国民政府颁布的《初级中学音乐课程标准》为编写依据，各册内容均分为乐理、唱歌基本练习、歌唱三个部分，以西方音乐理论体系为逻辑线索安排教学内容。第一册的乐理知识为“读谱法”的各项内容，主要是为音乐的读写能力打基础，共18讲；第二、三册的乐理知识为“音乐常识”，包括音乐的本质、音乐欣赏、演唱、器乐演奏的各项知识介绍；第四册为和声学的基础知识。各册目录如表3-16、表3-17、表3-18、表3-19：

表 3-16　《初级中学音乐》第一册具体内容结构

乐理	唱歌基本练习	歌曲
乐理第一讲　读谱法一（乐谱、谱表、音名、音部记号）		
乐理第二讲　读谱法二（音符、休止符、拍子一、音阶一）	唱歌基本练习一	
乐理第三讲　读谱法三（音阶二、拍子二）	唱歌基本练习二	《奋起》
乐理第四讲　读谱法四（变化记号、音阶三、固定唱名法）	唱歌基本练习三	《国旗》
乐理第五讲　读谱法五（强弱记号、速度记号一）	唱歌基本练习四	《相亲相爱》
乐理第六讲　读谱法六（速度记号二、延音与贯音）	唱歌基本练习五	《国庆祝歌》
乐理第七讲　读谱法七（拍子三、曲趣记号）	唱歌基本练习六	《想念我爸爸妈妈》
乐理第八讲　读谱法八（省略记谱法一）	唱歌基本练习七	《知鱼之乐》
乐理第九讲　读谱法九（变拍子、转位强声）	唱歌基本练习八	《秋月照潇湘》
乐理第十讲　读谱法十（音阶四）	唱歌基本练习九	《前出塞》
乐理第十一讲　读谱法十一（音阶五）	唱歌基本练习十	《西风吹落叶》
乐理第十二讲　读谱法十二（音阶六）	唱歌基本练习十一	
乐理第十三讲　读谱法十三（装饰音）	唱歌基本练习十二	《汗珠——米珠》
乐理第十四讲　读谱法十四（省略记谱法二、顿音与其他记号）	唱歌基本练习十三	
乐理第十五讲　读谱法十五（拍子四、音阶七）	唱歌基本练习十四	《白云飞》
乐理第十六讲　读谱法十六（转调、移调）	唱歌基本练习十五	
乐理第十七讲　读谱法总说上（乐谱总说）	唱歌基本练习十六	《进军》
乐理第十八讲　读谱法总说下（音阶总说、结论）	唱歌基本练习十七	
附录　中西音乐名词对照表（一）		

资料来源：李琪天. 吴梦非《初级中学音乐》教科书研究[D]. 金华：浙江师范大学，2018：21.

表 3-17 《初级中学音乐》第二册具体内容结构

乐理		唱歌基本练习	歌曲
乐理第十九讲　音乐常识一（音乐是什么）		唱歌基本练习十八	《梅花》
乐理第二十讲　音乐常识二（音乐的三方面）		唱歌基本练习十九	《战，战，战》
乐理第二十一讲　音乐常识三（音乐底欣赏）		唱歌基本练习二十	《凯旋曲》
乐理第二十二讲　音乐常识四（音乐底分类）		唱歌基本练习二十一	《春风》
乐理第二十三讲　音乐常识五（人声底区域、唱法底种类）		唱歌基本练习二十二	
乐理第二十四讲　音乐常识六（音乐的声音美）		唱歌基本练习二十三	《花与蝶》
乐理第二十五讲　音乐常识七（音乐的形式美、音乐的表情美）		唱歌基本练习二十四	
乐理第二十六讲　音乐常识八（民谣与童谣）		唱歌基本练习二十五	《黄花冈》
乐理第二十七讲　音乐常识九（歌谣基本形式一）		唱歌基本练习二十六	
乐理第二十八讲　音乐常识十（歌谣基本形式二）		唱歌基本练习二十七	《柳暗花明》
乐理第二十九讲　音乐常识十一（歌谣基本形式三）		唱歌基本练习二十八	《运动会》
乐理第三十讲　音乐常识十二（歌谣基本形式四）		唱歌基本练习二十九	《郊行》
乐理第三十一讲　音乐常识十三（艺术歌谣）		唱歌基本练习三十	
乐理第三十二讲　音乐常识十四（寺院音乐一）		唱歌基本练习三十一	《齐心用国货》
乐理第三十三讲　音乐常识十五（寺院音乐二）		唱歌基本练习三十二	《满江红》
乐理第三十四讲　音乐常识十六（神曲与歌剧一）		唱歌基本练习三十三	
乐理第三十五讲　音乐常识十七（神曲与歌剧二）		唱歌基本练习三十四	《岳武穆》
附录	中西音乐名词对照表（二）		

资料来源：李琪天. 吴梦非《初级中学音乐》教科书研究[D]. 金华：浙江师范大学，2018：21.

表 3-18 《初级中学音乐》第三册具体内容结构

乐理		唱歌基本练习	歌曲
乐理第三十六讲　音乐常识十八（乐器底诞生、乐器的种类）		唱歌基本练习三十五	《萤》
乐理第三十七讲　音乐常识十九（弦乐器）		唱歌基本练习三十六	《级友会歌》
乐理第三十八讲　音乐常识二十（管乐器一）		唱歌基本练习三十七	《夜读》
乐理第三十九讲　音乐常识二十一（管乐器二）		唱歌基本练习三十八	《燕子》
乐理第四十讲　音乐常识二十二（击乐器、有键乐器）		唱歌基本练习三十九	《八点钟歌》
乐理第四十一讲　音乐常识二十三（器乐演奏底方式）		唱歌基本练习四十	《苏武别妻》
乐理第四十二讲　音乐常识二十四（管乐合奏、管弦乐合奏）		唱歌基本练习四十一	《过去的快乐》
乐理第四十三讲　音乐常识二十五（器乐曲的形式一）		唱歌基本练习四十二	《棉花》
乐理第四十四讲　音乐常识二十六（器乐曲的形式二）		唱歌基本练习四十三	《御侮》
乐理第四十五讲　音乐常识二十七（器乐曲的种类一）		唱歌基本练习四十四	《飞行曲》
乐理第四十六讲　音乐常识二十八（器乐曲的种类二）		唱歌基本练习四十五	《总理逝世纪念》
乐理第四十七讲　音乐常识二十九（乐风变迁概况一）		唱歌基本练习四十六	《春之心》
乐理第四十八讲　音乐常识三十（乐风变迁概况二）		唱歌基本练习四十七	《送别》
乐理第四十九讲　音乐常识三十一（音乐与人生）		唱歌基本练习四十八	《春逝了》
附录	1. 中西音乐名词对照表三；2. 本书所载音乐大家原名对照表		
插图	乐器图一、乐器图二、乐器图三、管弦乐的乐器配置图、音乐大家像一、音乐大家像二		

资料来源：李琪天. 吴梦非《初级中学音乐》教科书研究[D]. 金华：浙江师范大学，2018：21.

表 3–19　《初级中学音乐》第四册具体内容结构

乐理		唱歌基本练习	歌曲
乐理第五十讲　和声学初步一（复音乐和单音乐、和声学底意义、音程）		唱歌基本练习四十九	《秋风秋雨》
乐理第五十一讲　和声学初步二（音程的分类、音程的转位）		唱歌基本练习五十	《唯我青年》
乐理第五十二讲　和声学初步三（三和音底构成、三和音底分类）		唱歌基本练习五十一	《在深山中》
乐理第五十三讲　和声学初步四（和声音的位置、四声部底组织、重复与省略）		唱歌基本练习五十二	《虫的音乐》
乐理第五十四讲　和声学初步五（长调三和音底连接）		唱歌基本练习五十三	《总理诞辰纪念》
乐理第五十五讲　和声学初步六（短调三和音底连接）		唱歌基本练习五十四	《国殇》
乐理第五十六讲　和声学初步七（和声进行上底两大禁制）		唱歌基本练习五十五	《观猎》
乐理第五十七讲　和声学初步八（三和音的转位、六和音与四六和音的规则）		唱歌基本练习五十六	《中华民国》
乐理第五十八讲　和声学初步九（七和音的构成）		唱歌基本练习五十七	《春夜月》
乐理第五十九讲　和声学初步十（七和音的解决规则）		唱歌基本练习五十八	《旅行歌》
乐理第六十讲　和声学初步十一（七和音的转位）		唱歌基本练习五十九	《采桑词》
乐理第六十一讲　和声学初步十二（转调）		唱歌基本练习六十	《和平》
乐理第六十二讲　和声学初步十三（终止法）		唱歌基本练习六十一	《文文山》
乐理第六十三讲　和声学初步十四（乐曲之和声的解剖、和声学的应用）		唱歌基本练习六十二	《同声欢唱》
附录	中西音乐名词对照表（四）		

资料来源：李琪天. 吴梦非《初级中学音乐》教科书研究[D]. 金华：浙江师范大学，2018：21.

由此可看出，本套教材的特点如下。唱歌基本练习遵循由易到难、循序渐进的原则安排视唱训练。调式调性以C大调为主，逐渐加入G大调、F大调、降B大调、a和声小调、D大调、A大调、降E大调、b和声小调、g和声小调、b旋律小调、#f和声小调、降A大调。第一册以单声部旋律为主，第二册开始加入二声部练习，并随着年级的增加而逐渐增加，第四册则加入三声部、四声部练习。

教科书所选歌曲除了沿用学堂乐歌的创作手法，在外国曲调或中国传统民谣中填入新词之外，还选入了吴梦非和其夫人王元振合作创作的8首歌曲，分别是《奋起》《国旗》《想念我爸爸妈妈》《进军》《战，战，战》《运动会》《八点钟歌》《总理逝世纪念》。词曲的艺术特点与前述吴梦非于1930年出版的《中学新歌曲》中的歌曲特点有异曲同工之妙。

四、中央苏区音乐教科书

《儿童唱歌集》

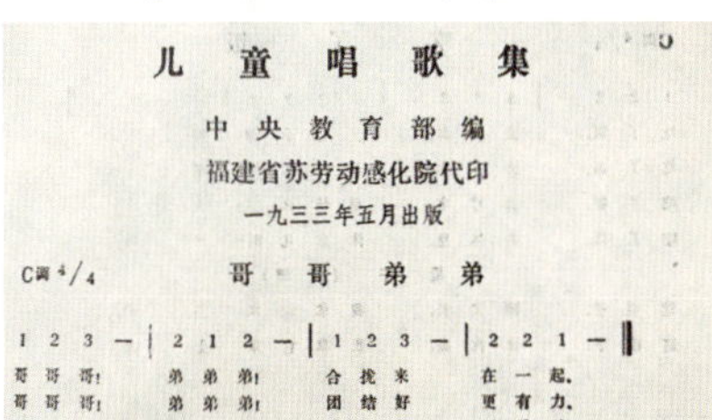

3–31

图 3–31　《儿童唱歌集》，中央教育部编，福建省苏劳动感化院代印，1933 年

《儿童唱歌集》是中央苏区唯一一本儿童歌曲专辑书籍，由中央教育部编写，于1933年5月出版。歌曲多来自民间，贴近生活，多旋律简单、朗朗上口，反映了苏区儿童的生活，呈现了儿童化的革命叙事，并传播了科学知识。全书采用简谱形式，以便于学习者学习和传唱，最大限度地发挥其在生活中的功能性作用。

《儿童唱歌集》收录了大量的红色革命歌曲，如《当红军》《优待红军》《帮助红军》《共产儿童团歌》等，这些歌曲反映了"军民一家亲"的和谐景象，树立着正确的革命风向标，当中的音乐和旋律在儿童的成长过程中起着不可或缺的作用。以《当红军》为例，歌曲为$\frac{4}{4}$拍的c徽五声调式，歌曲结构为一段体。节奏以八分音符为主，并有附点音符与四分音符，使旋律更富有歌唱性，易于儿童学习和群众传唱。从歌词上，"八月桂花香，九月菊花黄"体现了歌曲引导儿童热爱生活、喜爱大自然的美好感情。"哥哥当红军，弟弟上学堂。当红军打敌人，工农群众得解放"，语言虽简单，但明确地宣扬了红军的榜样性以及人民渴望抗战胜利的迫切愿望。总体上看，这首歌曲虽简短，但也运用了简单的发展手法，强调了"工农群众得解放"的民族统一愿望，生动地反映了红军的影响力，以及工农群众相信且支持红军抗战，希望国家和平安定之心。

此外，教科书还收录了诸如《防毒气》《体操》《整理》等引导儿童健康生活的教化歌曲，以儿童喜闻乐见的形式传播着生活常识。

本章小结

1927—1937年这一时期的音乐教科书处于一个相对稳定的发展期，除了不可避免的政治色彩和遵从课程标准的模式化呈现外，它还具有以下特点。

一、内容丰富，多元呈现

这一时期的音乐教科书基本上有综合性特点，一般而言，至少包括唱歌和乐理两部分，这两部分内容或者综合出现在一本教科书中，或者虽分别为不同的教科书但在实际教学中要配合使用，而且在教学说明中往往给出明确的教学时间分配建议。在这个基础上，有的教科书会增加欣赏、视唱练习，以及除了基本乐理外的其他音乐常识等内容。

鉴于教科书内容的综合性增强，编（著）者对各项内容之间关系解读的偏好也反映在综合性教科书内容编排的逻辑中。有的教科书是按乐理知识由易到难的逻辑来编排，辅以同等难度和以知识点呈现的歌曲与相关练习；有的教科书是以歌唱的学习为主，从歌唱法的角度安排各项知识；有的教科书既有知识的线性逻辑，又有螺旋式的知识反复呈现，以达到温故知新的效果；还有的教科书以时令为依据，根据主题来安排歌曲。总的来说，技巧和知识的学习都基本遵从了学科逻辑。

二、儿童旨趣，回归生活

这一时期的教科书编写体现出对生活的回归，力求与学生的身心发展相贴合，体现与儿童生活场景的相应性。比如关于春景的歌曲，就安排在春天教学，关于白雪的歌曲，就安排在冬天教学；选材富有童趣且能激发情感；题材有儿童视角且学习过程遵从儿童的学习心理。但“力求”也有难以达成的现实难题，比如歌词要适合儿童生活，用到儿童的语汇，曲调要适合儿童的音域追求，这往往又与歌曲要有文学性和激励性的要求难以达成统一。为改善此状况，1934年6月，管理中英庚款董事会专门分配第一届息金120万元补助教育文化事业，提出其中的4000元作为征求小学乐歌的奖金，规定1928年以前出版的乐歌不得应征，并将1935年6月30日定为截止日期，1935年10月1日定为揭晓日期。后因应征的佳作太少，此事没了下文，由此可见小学歌曲的创作之困难。

三、作品原创，民族特色

这一时期教科书为摆脱对外来曲调的依赖，国内音乐创作者原创的歌曲比例增加，歌曲强调民族性，且以快乐活泼、勇壮庄严为主要风格。有些教科书的编者本身就是教科书所有歌曲的创作者。有些教科书则完全没有采用国外的曲调、作品，比如商务印书馆的“复兴音乐教科书”系列等，对此，有人提出批评，认为不应完全遗弃外国的作品，这样使得教科书的多元性不够，有碍学生对音乐多样性的了解，而应使学生接触世界各国的音乐。

四、装帧精美，规范呈现

这一时期的教科书在封面设计上更为多样化和富有美感，字体和版式编排更为规范，印刷的质感也有所提升，尤其是乐谱的印刷。乐谱的印制是音乐教科书的一项特别需求，在音乐教科书编写出版初期，乐谱的呈现少有精致可言，但随着印刷业和出版业的稳定发展，这一情况有了改观，这一时期音乐教科书中的乐谱大多工整、规范，与其他文字共同呈现时并没有突兀之感。

第四章

战时中小学音乐教科书的缓慢发展（1937—1949）

1949

音乐教科书虽有政治依从性，但绝不是简单被动的服从，它能够并且确实有相对的自主性，是共同的行动与认同形成的关键载体。战时音乐教科书中关于“抗战”“建国”价值观的传达与内容建构不仅仅是一种政治依从，而是体现出在中华民族共同体受到侵害之时，无论哪一个政权都认识到音乐在唤起国民之民族意识与爱国思想，鼓起同仇敌忾、为国战斗的勇气上的不可替代的作用。在中华民族危难之时，国民党执政的国民政府联手中国共产党进行了多年抗战，国统区和革命根据地的教育呈现出在统一的教育方针下又各有特点的形态。

战争终归是破坏性的存在，无论是全民族抗战时期还是后来的解放战争时期，中小学音乐教科书的建设都是在重创中蹒跚前行，即便如此，这一建设却始终不忘初心，砥砺前行，在多样化的革命叙事中树立着集体主义理想，阐发着民族的自豪感，也构建着综合性的审美素养。

第一节 国统区的中小学音乐教育

一、“战时须作平时看”的教育方针

1937年7月7日，抗日战争全面爆发，战前相对稳定的教育秩序被破坏，各级各类教育受到重创。据统计，在1937年7月之前，当时的高等院校“教授教员共七千五百六十人，职员共四千二百九十人，学生共四万一千九百二十二人”；抗日战争全面爆发后，“受影响之教职员共计二千人，学生二万余人，已达全数百分之五十。……我国高等教育机关之损失，就其可知而言，已达三千三百六十余万元之巨数”[1]。中等教育机关方面，“按我国在沦陷区及战区之职业学校为数共达一百一十校，学生四万一千七百余人，战前我国共有中等学校三千一百八十四校，现在沦陷区域及战区者，计一千九百二十六校，达全数百分之四十以上。其中之教职员因战事而蒙受影响者，计二万零五百十人，占全体教职员之总数三分之一有奇。我国中等学校学生，全国共有五十七万一千八百余人，受战事影响者达百分之五十，其财产之损失，亦达六千五百五十六万七千余元”[2]。初等教育机关方面，“小学及幼稚园之损失，实为我国普及教育运动之最大之打击……［全民族］抗战以来在沦陷区域及战区之初等教育机关，共达十二万九千七百余校，均因战事而不能继续其教育之功能。而此十二万余学校中，有教职员二十五万七千余人，学生六百四十八万三千余人，亦均因战事而失去其教学求学之机会”[3]。

为应对战时的特殊情况，南京国民政府1938年3月在武汉召开了国民党临时全国代表大会，通过并颁布了《中国国民党抗战建国纲领》，作为全民族抗战时期国民政府的施政方针。除前言外，纲领分为总则、外交、军事、政治、经济、民众运动、教育等7项32条，其中关于教育的四条为：“（廿九）改订教育制度及教材，推行战时教程，注重于国民道德之修养，提高科学的研究与扩充其设备。（三十）训练各种专门技术人员，与之适当之分配，以应抗战需要。（卅一）训练青年，

[1] 时事问题研究会. 抗战中的中国文化教育[M]. 北京：抗战书店，1957：29.

[2] 时事问题研究会. 抗战中的中国文化教育[M]. 北京：抗战书店，1957：33.

[3] 时事问题研究会. 抗战中的中国文化教育[M]. 北京：抗战书店，1957：33.

俾能服务于战区及农村。（卅二）训练妇女，俾能服务于社会事业，以增加抗战力量。”[1]

会议还通过了《战时各级教育实施方案纲要》（以下简称《纲要》），对教育如何发展提出了具体要求，指出了1937—1945年期间实施教育的方针：“一曰三育并进；二曰文武合一；三曰农村需要与工业需要并重；四曰教育目的与政治目的一贯；五曰家庭教育与学校教育密切联系；六曰对于吾国固有文化精粹所寄之文史哲艺以科学方法加以整理发扬，以立民族之自信；七曰对于自然科学依据需要迎头赶上，以应国防与生产之急需；八曰对于科学取人之长，补己之短，对于原则应加整理，对于制度应谋创造，以求适合于国情；九曰对于各级学校力求目标之明显，并谋各地之平均发展，对于义务教育，依照原定期限，以达普及，对于社会教育与家庭教育，力求有计划之实现。”[2]《纲要》还提出“十七要点”，如可酌情变通现行学制；通盘计划学校之迁移与设置；特别重视师资训练；彻底整理各级学校各科教材及中小学教学科目；制定各级学校训育标准；整理体育教材，使之与军训、童训连贯等。[3]

围绕全民族抗战时教育该如何创办的问题存在一些争议。一部分人提出“焦土抗战”论，持此论者认为，非常时期应该一切以战争为出发点，把教育当成为战争培养斗士的工具，认为“为适应抗战需要，除基本课程必修外，应抽出三分之一或一半时间学习和抗战有关新课程”[4]。更多的人提出抗战也应维持正常的教育状态，时任中央大学校长的罗家伦就认为：“不但大学不能停办，就是义务教育也不能停办，而且要积极扩充。停顿是文化的脱节，甚至于断气。”[5]面对这些争议，国民政府采取了抗战与建国双管齐下的方针，在维持正常教学的前提下，让学校教育为抗战作出一定贡献。1937年 8 月，教育部颁布了《总动员时督导教育工作办法纲领》，指出：“战争发生时，全国各地各级学校暨其他文化机关，务力持镇静，以就地维持课务为原则。”“各级学校之训练，应力求切合国防需要。”教职员及中等以上学校学生可以就地组织战时后方服务团，但“不得以任何名义妨害学校之秩序”。[6]1938年3月，《告全国学生书》发布，再次强调教育的重要性：“教育之任务，为在智德体各方面培养健全之公民，使其分负建国之艰巨任务，故青年之入校修业，自国家立场视之，读书实为其应尽之义务，使青年而有废学之现象，实为国家衰亡之危机。”[7]“各级学校之课程，不为必须培养之基本知识，即为所由造就之专门技能，均各有其充实国力之意义。纵在战时，其可伸缩者亦至有限，但不能任意废弃。”[8]1939年 3 月，蒋介石在第三次全国教育会

[1] 徐辰. 宪制道路与中国命运：中国近代宪法文献选编：1840—1949：下卷[M]. 北京：中央编译出版社，2017：128-129.

[2] 顾明远. 世界教育大事典[M]. 南京：江苏教育出版社，2000：550.

[3] 顾明远. 世界教育大事典[M]. 南京：江苏教育出版社，2000：550.

[4] 许庆如. 战时须作平时看：国家动荡中的教育智慧[J]. 河北师范大学学报（教育科学版），2011（5）：51.

[5] 许庆如. 战时须作平时看：国家动荡中的教育智慧[J]. 河北师范大学学报（教育科学版），2011（5）：51.

[6] 教育部教育年鉴编纂委员会. 第二次中国教育年鉴：一[M]. 北京：商务印书馆，1948：10.

[7] 虞和平. 中国抗日战争史料丛刊：829　文教教育[M]. 郑州：大象出版社，2016：106.

[8] 虞和平. 中国抗日战争史料丛刊：829　文教教育[M]. 郑州：大象出版社，2016：107.

议上发表了《今后教育的基本方针》的训词，其中指出："我们切不可忘记战时应作平时看，切勿为应急之故，而就丢却了基本。我们这一战，一方面是争取民族生存，一方面就要于此时期中改造我们的民族，复兴我们的国家，所以我们教育上的着眼点，不仅在战时，还应当看到战后。"[1]至此，国民政府终于确定了"战时须作平时看"的战时教育方针。

二、音乐教育委员会的成立及其活动

全民族抗战时期，国民政府非常看重音乐教育，因为音乐有着极强的号召力，同时作为一种民族文化的重要载体，在文化传承和唤起国民之民族意识与爱国思想、鼓起为国战斗的勇气上有着不可替代的作用。这一点在1938年教育部向各省教育厅颁发《中小学音乐教育应行注意事项》的训令中予以了强调——"查我国自古以礼乐为治国化民之本。自古乐失传，乐教式微，人民仅习于礼教之繁文缛节，缺乏乐教之陶冶，以调和其生活，遂致今日之社会，形成组织散漫、生气索然之现象。今欲补偏救弊，坚强社会组织，发扬民族精神，非提倡音乐起不可，而欲提倡音乐，又非先自学校中注意音乐教育不可。盖音乐感人至深，足以涵养国民快乐与勇敢之情绪，激发国民团结与进取之精神，并能唤起国民之民族意识与爱国思想。在此抗战建国期间，欲使全国国民同仇敌忾，发扬蹈厉之情油然而生，尤非致力于音乐教育不可"[2]。

鉴于音乐教育有如此重要的精神引领作用，为保障全民族抗日战争时期学校音乐教育活动的开展，使音乐课程的实施能配合抗战建国的教育目标，1938年教育部特别设立了音乐教育委员会，先后委任应尚能、李抱忱、郑颖孙为音乐教育委员会驻会委员，应尚能继任秘书。是年9月10日，教育部公布《修正教育部音乐教育委员会章程》，为重新发挥音乐教育委员会的职能和作用，由驻会委员对原定章程加以修改并草拟签呈，文曰："本部于民国二十三年订定音乐教育委员会章程，组织音乐教育委员会……唯以组织乏人，该会至今已无形停顿。际此［全民族］抗战期间，音乐尤待积极推进，音乐教育委员会似有重新组织之必要。爰将前颁之章程予以修正。"[3]1938—1945年间，音乐教育委员会共召开了九次委员会议，探讨和推进了一系列关于音乐教学内容、教科书选编与审定、教学实践、音乐活动等事项的政策制定和实践改革。

1938年10月27日，音乐教育委员会在重庆召开重组后的第一次会议。出席者有顾毓琇、郑颖孙、卢冀野、唐学咏、李抱忱、应尚能、顾树森、陈礼江等十余人，会议阐述了该委员会设置的主旨以及所肩负的重大使命，即"音乐与抗战建国之关系"，主要讨论了以下8项问题：①审查各级学校现有音乐教材，推五位委员负责审查、编制、征集教材工作；②举办音乐推广人员训练班；

[1] 教育部教育年鉴编纂委员会．第二次中国教育年鉴：一[M]．北京：商务印书馆，1948：82.

[2] 孙继南．中国近现代音乐教育史纪年：1840—2000[M]．济南：山东教育出版社，2004：457.

[3] 孙继南．中国近代音乐教育史纪年：1840—2000[M]．上海：上海音乐学院出版社，2012：113.

③由部派员视察各省音乐教学实况；④编纂音乐词典；⑤搜集民间歌曲；⑥专人审核各校校歌；⑦推专人搜集中国音乐史料；⑧确定国乐标准。[1]由此可见，音乐教科书的选材、编撰、审定是该委员会的一项重要工作，其中第一条关于音乐教科书审定的主要内容就包括："（一）审查各级学校现有音乐教科书及编制新的音乐教科书，并公开征求歌曲作品，俾适应抗战建国需要案，决议（甲）从经本部审查出版之教科书，准继续采用，其未经审查者，须一律送会审查。（乙）本届审查适用及编制之教科书，继续出版音乐教科书第二集及第三集。（丙）推唐学咏、应尚能、卢冀野、李抱忱、郑颖孙五委员，拟定审查编制，征求标准，并分别负责办理征集及审查工作。"[2]12月23日，根据音乐教育委员会建议，教育部向各省教育厅颁发训令并附发《中小学音乐教育应行注意事项》，令所属各中小学自1939年春季起认真实施，不得玩忽。注意事项分教材和教学两方面。教材方面包括：①应采用部编中小学音乐教材（正中书局、商务印书馆、中华书局各书坊发行）内所载歌曲。②应切实遵照中小学音乐课程标准所列教学要点选取歌曲。③应多采用与抗战建国有关之教材。[3]教学方面包括：①每周教学时间数应遵照中小学音乐课程标准及本部1938年第五五九四号令之规定。②在每日举行升降国旗礼节时，应令全体唱中国国民党党歌、国旗歌及爱国抗敌等歌曲。③在各种集团活动（纪念周、朝会、周会、童子军活动、自治团体活动、运动比赛等）及举行仪式（纪念节日仪式、学校开学、休业、毕业典礼等）时，应尽量利用音乐，加入唱歌、奏乐或唱歌游戏等节目。④各中小学如无室内操场之设备，因天雨而不能上体育课及举行课外运动时，应利用此时间加授音乐。唯担任此项课务之教员及授课时间，应于学期开始时妥为支配。⑤在课外活动时间，应组织歌咏队或音乐班，选取对于音乐有兴趣、有天才之学生，予以充分练习之机会。⑥每学期内应定期举行音乐会一次。⑦各校间或各级间应常举行音乐竞赛会，比赛唱歌或奏乐，择优给奖，与演说竞赛会等同一重视。[4]

1939年4月，为适应战时需要，教育部将音乐教育委员会再次改组。改组后的音乐教育委员会具体办事机构设于教育部内。委员会下设教育、研究、社会、编订四组；另设《乐风》月刊编辑部。教育组的任务为：①审查、草拟音乐教育方针及制度；②审查、编制音乐教材；③甄别、训练音乐师资；④音乐教育之推广及实验；⑤推行学校课外音乐活动；⑥视察各地音乐教育。[5]

1940年5月27日，教育部颁发《修正教育部音乐教育委员会章程》，规定设主任委员、副主任委员各1人，秘书1人，专任委员5人；委员15至21人，由教育部长聘任或指派，并规定音乐教育委员会的任务为：①审查及拟定音乐教育制度；②甄别音乐师资；③审查及编制音乐教材及各种乐曲；

[1] 孙继南. 中国近现代音乐教育史纪年：1840—2000[M]. 济南：山东教育出版社，2004：116，118.

[2] 程征. 论中国近代学制变革下的音乐教科书本土化演进：以上海近代新学制音乐教科书为例[D]. 上海：上海音乐学院，2019：178.

[3] 孙继南. 中国近现代音乐教育史纪年：1840—2000[M]. 济南：山东教育出版社，2004：457-458.

[4] 孙继南. 中国近现代音乐教育史纪年：1840—2000[M]. 济南：山东教育出版社，2004：458.

[5] 孙继南. 中国近现代音乐教育史纪年：1840—2000[M]. 济南：山东教育出版社，2004：121.

④研究音乐学术、改良固有音乐；⑤研究标准音律；⑥推行社会音乐事业；⑦出版乐曲、歌曲及专门著述。[1]

1941年4月13至14日，音乐教育委员会在重庆召开第六次全体委员会议，到会20余人。此次会议通过议案多件，重要者有：①确定348振动数为黄钟之标准音；②搜集边地乐器与歌曲；③通令专科以上学校列音乐为共同必修课；④指定各国立师范学校一律增设音乐系；⑤推进歌咏教育；⑥规定排箫为乐徽；⑦定每年4月5日为音乐节，3月5日至4月5日为音乐月，春季为音乐季；等等。[2]

1943年5月15日，音乐教育委员会召开第七次会议，出席委员19人，委员共提出24条建议，其中有14条提案，如“补助上海私立音专及招致沦陷区乐人”“音乐刊物必须经教育部审定后始准出版”“大量翻印西洋著名曲谱，平价发售，以利教学案”等等。[3]

1943年12月25至26日，音乐教育委员会第八次会议在重庆青木关民众教育馆召开，该会议合并国立礼乐馆乐典讨论会进行，主席顾毓琇的报告称，“本部音教会前经改为会议性质，不定期地召开大会，集思广益，交换有关音乐教育之意见”，“国立礼乐馆乐典讨论会未成立前关于典礼音乐之制定，已由音教会着手筹备，兹以试拟之乐典公开试奏，请音乐界同人加以批评”。故议题涵盖了音乐教育事项和礼乐事项，且以礼乐事项为主。关于音乐教育的议题主要是由陈礼江提出的三条内容，包括“（1）年来教育部注意音乐教育，创设音乐院，更扩充设立分院及各种乐团，各师院亦多设立音乐系，成效大善，民众需要亦殷，音乐已由学校之门进入社会，希望多设造就音乐人才机关，多有音乐表演机会使民众欣赏。（2）希望政府以重大代价聘请作词作曲专家编制代表民族性有永久价值之歌曲及音乐教材。（3）民众音乐教育希望各民教馆多予注意，学校音乐风气亦应造成”[4]。

1944年4月6日，音乐教育委员会第九次会议在重庆教育部会议室召开，教育部次长顾毓琇任主席作报告略言：“年来，本部于音乐教育之推行极为注意，举凡人才之培养，教材之编印，乐器之制造以及各种音乐会之举办，均著成效。然距理想之程度尚远，群策群力惟我音乐界同人共勉之。”[5]会议提案共11件，其中主要有拟请教育部通令全国中等以上学校每学期至少举行音乐集会一次、拟定举办音乐比赛奖励办法、减免音乐会捐税、加强与友邦国家的音乐交流、设立中小学音乐师资训练班等等。[6]

[1] 孙继南. 中国近现代音乐教育史纪年：1840—2000[M]. 济南：山东教育出版社，2004：465.

[2] 孙继南. 中国近现代音乐教育史纪年：1840—2000[M]. 济南：山东教育出版社，2004：135.

[3] 附录74　教育部音乐教育委员会第七次会议资料[M]//孙继南. 中国近现代音乐教育史纪年：1840—2000. 济南：山东教育出版社，2004：506-508.

[4] 附录76A　教育部音乐教育委员会第八次会议记录[M]//孙继南. 中国近现代音乐教育史纪年：1840—2000. 济南：山东教育出版社，2004：512-513.

[5] 附录76B　教育部音乐教育委员会第九次会议记录[M]//孙继南. 中国近现代音乐教育史纪年：1840—2000. 济南：山东教育出版社，2004：518.

[6] 附录76B　教育部音乐教育委员会第九次会议记录[M]//孙继南. 中国近现代音乐教育史纪年：1840—2000. 济南：山东教育出版社，2004：518-519.

三、国统区中小学音乐教育的发展

1. 全民族抗战时期新音乐课程标准的出台

1937年，课程标准还来不及根据新的战时教育要求进行修改，所以中小学音乐教学基本还是遵照1936年的音乐课程标准执行，然而这一音乐课程标准也存在着诸多问题，最主要的问题集中在教学内容偏难偏多，实际教学难以达到课标的要求等。直到1940和1941年才分别出台了新的中学和小学音乐课程标准。

1941年的《小学音乐科课程标准》将小学音乐的教学目标拟定为：顺应儿童快乐活泼的天性，以发展其欣赏音乐的兴趣；发展儿童发音的官能及认谱节奏的能力；培养儿童歌唱演奏及音乐表演的兴趣和能力；利用儿童的心理反应，授以优美雄壮的歌曲，以激发其活泼勇敢的情绪，并鼓励其进取团结的精神，以完成乐教的功能。[1]

“教材大纲及要目”中对初级（四个学年）和高级（两个学年）两个阶段的教材的基本内容与程度进行了规定。初级和高级教材均分为欣赏教材、基础训练教材、歌曲教材、表演教材四类，按年龄循序渐进的原则，设置了由易到难的知识点或技能要点。其中欣赏教材大纲包括“教师唱奏或留声机演奏”和“儿童/学生唱奏”两部分。基础训练教材大纲包括“认谱（五线谱简谱得并用）”“发音”“节奏”“听音”四部分，即乐理和视唱练耳都归于此。初级歌曲教材大纲包括“听唱法的歌曲”“证验法的歌曲（作初步视唱用）”“视唱法的歌曲”“默唱法的歌曲”。其中“证验法的歌曲”是指“先用听唱法（不用乐谱）唱熟某歌的曲调（要非常准确），然后再用视唱法，（用乐谱）证验之，以研究乐谱中的新问题”。高级歌曲教材大纲包括“听唱法的歌曲”“视唱法的齐唱歌曲”“视唱法的歌曲”“默唱法的歌曲”。表演教材被第一次在课程标准中专门提及，包括“儿童乐队”和“儿童歌剧”两项，初级主要是节奏练习，从初级单一的节奏乐队到较复杂的节奏练习，逐渐加入旋律乐器，到高年级则分别有节奏乐队和笛鼓队、管弦队的练习。值得一提的是，高年级的节奏乐队乐曲练习后面还附有一句提示：“用谱由儿童指挥儿童演奏。”可见当时的音乐教育在儿童自主实践性体验方面，是相当重视且有细致考虑的。“儿童歌剧”包括从初级的唱歌表情到稍带剧意的唱歌表情，再到高级的能表现较长的歌剧二出至四出。另外，“教材大纲及要目”后面的附注中还特别提到“如师资缺乏，不能教授五线谱，得改用简谱”。这与前面的课程标准中规定的“绝不能用简谱”形成了对比，其实也是一种审时度势的决策。[2]

“教学要点”首先介绍了教科书编选方面应注意的7项要点：

---

[1] 课程教材研究所. 20世纪中国中小学课程标准·教学大纲汇编：音乐·美术·劳技卷[M]. 北京：人民教育出版社，2001：57.

[2] 本部分内容均参见课程教材研究所编的《20世纪中国中小学课程标准·教学大纲汇编：音乐·美术·劳技卷》（人民教育出版社，2001）第57~60页。

（1）歌词应含有儿童文学的意味，以鼓励儿童动作、兴奋个人感情、发扬民族精神为主。

（2）曲谱应尽量采用合于民族性的材料，但以快乐、活泼、勇壮、庄严而多变化为主。悲哀、消极和油腔滑调或呆板平直的材料，应该力避。曲谱中的音域、音阶、音程、调子、拍子、速度、曲体等，都应适合儿童的能力。

（3）歌曲的选择，要注意词与曲的情绪、形式、节奏、程度的协调。

（4）教材的排列，须顾到儿童的能力及前后相互的关系，并须变换趣味，切忌千篇一律。

（5）教学高年级的音乐，应常和国语、社会（例如各时代各民族的音乐设计）、劳作（例如农工等职业歌曲）等各种设计，联络教学，尤应利用社交、时令、集会等需要，而授以适当的歌曲。

（6）关于欣赏的教学，除特选欣赏教材外，对于演习时所唱的歌曲，也须注意欣赏。

（7）部编小学音乐教材初集，须尽先充分采用[1]。

全民族抗战时期中学音乐课程标准共经历了两次修订，第一次是1940年9月颁布的《修正初级中学音乐课程标准》和《修正高级中学音乐课程标准》，第二次是1941年颁布的《六年制中学音乐课程标准草案》。《六年制中学音乐课程标准草案》是教育部根据第三次全国教育会议作出的关于“设六年制中学，不分高初中。并为奖励清寒优秀子弟获得人才教育起见，六年制中学应多设奖学金额之决议”[2]而发布。我们以该标准为依据对这一时期的中学音乐教育进行介绍。

《六年制中学音乐课程标准草案》的第一部分为目标，内容包括：发展学生音乐之才能与兴趣；发展正确之唱歌方法，授以高尚乐曲；灌输音乐知识，训练读谱能力；训练听觉，养成其辨别音质、音高、强弱、节奏等能力；涵养谐和、优美、雄壮、沉着之情感，并发挥仁爱、和平、大刚、中正之民族精神。

第二部分为时间支配，规定：第一、二学年每周二小时，第三、四、五、六学年每周一小时；每小时之教材应有变化，于唱歌、乐理及欣赏三项作适当之支配。

第三部分为教材大纲，教材大纲对每个学年的教学内容范畴和程度标准都作了规定，其中第一、二、三学年的内容框架均由“乐理”“唱歌”“欣赏”三部分组成；第四学年，没有“乐理”一项，仅包括“声乐”和“欣赏”两项；第五学年单设“声乐”项，但在“唱歌”中提到“各种声乐器乐之欣赏，并多注意西洋及本国之歌剧”。

第四部分为“实施方法概要”，包括“作业要项”和“教法要点”。“教法要点”中对教材编写有直接指导意义的包括：曲谱必须完全用五线谱，绝对不许用简谱；选材时宜多选雄壮、快乐、活泼、勇敢、庄严、和平之歌曲、竭力避免选用偏于悲哀颓废等歌曲，至靡靡之音，须一概摒除；

[1] 课程教材研究所. 20世纪中国中小学课程标准·教学大纲汇编：音乐·美术·劳技卷[M]. 北京：人民教育出版社，2001：60.

[2] 课程教材研究所. 20世纪中国中小学课程标准·教学大纲汇编：音乐·美术·劳技卷[M]. 北京：人民教育出版社，2001：63.

不论单音复音，最好均选用有伴奏之歌曲；歌曲宜多用长音阶调，少用短音阶调；讲演读谱法时，使学生有识谱能力外，更须令其练习写谱；又于相当时期内，并须练习听音写谱；讲演和声学，宜力求浅近，并须随时举实际乐曲，互相参照解释；至于选择欣赏的乐曲，尤宜顾到各大家各时代各乐派之代表作品；在各种集会及举行仪式时，应尽量利用唱歌，以鼓舞其雄伟团结之精神。[1]

2. 抗战结束后的音乐课程标准

抗战结束后，我国的多数学校遭到破坏，教育事业也受到严重影响，虽然国民政府教育部仍在以原有的教育政策有序地组织学校开展教育，但很多教育政策的更新却停滞不前。小学音乐课程标准在1948年进行过修订，拆分成了适合一、二学年的《低年级唱歌游戏课程标准》和适合三、四、五、六学年的《中高年级音乐课程标准》分别实施，各项内容比之前的课程标准更为简练。《低年级唱歌游戏课程标准》分为“欣赏”和“练习”两部分内容，强调了游戏、运动和表演，如在“目标”中有“增进儿童听音、发音、表演、和游戏运动的能力”“发展儿童爱好音乐和游戏的兴趣”等表述，在“纲要”中有提到“简易的舞蹈表演”“有趣味的五声音阶的发音练习（如模仿虫声、鸟叫等而不唱名）”等表述，充分体现了尊重儿童身心发展特点，综合化、趣味化实施音乐教学的宗旨。《中高年级音乐课程标准》在“目标”增加了“培养儿童吟唱歌曲、演奏简单乐器的兴趣和技能”。将中高年级音乐教学分为“欣赏”“基本练习”“演习”三大部分，“欣赏”包括“演奏”和“故事”；“基本练习”包括“听音和发音”“指挥法”；“演习”包括“乐理（就所选歌曲和歌剧中分析辨识）”和“歌曲表演和歌剧”。[2]

初中和高中的课程标准也在这一年进行了修订，将初、高中课标也分开来进行规定，分别制定了《修订初级中学音乐课程标准》和《修订高级中学音乐课程标准》。教学时数安排基本与1940年的课程标准相同，初中课标的教学目标中将“训练唱歌奏弄乐器及辨别音质音高强弱节奏等项能力”的表述放在了首位，还增加了“供给欣赏名歌演唱名手奏弄乐器机会激发爱好音乐之兴趣”。另外，这次修订的初中课标“教材大纲”中，乐理只教到“音程大意”，而将原先的和声学内容删去了。这也可以看出，音乐教学更切实地考虑到学生的实际教学时数、学习能力和学习的差异性，增加了欣赏和音乐实践的分量，降低了乐理学习的难度。

新的课程标准虽然颁布了，但国民政府忙于内战，无暇顾及新的教科书的编写，而只对抗战时期的教科书进行翻印或微调修正后即出版发行。

[1] 本部分内容均参见课程教材研究所编的《20世纪中国中小学课程标准·教学大纲汇编：音乐·美术·劳技卷》（人民教育出版社，2001）第63~67页。

[2] 本部分内容均参见课程教材研究所编的《20世纪中国中小学课程标准·教学大纲汇编：音乐·美术·劳技卷》（人民教育出版社，2001）第68~71页。

第二节 革命根据地、解放区的音乐教育

一、全民族抗战时期革命根据地的中小学音乐教育

全民族抗战时期，革命根据地的教育活动均是为抗战服务。在全面抗战方针的指引下，毛泽东提出要实施国防教育，即“根本改革过去的教育方针和教育制度。不急之务和不合理的办法，一概废弃。新闻纸、出版事业、电影、戏剧、文艺，一切使合于国防的利益。禁止汉奸的宣传”[1]。他还提出“抗日的教育政策”，即“改变教育的旧制度、旧课程，实行以抗日救国为目标的新制度、新课程”[2]。

革命根据地的教育体制分三个部分，包括干部教育、群众教育和儿童教育。革命根据地十分重视儿童教育。1938年，毛泽东为《边区儿童》题词：“儿童们起来，学习做一个自由解放的中国国民，学习从日本帝国主义压迫下争取自由解放的方法，把自己变成新时代的主人翁。”[3]可见革命根据地的中小学音乐教育着眼于造就未来的革命接班人。1940年11月15日，中共中央宣传部发布《各抗日根据地内小学教育的指示》。文件要求各根据地中共党组织和政府必须重视小学教育事业。规定：初小学习年限三至四年，义务教育，课程以国语、算术、唱歌、运动为必修科目；高小学习年限二年，以国语、公民、常识、算术、自然、史地、唱歌、运动为主要科目，辅以时事政治教育，提倡少而精。重视培养儿童创造性，严禁恐怖惩罚或体罚。争取和改造现有师资，同时培训新师资。动员民众优待小学教师，政府应提高良好教师政治社会地位等。[4]在上述指导思想下，各革命根据地颁发了一系列中小学音乐教育的政策并积极实施。

1. 陕甘宁边区的中小学音乐教育

陕甘宁边区政府是1937年9月6日根据国共两党关于国共合作的协议，由“中华苏维埃人民共和国临时中央政府西北办事处”更名而来，是国共合作的直接产物。陕甘宁边区非常重视中小学的教育工作，于1937年10月22日召开专门会议讨论边区的教育问题，提出边区的教育要为抗战服务，

[1] 毛泽东. 毛泽东选集：一卷本[M]. 北京：人民出版社，1964：320.

[2] 毛泽东. 毛泽东选集：一卷本[M]. 北京：人民出版社，1964：328.

[3] 伍雍谊. 中国近现代学校音乐教育：1840—1949[M]. 上海：上海教育出版社，2011：128.

[4] 孙继南. 中国近现代音乐教育史纪年：1840—2000[M]. 济南：山东教育出版社，2004：126.

要在抗战动员下进行教育工作。1939年8月，陕甘宁边区教育厅颁布了由《陕甘宁边区小学法》制定的《陕甘宁边区小学规程》。规程规定：小学招收七至十二岁儿童，修业五年，前三年为义务教育。课程以政治、军事为中心，设国语、算术、常识、美术、劳作、音乐、体育。音乐课周学时规定为：初级小学一、二、三年级每周各三节；高级小学四、五年级每周各二节。主要教学内容是唱革命歌曲。[1]1941年2月，陕甘宁边区教育厅修正并公布的《陕甘宁边区小学教育实施纲要》中指出，边区小学教育应依据新民主主义教育方针，以促进儿童的民族觉悟，养成儿童的民主作风，发展儿童的审美观念，提高儿童的劳动兴趣，锻炼儿童的健壮体格，增进儿童生活所必要的知识，培养儿童为大众服务的精神。[2]审美在此作为一个重要的教育宗旨被彰显。

在中学音乐教育方面，陕甘宁边区的中学教育有着非常明显的干部教育倾向，在1942年8月由边区政府制定的《陕甘宁边区暂行中学规程草案》规定："中学依照新民主主义方针，继续小学教育，培养健全的新青年，以为从事边区各种建设事业及研究高深学术之预备场所。"[3]初级中学的课程设置主要有国文、政治、数学、自然、历史、军事训练、美术、地理、新文字、体育、音乐等。

陕甘宁边区音乐教育的发展还体现在活动课上，包括组建歌咏队、秧歌队进行文艺演出活动，唱革命歌曲、办黑板报、书写标语等。

2. 晋察冀边区的中小学音乐教育

1938年2月，晋察冀边区委员会领布《晋察冀边区小学校教学科目及每周教学时间表》，其中唱游（体育、音乐）的课时规定为：一、二年级240分钟；三、四年级240分钟；五、六年级体育180分钟，音乐120分钟。要求"唱歌应注意多授救亡歌曲，以激发儿童的爱国情绪，培养儿童的民族意识"[4]。

1940年，《晋察冀边区文化教育会议文化教育议决案》中关于学校教育开设课程及课时比例的规定为：初级小学唱歌占5%，高级小学音乐占5%，师范艺术科（音乐、戏剧、美术等）占10%。[5]1941年5月31日发表于《边区教育》第三卷9、10期合刊的《晋察冀边区中学课程标准》中，规定音乐课课时占总课时的3%。[6]

1943年4月10日，晋察冀边区行政委员会发布《关于整理小学加强儿童生产教育的指示》，后附"完小半日制日课表"与"隔日巡回日课表"，其中"完小半日制日课表"规定每周一、四、五都有一节唱歌课，隔日巡回小学只在每周一、三、五上课，不上课的日子就参加生产劳动，其中每周

[1] 孙继南. 中国近现代音乐教育史纪年：1840—2000[M]. 济南：山东教育出版社，2004：122.

[2] 伍雍谊. 中国近现代学校音乐教育：1840—1949 [M]. 上海：上海教育出版社，2011：129.

[3] 伍雍谊. 中国近现代学校音乐教育：1840—1949 [M]. 上海：上海教育出版社，2011：129-130.

[4] 孙继南. 中国近现代音乐教育史纪年：1840—2000 [M]. 济南：山东教育出版社，2004：114.

[5] 孙继南. 中国近现代音乐教育史纪年：1840—2000 [M]. 济南：山东教育出版社，2004：133.

[6] 张加存，彭勇文. 清末至民国的艺术教育[M]. 上海：上海人民出版社，2020：145.

三、五所有年级在一起上一节唱歌课。

3. 晋绥边区的中小学音乐教育

1940年12月，晋绥边区提出了办学正规化的口号，中学教育课程设置包括国语、数学、英文、物理、化学、历史、地理、生物卫生、博物、社会科学、军事、美术、音乐、新文字等。抗日宣传活动如演出抗日剧、唱抗日歌曲等是中小学生重要的课外活动。

4. 山东抗日根据地的中小学音乐教育

山东抗日根据地的小学和中学均开设有音乐课，中学尤其重视音乐教育。以胶东公学为例，校设中学部和师范部，两部的课程设置中都有音乐课，主要学习内容是抗战歌曲，兼习简单的乐理和乐谱知识。

5. 华中抗日根据地的中小学音乐教育

华中抗日根据地关于小学音乐教育的文件主要有1944年的《苏南区行政公署三十三年溧高地区小学教育暂行实施办法》，其中规定小学课程包括唱歌课。《苏中区小学暂行规程》（1944）中规定小学低年级（一、二年级）设体育音乐（唱游），每周课时为180分钟；中年级（三、四年级）和高年级（五、六年级）专设音乐课，每周课时为90分钟。中学教育中以培养学生较多、贡献较大的淮北中学为例，该中学的初中设有音乐课。

二、解放区的中小学音乐教育

抗日战争后期，我国原有的根据地和解放区的面积不断调整、连接和扩大，至解放战争时期，逐渐形成了陕甘宁、东北、华北、华东、中原等几块规模较大的解放区。各解放区内，除了将反动武装全部消灭外，还进行了土地改革和其他一些社会改革。在此期间，共产党对教育事业的态度始终没有松懈过，尤其是在抗日战争胜利后，基于国家建设对人才的迫切需求，中共中央提出解放区要“迅速恢复文化教育事业，尽快培养各方面的建设人才”[1]。在此要求下，教育界继续贯彻科学的新民主主义教育方针，结合生产劳动实践，致力于解放战争、土地改革和解放区建设。在此期间，音乐教育也将服务革命战争放在第一位，这是政治发展的选择，也是社会进步的需要。

1. 陕甘宁解放区的中小学音乐教育

陕甘宁解放区由“陕甘宁边区”改称，包括陕西北部、甘肃和宁夏的东部。陕甘宁解放区以延安为中心，是各解放区的模范，也是全国音乐教育改革的先锋。1946年10月1日颁布的《陕甘宁边区中等学校的方针、学制与课程》中，将艺术课程（美术、音乐）列为正式课程，并且在第一学年至第二学年每周占两个课时。[2]同年12月10日颁布的《陕甘宁边区战时教育方案》，提出应“加强

[1] 张召涵. 中国近现代音乐教育制度：1937—1949[D]. 武汉：华中师范大学，2014：21.

[2] 于丽. 论建国前中国共产党学校音乐教育的两大特点[J]. 品牌（下半月），2015（2）：128.

学生会或儿童团的组织及工作，发挥学生的积极性和创造性，使他们充分开展壁报、黑板报、歌咏、秧歌、戏剧、讲演、访问、慰劳、拥军抗战、动员参战等课外活动和社会活动”[1]，体现了学校教育应配合战争需要，在音乐教育中应组织秧歌队、歌咏队等，以培养学生热爱边区、服务人民的意识，并配合边区文艺团体的相关工作。1949年7月21日颁布的《陕甘宁边区政府关于目前新区国民教育改革的指示》中规定各主要课程教材必须采用人民政府审定的课本[2]，还提倡启发式教学，鼓励联系实践展开教学活动，以达到学以致用。这体现了教育部门开始注意推广音乐课程的教材、教学和教法等各方面的合理性，关注学生的主体性。

在学校建设方面，1938年，延安创立了鲁迅艺术文学院，这是一所最早的、比较完全的艺术专科学校，内分文学、戏剧、美术、音乐四个系，为全国各地培养了许多艺术类工作者，是艺术人才的摇篮。

2. 东北解放区的中小学音乐教育

抗日战争胜利后，中共中央提出“向北发展，向南防御”的战略方针，建立了东北解放区。许多来自延安的音乐家组建了文工团奔赴东北，促进了东北的音乐活动和音乐教育的开展。1949年9月，《东北行政委员会关于教育工作的指示》指出，中小学的课程应加重文化课的分量，以满足生产建设的需要，且规定音乐课作为文化课之一，是中学课程和小学课程中的必修课，也是解放区学校教育的重要组成部分。[3]可以看出，教育部门对音乐教育越来越重视，学校音乐教育有了不可替代的地位和作用。

3. 华北解放区的中小学音乐教育

华北解放区是由晋察冀和晋冀鲁豫两个解放区合并而组成的。1949年6月，华北人民政府公布的《华北区小学教育暂行实施办法》，规定全日制小学五、六年级每周一节歌唱课，半日制（二部制）小学一至四年级每周二节唱游课。[4]可以看出，小学音乐教育仍以唱歌课为主，加上教学设备和师资力量的匮乏，很难开办器乐课程。1946年6月12日，晋察冀边区行政委员会发布《晋察冀边区师范学校实施办法草案》，规定短期师范学校学制为1学年，设置文娱课，教学内容包括唱歌、识简谱、指挥唱歌、游戏、霸王鞭、儿童舞、秧歌、演剧、绘画、艺术字等，每周上课2学时，两学期共72学时；师范学校学制为3年，音乐课的内容包括唱歌、发音、识简谱、指挥唱歌、弹风琴

[1] 马达. 20世纪中国学校音乐教育发展概况：九：解放区的学校音乐教育：1945—1949[J]. 中国音乐教育，2000（9）：31.

[2] 马达. 20世纪中国学校音乐教育发展概况：九：解放区的学校音乐教育：1945—1949[J]. 中国音乐教育，2000（9）：32.

[3] 东北行政委员会关于教育工作的指示[M]//辽宁省教育志编纂委员会. 辽宁教育史志资料：第4集. 沈阳：辽宁大学出版社，1990：189-191.

[4] 华北区小学教育暂行实施办法[M]//济南市人民政府教育局. 新教育选辑. [出版地不详]：[出版社不详]，1949：93-94.

及简单乐理、戏剧常识等，第一学年每周2学时，第二、三学年每周1学时，3个学年共144学时。此外，文件中还强调音乐课应偏重于技法讲解，加强练习和组织文娱活动，[1]这体现了师范类院校音乐教育内容逐渐丰富，涉及面逐渐变广，有利于全面培养师范生的音乐素养。

4. 华东解放区的中小学音乐教育

华东解放区由山东、华中解放区组成。1945年4月，苏中根据地盐阜师范学校制定实行《一九四五年盐阜师范教育实施大纲》，规定艺术是必修课之一，艺术包括音乐、美术、戏剧、舞蹈等，其中第一学年音乐课每周6学时，该校的学制中设有音乐组，并作为特修科，目标是培养小学专职音乐教师，第一学年音乐实习课每周有3学时。[2]从盐阜师范教育的实施大纲中可见学校对音乐教育越来越重视，特别是音乐组的设立，为专职音乐教育的建设作出了极大贡献。

5. 中原解放区的中小学音乐教育

中原解放区由“鄂豫皖抗日根据地”改称并扩大而形成。20世纪40年代，苏皖边区政府教育厅发布了《苏皖边区政府教育工作方案（草案）》，提出了边区教育的总方针，规定初级小学的文娱课包括跳舞、唱歌、演戏、游戏等，“目前着重秧歌舞和农村戏剧活动，以发展正当文娱生活、养成健康体魄为目的”；高级小学的文娱课以音乐、舞蹈、戏剧为主。[3]因此，许多学校结合生产、民族、民主三大实际斗争与建设需要，组织了歌咏队、秧歌队、戏剧队等进行革命宣传活动，以教育民众、鼓舞士气，为解放战争服务。

---

[1] 晋察冀边区师范学校实施办法草案：选录[M]//张援，章咸. 中国近现代艺术教育法规汇编：1840—1949. 上海：上海教育出版社，2011：506-507.

[2] 一九四五年盐阜师范教育实施大纲：选录[M]// 张援，章咸. 中国近现代艺术教育法规汇编：1840—1949. 上海：上海教育出版社，2011：502-505.

[3] 苏皖边区政府教育工作方案：草案：选录[M]// 张援，章咸. 中国近现代艺术教育法规汇编：1840—1949. 上海：上海教育出版社，2011：441.

第三节
战时的音乐教科书呈现

全民族抗战期间，虽然学校音乐教育受到了战略性重视，呈现出蓬勃发展的气象，但由于战时环境恶劣，大量印刷厂倒闭，印刷工具遭到破坏，音乐教科书的出版遇到了极大困难，几近停止。加上交通不便利，中小学校所能使用的部编教材极其匮乏，在这一窘况下，坊间编写出版的歌集和学校油印的歌曲教材就起到了很重要的补充作用。

革命根据地的音乐教育以革命歌曲的教唱为主，教材多由边区政府自编，经边区教育厅审查通过后使用，如晋察冀边区“在所设的艺术课程中包括歌咏和美术，歌咏课的内容主要有抗日救亡歌曲、指挥、视谱等，教材可由学校组织编写，教材编写好后须送边委会审查”[1]。由此可见，抗日救亡歌曲是革命根据地教材的主要内容，在大部分没有正规音乐教材的革命根据地，革命歌曲集甚至就是主要的音乐教材，比如“在山东抗日根据地具有代表性的新型中等学校胶东公学，设有文化知识教育课程，中学部、师范部都有音乐（抗战歌曲）、美术课。音乐课学习简单的乐理和乐谱知识，着重于演唱、演奏歌曲”[2]。鄂中边区的中等学校中较有代表性的是鄂中中学，该校“音乐课主要教唱战斗歌曲，其中有《你是灯塔》《延安颂》《八路军军歌》《新四军军歌》《游击队歌》《夜行军》《国际歌》《义勇军进行曲》《满江红》等”[3]。实际上革命歌曲的影响范围远不止革命根据地，而是被广泛地采纳于全国各地的教材中。因此，接下来的教材介绍中，将会有选择地介绍一些革命歌曲集，作为这一时期具有代表性的音乐教材。

解放战争时期的音乐教科书不再彰显抗日主题，主要表达的是国家至上、民族至上、以国家和民族兴旺为己任的核心内涵，并搭建了“国家兴亡、匹夫有责”的舆论环境，教科书的综合审美性有所回归。由于当时社会环境恶劣，教科书的建设总体来说并没有太大发展。解放区的音乐教科书流传下来的文本较少，几难见到。

[1] 马达. 20世纪中国学校音乐教育发展概况：八：革命根据地的学校音乐教育：1936—1945[J]. 中国音乐教育，2008（8）：35.

[2] 伍雍谊. 中国近现代学校音乐教育：1840—1949[M]. 上海：上海教育出版社，2011：134.

[3] 伍雍谊. 中国近现代学校音乐教育：1840—1949[M]. 上海：上海教育出版社，2011：136.

一、全民族抗战时期的音乐教科书

1.《抗战歌曲集》

4—1

图 4—1 《抗战歌曲集》，冼星海、张曙、塞克、罗赛蒂编，生活书店，1938 年第 2 版

《抗战歌曲集》由冼星海、张曙、塞克、罗赛蒂编写，生活书店1937年初版，1938年再版。1932年7月，在邹韬奋主编的生活周刊社基础上成立了生活出版合作社，对外称“生活书店”。生活书店是新中国成立前重要的进步文化机构，在救亡图存、唤醒民众的道路上一直高扬旗帜，出版发行了大量进步的社会科学和文艺书籍，建立了遍及全国的发行机构，成为出版业重要的发行中心。生活书店除发行本版书刊外，还经售外版的进步书刊，成为新出版业的发行中心。1945年抗日战争胜利后，与读书出版社、新知书店两店合并为生活·读书·新知三联书店。

《抗战歌曲集》一共由四个不同主题的篇章组成，分别为“纪念歌”“救亡及普通歌曲”“儿童歌”“翻译歌”。各篇章含有大量当时传唱甚广、影响力极大的抗战歌曲，各编目录如下：

“纪念歌”：《国难》《九一八纪念歌》《一二八纪念歌》《三一八纪念歌》《五一歌》《五卅纪念歌》《双十节纪念歌》《鲁迅先生挽歌》《追悼歌》《教师节歌》。

“救亡及普通歌曲”：《义勇军进行曲》、《流民三千万》、《救亡进行曲》、《救国进行曲》、《救国军歌》、《农民进行曲》、《抗战进行曲》、《战歌》、《抗敌先锋歌》、《打回老家去》、《赴战曲》、《中华民族不会亡》、《民众救国歌》、《前线进行曲》、《紧守绥东》、《四十年的忿怒》、《车夫曲》、《防空歌》、《今年是收复失地年》、《战鼓在敲》、《保卫玛德里》、《五月的鲜花》、《还我山河》、《一致对外》、《冲锋号》、《不要再说失败》、《前进》（二部）、《示威歌》、《莫提起》、《茫茫的西伯利亚》（二部）、《热血》、《青年进行曲》（二部）、《黄河之恋》、《西洋镜歌》、《秋风儿》、《山茶花》、《心头恨》、《苦命人》、《打江山》、《工人自叹》、《炭夫歌》、《嘉陵江上》、《公仇》、《认清敌人》、《新编凤阳歌》、《新莲花落》、《农夫苦》、《干！干！干！》、《筑堤歌》、《拉犁歌》、《耕农歌》、《打铁歌》、《打长江》、《码头工人》、《卖报歌》、《扮禾歌》、《镰刀歌》、《奴隶的生活》、《搬夫曲》（二部）、《运动会歌》（二部）、《女性的呐喊》、《亲爱的老百姓》、

《劝用国货歌》、《打倒汉奸歌》、《打倒东洋》、《妇女进行曲》、《女工救国歌》。

“儿童歌”：《儿童先锋》《儿童工歌》《只怕不抵抗》《不做亡国奴》《可是我问你》《谁来跟我玩》《骑马歌》《朝会歌》《四川民谣》《蚂蚁》。

“翻译歌”：《青年航空员》、《快乐的人们》、《青年战歌》、《囚徒歌》（二部）。

这是一本编写质量较高且面向大众的抗战音乐教材，也是战时中小学校流行最为广泛的一本教材，但它的受众并不仅限于在校的学生，而是“使每一个士兵，工人，农夫和商店的小职员，小伙计，不必费多大的气力去学习，就能自己学会歌唱”，而又尤其希望“能够提供一点实际的唱歌教材，给一般中小学教师，可以拿去教他们的学生”[1]。

教材的编写质量较高的原因，在于其四位编者在抗战歌曲词或曲的编写上都是有一定造诣之人，且教材的歌曲也大多来自包括编者在内的当时著名的音乐创作者。尤其是冼星海和词作者塞克在抗战歌曲创作上的合作，是当时音乐创作史上的一段佳话。这些歌曲也大量收录于教材中，如《流民三千万》《救国军歌》《赴战曲》《农民进行曲》《抗敌先锋歌》《苦命人》《打江山》《炭夫歌》《耕农歌》《谁来跟我玩》等。所有歌曲当中，由冼星海作曲的有37首，由张曙作曲的有12首，由吕骥作曲的有6首，由聂耳作曲的有4首，其余的曲作者还有沙梅、赵元任、周巍峙、华生、孙慎、闫述诗、陈洪、章枚、陆洛等。歌词方面由塞克作词的有16首，其中“翻译歌”篇中的所有歌曲均由塞克译词或填词；由田汉作词的有12首，施谊有6首，其他词作者还有光未然、安娥、中之、朱绛、麦新、俯拾、任钧、方兴发、亦庚、钢鸣、柳倩、张东岩、野青、雪松、吴永刚、陈子展、璋修等。

教材尤为强调服务于大众性的价值取向，教材有四篇序言，分别从不同的角度阐述了歌曲选材的广泛接受性、大众歌曲创作的自主性、情感阐发的现实性以及歌唱技巧解读的通俗易懂性，这些在教材中也得到了体现。其中罗赛蒂在“前记”中写道：“选在这集里的，都是一些很流行的，大家都听得懂，容易上口的歌儿。我们选择的标准，不注重词句的高深奥妙，而注重怎样使大家便于接受，怎样才有广泛的影响。”[2]

石林在《怎样教大众产生自己的歌曲》中倡导音乐工作者要善于引导大众来创作自己的歌曲，首先是要“组织大众在集团的方式之下共同地来集体研究”，然后“教给他们最喜欢唱而最简单的歌……先把每一个歌的歌词很详尽的解释给他们听……其次在曲调方面也要综合地及分析地很详细的解释给他们听……此外还要使他们能有多唱多听的机会……然后再让他们配制自己作的歌词”。在指导大众创作歌曲时，要切记“并不是要大众一切都要去学习他，只要能够组织大众在集团的方式之下启发大众自己的创造力就是了。因为我们的目的，是要教大众产生‘自己的’歌曲的”[3]。

陶行知在《什么是大众歌曲》中对“大众歌曲”的内涵解读为：“大众的歌曲是大众的心灵的

[1] 冼星海，张曙，塞克，等. 抗战歌曲集[M]. 上海：生活书店，1938：前记1.

[2] 冼星海，张曙，塞克，等. 抗战歌曲集[M]. 上海：生活书店，1938：前记1.

[3] 石林. 怎样教大众产生自己的歌曲[M]//冼星海，张曙，塞克，等. 抗战歌曲集. 上海：生活书店，1938：序3-4.

呼声。它是用深刻的节奏喊出大众最迫切之内心的要求。少数天才之创作必定是符合了这个条件，才为大众所欢迎而成为大众的音乐和大众的诗歌。大众的歌曲是要唱出大众的心中事，从大众的心里唱出来再唱进大众的心里去，它来，是从大众的心里来，它去，是到大众的心里去。”文章更以聂耳为例，激励各音乐家站在大众的角度去感知他们的艰辛，了解他们的需要，从而在音乐创作中体现出替大众说话、抒发大众情感的特征，以达成“大众的歌曲可以说是大众运用天才写起来的，简直可以说，是大众共同创造起来的”[1]效果。

张曙在《唱歌的声音与情感》中解读了呼吸与唱好歌的关系，简要呈现了有声和无声的呼吸训练方法，最后提到唱歌的情感处理时，提到了理解力的重要性，即“当我们唱一首歌的时候，首先便要理解这首歌的内容所展示的整个的情绪及各个社会层的生活律动，譬如一首歌如果是代表工人或农人的呼声的，那末首先就要理解工人或农人的生活情况及生活的需求，方能唱得出工人或农人真正的呼声来，又如一首歌是代表中华民族的吼声的，那末我们便要理解到，历年来敌人是如何地进逼着侵压我们的史实及眼前一切欺压的活生生的事实，然后才能将全民族的愤怒，集注入我们的歌声里而成为全民族的吼声。整个的情绪律动把握着了，还要一字一句的去理解它，体味它。而这一字一句的情绪与律动，还要与整个的相协和”[2]。

上述各文章的理念在教材的选材和呈现中都得到了体现。从歌曲的题材来看，抗日救亡歌曲所占比重最大，其次是反映平民苦难生活的歌曲，还有一些争取女性权利和反映女性能量的歌曲，如《女性的呐喊》《妇女进行曲》《女工救国歌》等。从歌词的呈现来看，歌词多通俗直白，直抒胸臆，但也有歌曲因过于追求直白而陷入“口号歌”的境地，简单粗糙而无美感，比如《干！干！干！》的歌词：“干干干，自己的事自己干。靠人非好汉，不会干要学干，学会干就去干，干不好改良干，应当干即刻干！”[3]

为更贴近群众生活，除创作歌曲外，教材中有些歌曲曲调选材于民间音乐，由词作者配上应时的新词，比如《新编凤阳歌》来自凤阳民歌调，词作者高雄将原词中的主语对象“说凤阳”改成了“说东洋”，四段歌词如下：“说东洋，道东洋，东洋本是小地方，东洋百姓多和气，东洋军阀多疯狂，东东东抢，东东东抢，东东东抢东抢东抢枪。说东洋，道东洋，东洋本是小地方，中国老爷不抵抗，帝国主义喜洋洋；东东东抢，东东东抢，东东东抢东抢东抢枪。说东洋，道东洋，东洋本是小地方，一月廿八败一仗，外交从此变主张；东东东抢，东东东抢，东东东抢东抢东抢枪。说东洋，道东洋，东洋本是小地方，你不抵抗我抵抗，再不抵抗自遭殃；东东东抢，东东东抢，东东东抢东抢东抢枪。”[4]另外还有《认清敌人》来自苏武牧羊曲调，《镰刀歌》来自晓庄山歌调，《新莲花落》也是中国民歌调。

[1] 陶行知. 什么是大众歌曲[M]//冼星海，张曙，塞克，等. 抗战歌曲集. 上海：生活书店，1938：序5.
[2] 张曙. 唱歌的声音与情感[M]//冼星海，张曙，塞克等. 抗战歌曲集. 上海：生活书店，1938：序10-11.
[3] 冼星海，张曙，塞克，等. 抗战歌曲集[M]. 上海：生活书店，1938：75.
[4] 冼星海，张曙，塞克，等. 抗战歌曲集[M]. 上海：生活书店，1938：71.

在展现和鼓励大众创作方面，教材选取了一些反映底层人民对现实的控诉和呐喊的自创歌曲，比如《工人自叹》这首歌由沪西纱厂工人集体创作，淇生执笔记录，一共7段歌词，用上海方言演唱。前面6段歌词均是对当时劳工苦难生活的描述，比如第1段歌词为："弗会开口心里真难过，叫声诸位兄弟搭姊妹；我伲是好人，呒没犯啥罪，为啥要叫我伲吃亏，嗳嗳哟，为啥要叫我伲吃亏。"第7段则是表达了对命运的反抗和朴实的心愿，歌词为："格能日脚真真逼弗落，要想活命拳头要捏牢；大家一条心，造个新世界，吃着困觉弗会再苦恼，嗳嗳哟，吃着困觉弗会再苦恼。"[1]

为更好地指导演唱者的情感表达，教材在一些歌曲后面也附有演唱的提示，比如《九一八纪念歌》后所附注解为："此处'九一八'三字唱时须用最沉痛的情感特别地把它表现出来。"[2]

另外，教材也有延续学堂乐歌形式的填词歌曲，如《打倒东洋》的曲调是我们非常熟悉的儿歌《两只老虎》，来自欧洲民歌，曾被填词为《打倒列强》。

2.《战时中学音乐教材初集》

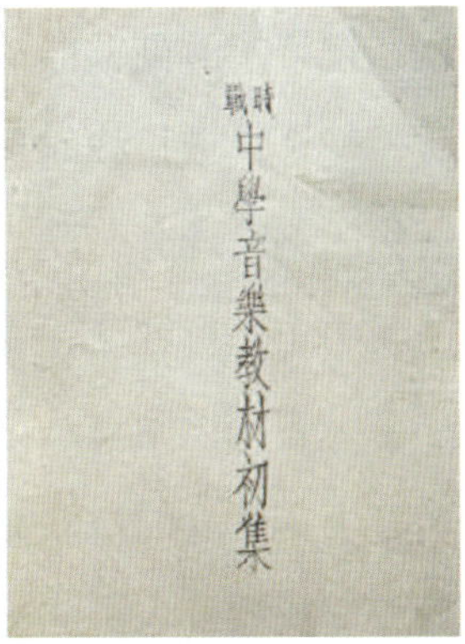

4—2

图 4—2　《战时中学音乐教材初集》，梅耐寒编，1938 年

《战时中学音乐教材初集》由梅耐寒编写，1938年出版，出版单位不详。

该教材是中学音乐的补充教材，完全适应战时的需要，将"教育要为战争服务"的理念体现在教材的编写意图和内容摘选上，呈现了战时音乐教材的特殊性，编者在"引言"中无时不在强调教材应具有的战时功能："在过去，一提起'教育'，我们就联想到'书本'，所以有人说，过去的教育是书本教育。然而书本教育一遇到实际生活，就会难于应付；现在在民族生死关头的抗战期中，积极提倡'抗战教育'，即使还是离不了书本，我们也要把书本的教材更张一下，使它要能配合着抗战生活的需要；要能引导而动，发展行动；要能广泛地拿来应用，而且还能迅速地广传开去，这是无论谁都认为战时教材应具的条件。"[3]

教材目录的排版整齐简洁，一共分成了"歌名""页数"和"目次"3栏，从目录可以看出，整体的歌曲是按由浅入深、循序渐进的原则进行排序的，且曲目的篇幅一般1页，最多为3页，可以看出编者的选曲原则是尽量简洁凝练，便于传唱。

[1] 冼星海，张曙，塞克，等. 抗战歌曲集[M]. 上海：生活书店，1938：63.

[2] 冼星海，张曙，塞克，等. 抗战歌曲集[M]. 上海：生活书店，1938：2.

[3] 梅耐寒. 战时中学音乐教材初集[M]. [出版地不详]：[出版者不详]，1938：引言1.

教材的内容也是根据战时教材应具备的条件，汇集了具有抗战功能的歌曲，以供实施抗战教育的需要。歌曲目次如下：《中华民国国歌》《全面抗战》《前进》《起来！工商农兵学》《生死同心》《赴战壮战》《杀敌》《前线去》《保卫中华》《青天白日满地红》《新的中国》《募寒衣》《奋起救国》《空军歌》《中华男儿》《进军》《义勇军进行曲》《战歌》《救亡进行曲》《胜利的明天》《青年航空兵》《抗战进行曲》《我是军人》《劝买救国公债》《青年战歌》《为国争光》《祖国进行曲》《冲锋号》《轰轰烈烈》《把敌人赶出领土》《民族之光》《大家一条心》《保卫中华民族》《抗敌先锋队》《全国总动员》《追悼歌》《升旗歌》《怒吼》《为国牺牲》《大刀词》《青年战线歌》《战士之歌》《游击队进行曲》《凯旋》《抗敌》《中国青年》《一九三八年迎春曲》《毕业歌》《抵抗》《大众的歌手》《防空壕歌》《抗敌进行曲》《做棉衣》《赴敌》《满江红》《中华男儿血》《中国男儿》《中国妇女抗敌歌》《出塞》《奋起国强》《快乐的人们》《中国青年》《国耻献词》《振兴中华》《伤兵慰劳歌》。

可以看出，歌曲多关于抗战生活、战士生活和百姓生活，大多可以通过歌名直接了解到歌曲的内容和核心意义，体现了全民族抗战时期人们不屈不挠、奋勇前进的可贵品质，是全民族抗战时期必不可少的精神食粮。教材歌曲来源甚广，体现了“引言”中所提到的广泛运用的编写理念，比如《生死同心》这首歌曲，就来自故事影片《生死同心》的主题曲，原曲名为《新中华进行曲》，由贺绿汀作词，江定仙作曲。这是一首F大调带变化再现的单三部曲式，总共31小节。音乐以附点八分音符和四分音符构成，使得全曲以雄劲激昂的律动进行，淋漓尽致地展现了当时中华儿女的抗战激情。歌词“满怀的热血已沸腾，满腔的热泪总不干”的激昂斗志，无一不鼓舞着全国抗日人民的士气。“赶快上前”这句歌词虽短，却完美与附点音符结合，并重复强调了三次，一次又一次地使中华儿女热血沸腾、斗志昂扬。歌曲运用了渐慢的手法，与之前后旋律形成鲜明对比。先是承接前半段，把听者引入深思；后是把情绪再进一步带到最高潮，进行升华的同时也丰富了歌曲的内容。总体上看，这首曲子内容丰富，曲式结构特点鲜明，是一首雄劲有力的进行曲，生动形象地反映了该时期中华民族的热血方刚。

3.《小学音乐课本》

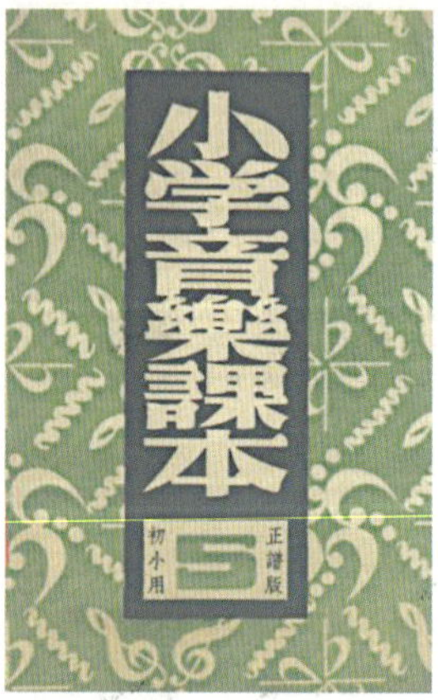

4—3

图 4—3　《小学音乐课本》（正谱版）（第五册），陈恭则、陈宗秀编，万叶书店，1940 年

《小学音乐课本》由陈恭则、陈宗秀编写，万叶书店1940年初版。万叶书店是我国近现代第一家音乐专业出版社，是1938年7月由钱君匋牵头，联合位育中学校长李楚材，教师季电云，澄衷中学教师陈恭则、顾晓初以及妻妹陈学鞶每人出资100元创办。据统计，万叶书店共出版书刊约360种，其中音乐出版物最多，其中既有大量的普及读物和中小学教材，又有体系完整的音乐理论专著。最早出版的音乐刊物是《小学活页歌曲选》，该刊一经出版便大受欢迎，在半个月内即告售罄。书店把握商机又陆续推出一批填补市场空白的中小学音乐教材，包括《小学乐理课本》《小学音乐教学法》《幼儿园音乐教学法》《小学音乐课本》《万叶歌曲集》等。音乐理论专著则有《乐理初步》《曲式学》《对位法》《曲调作法》《和声学》《弦乐器演奏法》《乐队指挥法》《中国音乐史大纲》等。此外，还有一大批西洋乐理、乐谱和音乐家的传记。1938年，钱君匋创办抗日文艺刊物《文艺新潮》，对鼓舞、激发国民的民族意识和爱国热情起到了推动作用。中华人民共和国成立之后，万叶书店与私营上海音乐出版社、私营教育书店合并为新音乐出版社，后迁往北京，改名为音乐出版社（即今天的人民音乐出版社）。

《小学音乐课本》依1936年部颁课程标准编辑，分为低级、中级、高级三部，每部四册，供小学六学年（十二学期）使用。版本上，分正谱和简谱两个版本，供教师视教学情况选用。简谱版本依正谱用首调唱名法译出，编者强调“十分正确，绝无错误，倘与正谱本对照参看，则一目了然，便于自习”[1]。

这套教材包含乐理、歌曲两个部分，乐理内容只出现在正谱版教材当中。从中年级开始，每一册的卷首，都附有浅显的乐理知识，并且与书中歌曲相关联，以便教师在教学中实地教学；就扼要处，还附有练习题，以供学生练习。从中年级第一册开始，教材中的乐理十分简单，只给一些知识点讲解笼统的概念；从第二册到高年级的第三册为止，由浅入深，循序渐进，将浅显的乐理常识全部讲完；在高年级的第四册，从头到尾将乐理知识点再进行总复习。

《小学音乐课本》的中高级教材中，共收录119首歌曲，其中涉及的音乐家有沈秉廉、钱君匋、陈啸空、黄自、陈田鹤、沈醉了、邱望湘、周淑安等，他们受过系统的专业音乐训练，其歌曲创作水平高超，为中小学音乐教育提供了保障。

1937年卢沟桥事变之后，全国人民的抗战情绪空前高涨，国难当头，抗日救亡成为全国人民的一致目标。例如，初小第五册歌曲《中华》歌词：“中华，中华，我中华，五大民族合一家。昆仑山上常积雪，蒙古荒漠飞黄沙。长江曲折泻千里，大海茫茫接天涯。日东升，月西下，照我伟大中华。”[2]

虽然当时政府要求学校的音乐教育要以抗战歌曲为主，但对于小学音乐教育来说，抗战内容的歌曲也不宜太多。因为悲伤、忧郁或情绪过于激昂的歌曲，儿童唱多了会因此失去他们的天真性，

[1] 陈恭则，陈宗秀. 小学音乐课本：正谱版：第五册[M]. 上海：万叶书店，1940：编辑大意.

[2] 陈恭则，陈宗秀. 小学音乐课本：正谱版：第五册[M]. 上海：万叶书店，1940：12.

从而影响他们的心理健康。所以应选择活泼、美丽、雄壮的曲调给他们唱，才符合儿童的性情。所以，在全民族抗战时期的大部分小学音乐教材中，日常生活类与识物类的歌曲往往占比较大。例如，第六册中日常生活类的歌曲《上学校》："上学校，上学校，清早起快乐地上学校。上学校，上学校，清早起快乐地上学校。晓风向我吹，朝阳向我照，花儿向我笑，鸟儿向我叫。上学校，上学校，清早起，快乐地上学校。"[1]歌词通俗易懂并且押韵，内容也是儿童的平常生活，适合儿童演唱。让儿童在歌唱中认识世界，符合儿童天真活泼的天性，有利于儿童身心的健康发展。

从乐谱上看，《小学音乐课本》选择的歌曲从结构、旋律、歌词上，都比较适合儿童演唱。教材里的所有乐谱都使用了五线谱；拍子大多较简单，以$\frac{2}{4}$拍与$\frac{4}{4}$拍为主；歌曲的结构大部分是简单的一段体，音域基本控制在适合儿童的小字一组c到小字二组d之间；歌词也通俗易懂、亲切活泼，适合儿童的天性。例如，第七册的《哈哈笑》，F大调，简单的$\frac{4}{4}$拍，歌曲的最低音是小字一组的c，最高音是小字二组的d，音域比较适中，全程没有大跳，以三度的级进为主。歌词为："哈哈哈哈哈笑，哈哈哈哈笑，哈哈哈哈哈笑，哈哈哈哈笑，一个驼背年纪老，一个跛足年纪小，他们两个赛跑起来真好笑！"[2]通俗易懂，适应儿童的年龄段。

课程标准不但重视音乐教育中的美感教育，还重视音乐教育中的德育作用，"涵养儿童和爱、勇敢等情绪，并鼓励其团结、进取等的精神"[3]。例如教导学生珍惜光阴、做事不拖拉的歌曲《时计》，歌词为"壁上时计声滴滴，百年岁月分秒积，滴滴滴滴，滴滴滴滴，分寸光阴须爱惜。劝诸君勿懊悔昨日，勿希望明日，今日的事今日毕。滴滴滴滴，滴滴滴滴，今日的事今日毕"[4]。例如鼓励不怕困难、积极进取的歌曲《向前进》，歌词为"肩并肩儿手挽手儿向前进向前进；认清目的，放开脚步，向前进，向前进。喊起口号发雄心，唱起歌儿振精神。那怕路远那怕山高，向前进，向前进；不达目的，脚步不停向前进"[5]。

4.《音乐教材新编》

4—4

图 4—4　《音乐教材新编》，邹伯宗编，中华编译社，1944 年

[1] 陈恭则，陈宗秀. 小学音乐课本：正谱版：第六册[M]. 上海：万叶书店，1941：8.
[2] 陈恭则，陈宗秀. 小学音乐课本：正谱版：第七册[M]. 上海：万叶书店，1940：22.
[3] 课程教材研究所. 20世纪中国中小学课程标准·教学大纲汇编：音乐·美术·劳技卷[M]. 北京：人民教育出版社，2011：25.
[4] 陈恭则，陈宗秀. 小学音乐课本：正谱版：第三册[M]. 上海：万叶书店，1940：22.
[5] 陈恭则，陈宗秀. 小学音乐课本：正谱版：第八册[M]. 上海：万叶书店，1941：8.

《音乐教材新编》由邹伯宗编写，中华编译社1944年出版。邹伯宗（1915—2007），浙江龙游人，音乐教育家。1933年，赴上海谋生，起先是做工人，受当时抗日救亡歌咏运动的影响，积极带领工厂工人组建歌咏队，后受聘为临青职业中学音乐教师，从此开启了音乐教育生涯。任教期间加入上海文化界救国会，由于表现积极而被推荐到上海立信会计补习学校音乐班学习音乐，师从吕骥、冼星海、何士德等音乐家，其中受冼星海影响最大。

1937年8月，邹伯宗回到浙江，积极从事抗日救亡歌咏运动，任上海到金华宣传抗日的青年组织新生救亡团（也叫“抗日宣传队”）副队长、永嘉县抗日自卫委员会宣传队副队长，成立了“前哨歌队”“青年歌队”等一大批歌队。为有效鼓舞民众的抗战热情，他自费到全国各地购买了抗战歌曲3000余首，然后手抄，到处散发。他还曾把冼星海、麦新、贺绿汀的歌曲汇集成册，由温州维新纸号出版，先后出了三集。他组织编印出版了《抗战歌咏集》《民族歌声》《抗建新歌》等10本歌曲集，为推动这些歌曲的广泛传播作出了极大的贡献。特别是与新音乐社李凌合编的《新音乐副刊》和《儿童音乐》，向全国发行，开了中国儿童音乐杂志出版之先河。1940年6月至1941年1月，邹伯宗担任《温州日报》副刊《歌与剧》的主编，先后编写过20期，发表了大量的音乐论文。1931年，任温州市音乐工作者协会理事长；1950年，选任为温州市音乐家协会主席；先后在温州联立中学、康乐小学等11所中小学担任音乐教师，为中小学编写出版音乐教材11本；从1954年至1978年，连任温州市教育局音乐教研大组组长24年。

《音乐教材新编》共收录歌曲19首，使用简谱教学，除单声部歌曲外，还有二部合唱、三部合唱和四部合唱。教材中收集的都是当时一些有名的革命音乐家创作的歌曲，如麦新的《反法西斯进行曲》、马可的《纪念碑》、汪秋逸的《烟雨漫江南》、舒模的《你这个坏东西》、陈元的《从军别》、刘式昕的《哥哥当兵妹耕耘》等。

二、解放战争时期的音乐教科书

1.《增订实验　乐理·唱歌·欣赏合编　中学音乐教材》

4—5

图4—5《增订实验　乐理·唱歌·欣赏合编　中学音乐教材》，音乐教育协进会编印，1946—1947年

《增订实验 乐理·唱歌·欣赏合编 中学音乐教材》由音乐教育协进会（上海）编印，发行者为音乐教育协进会代表人戴天吉。1946年8月初版。

根据史料显示，该教材编写者为钱仁康。钱仁康（1914—2013），中国音乐理论家、音乐教育家、作曲家，江苏无锡人。1930年入无锡师范学校，开始学习钢琴、和声及作曲。1932年考入私立上海美术专科学校音乐系学习。1933年考入国立音乐专科学校理论作曲组本科，先后师从黄自、李惟宁等学习，1941年毕业。中华人民共和国成立后历任苏南文教学院、江苏师范学院、华东师范大学音乐系教授和上海音乐学院音乐学系主任、上海音乐出版社副总编辑。

1946年，钱仁康在国立音乐专科学校的同学戴天吉邀请他一同编写中学音乐教材，并以音乐教育协进会的名义自己联系印刷所，出版发行。音乐教育协进会在外滩4号大楼里设置有办事处，为教材的出版发行提供了方便。教材出版后因为质量上乘，又具有针对性、可读性的优点，教育部于1946年10月7日以社字第26016号训令专门发了一个通知，因为该教材“充实而新颖，颇适合中等学校之用”，通令全国各学校采用。按编者言，音乐教育协进会在六年前就开始着手进行教材的编撰，当时所定的原则为：

一、乐理、唱歌、欣赏并重；

二、歌曲须有优美的旋律，适当的音域，和完整的结构；

三、歌词须有文学的价值，除前人诗词外，一律依国音用韵，词意须与曲趣相调协，词句的组织，和词类的虚实，并须与曲调的句法和节奏相适应；

四、歌曲的排列，须依音阶、调号、节奏、音程和音域的难易，由简而繁，由浅入深，并依时令的先后，和作者的年代，循序渐进；

五、欣赏材料须与歌曲取得密切联系，使学生对纯正音乐发生兴趣，并对音乐的形式和作家的风格有所了解。[1]

教材稿成后在各中学进行了教学实验，经过不停地修订、改编，正准备付印时，却逢太平洋战争爆发，出版事宜只好搁置。直到战争胜利后，应各中学音乐教员的呼吁，教材再度加以增订，并正式刊行。

《增订实验 乐理·唱歌·欣赏合编 中学音乐教材》分上、中、下三册，每册供一学年之用。因编者考虑到当时学生的音乐程度和水平参差不齐，难以严格按照年级进度来安排学习内容，故暂定初高中通用，拟等学校音乐教育步入正轨后，再编写成正式的教科书。教材内容含乐理、和声、曲式、歌曲等，各册基本内容见表4-1、表4-2、表4-3：

[1] 音乐教育协进会. 增订实验 乐理·唱歌·欣赏合编 中学音乐教材：上册[M]. 上海：音乐教育协进会，1947：编辑例言1.

表 4-1 《增订实验 乐理·唱歌·欣赏合编 中学音乐教材》（上册）基本内容

课数	歌曲	作曲	作词	欣赏（曲目或知识）	乐理
一	渔翁（一）	Bach作曲	编者	音乐之父巴赫	
二	英雄今日得胜归	Handel作曲	编者译词	罕得而与神剧	
三	秋季远足	编者编曲			五线谱的由来
四	夜莺	俄国民歌	编者译词	民歌与艺术歌	
五	长门怨	俄国民谣， 编者编曲	李白诗		唱名法的由来
六	大风泱泱（二部合唱）	Haydn作曲	编者作词	海顿与旧奥国歌	
七	孔子	编者编曲		钢琴的沿革	
八	西江月（二部合唱）	Mozart作曲	朱敦儒词	音乐神童莫差特	
九	小舟	编者编曲		提琴的沿革	
十	古树	编者编曲	徐凝诗	声乐（一）	
十一	土拨鼠	Beethoven作曲	编者译词	乐圣贝多芬	
十二	卖花女（二部合唱）	意大利民歌， 编者编曲	刘大白作词	声乐（二）	
十三	野玫瑰（一）	Schubert作曲	编者译词	歌曲之王舒柏特	
十四	春景（二部合唱）	德国民歌， 编者编曲		乐器（一）	
十五	从军行	Schumann作曲	王建、王褒诗	批评家兼作曲家舒曼	
十六	少女的愿望	Chopin作曲	编者译词	钢琴诗人索班	
十七	兰	编者编曲	沈心工作词	乐器（二）	
十八	如果我在草地上 （二部合唱）	Mendelssohn作曲	编者译词	幸福的音乐家门得尔松	
十九	灵岩听法	德国民歌	吴伟业词		音阶
二十	摇篮歌	Brahms作曲	编者译词	三B之一的布拉姆兹	
廿一	夏日最后的玫瑰	爱尔兰民歌	编者译词	歌剧《马塔》	
廿二	夜凉似水	编者编曲			音程
廿三	凯旋进行曲	Verdi作曲	编者	歌剧《阿伊达》	
廿四	夏天里过海洋	Verdi作曲	编者译词	歌剧《利哥雷托》	
补充歌曲	采莲	编者编曲			
	秋柳	编者编曲			
	新雁	编者编曲	杜荀鹤诗		
	赤壁	编者编曲	杜牧诗		
	渔翁（二）	Boiedien作曲	柳宗元诗		
	野玫瑰（二）	Werner作曲	哥德作诗， 编者译词		
	天仙子	德国民歌	张先词		

注：据“编辑大意”，本书译名均采用王云五编的《标准汉译外国人名地名表》（商务印馆，1934年）。

表 4-2 《增订实验 乐理·唱歌·欣赏合编 中学音乐教材》（中册）基本内容

课数	歌曲	作曲	作词	欣赏（曲目或知识）	乐理
一	欢喜颂		Schiller作诗，编者译词		和声学（一）
二	大哉中华（二部合唱）	Küchen作曲	编者作词	乐队乐器（一）	
三	郊游	英国古调			和声学（二）
四	古歌	Root作曲	刘基诗	乐队乐器（二）	
五	矿工	编者编曲	许地山词		和声学（三）
六	猎人合唱（三部合唱）	Weber作曲	编者作词	未柏与德国歌剧	
七	秋日怀旧	编者编曲	范仲淹词		和声学（四）
八	归鸟	苏格兰民歌	陶潜诗		乐段
九	梣丛	卫尔士民歌	编者译词	演奏会（一）	
十	踏莎行		晏殊词		歌曲体
十一	寄远（三部合唱）		李白词	演奏会（二）	
十二	珍重再见	夏威夷民歌	编者译词		变体曲
十三	菩提树	Schubert作曲	Muller作诗，编者译诗	歌曲集《冬游》	
十四	杜宇（二部合唱）	J. E. Jonasson，编者编曲	编者作词		有中部的歌曲体
十五	班超	Smits作曲		现代的指挥家	
十六	更漏子	J. P. Ordway作曲	温庭筠词		回旋曲
十七	布谷	T. A. Arne作曲	莎士比亚作，编者译诗	现代的钢琴家	
十八	今别离（四部合唱）	西班牙民歌，编者编曲	黄遵宪诗		奏鸣曲体（一）
十九	我现在要出征	Hornemann作曲		现代的小提琴家	
二十	清平调	W. T. Wrighton作曲	李白诗		奏鸣曲体（二）
二一	罗累来	Friedrich Silcher作曲	Heine作词，编者译词	现代的声乐家	
二二	摇篮歌（一）	Schubert作曲	编者译词		奏鸣曲（一）
二三	摇篮歌（二）	Mozart作曲	编者作词		摇篮歌与催眠歌
二四	守岁	德国民歌，编者编曲	编者作词		奏鸣曲（二）

注：据“编辑大意”，本书译名均采用王云五编的《标准汉译外国人名地名表》（商务印馆，1934年）。

表 4-3 《增订实验 乐理·唱歌·欣赏合编 中学音乐教材》（下册）基本内容

课数	歌曲	作曲	作词	欣赏（曲目或知识）	乐理
一	可爱的家庭	W. T. Wrighton作曲	编者译词	室乐	
二	秋风辞	Franz Abt作曲	汉武帝诗		对位法
三	呢喃秋燕带雨归	Franz Abt作曲	编者译词	协奏曲	
四	士兵合唱	Charles Gounod作曲	编者译词	歌剧《浮士德》	
五	远处河边茴香随风飘动（二部）	C. E. Horn作曲	编者译词	组曲（一）	
六	别雅典女郎	H. R. Allen作曲，编者编曲	Lord Byron作诗，苏曼殊译诗	组曲（二）	
七	寄音乐	Robert Franz作曲	Paul England作词，编者译词		赋格
八	铁砧合唱	G. Verdi作曲	编者译词	歌剧《游唱歌人》	
九	从军行（三部合唱）	Stunz作曲	李欣诗		前奏曲（一）
十	履霜操	G. Giordani作曲	韩愈诗		前奏曲（二）
十一	思故乡	R. S. Willis作曲，编者编曲			交响曲（一）
十二	朋友，你在那里	J. Ascher作曲	W. Guernsey作诗，编者译词		交响曲（二）
十三	我在船上等你（二部合唱）	H. Smart作曲	F. Enoch作词，编者译词		交响曲（三）
十四	古老的甜歌	Molloy作曲	C. C. Bingham作词，编者译词		绝对音乐与标题音乐
十五	卢平不在身旁	Haydn作曲	编者译词		交响诗（一）
十六	良夜（三部合唱）	J. Offenbach作曲	J. Barbier作词，编者译词	歌剧《荷夫曼的故事》	
十七	深深的摇篮摇又摇	J. P. Knight作曲	E. Willard作词，编者译词		交响诗（二）
十八	尼那	Pergolesi作曲	编者译词		交响诗（三）
十九	巡礼者合唱（四部合唱）	R. Wagner作曲	R. Wagner作词，编者译词	歌剧《坦华瑟》	
二十	索尔未格之歌	Grieg作曲	Ibsen作词，编者译词	《培尔金特》组曲	

注：据“编辑大意”，本书译名均采用王云五编的《标准汉译外国人名地名表》（商务印馆，1934年）。

钱仁康为这本教材付出了大量的心血，他以培养学生规范的音乐素养为目标，结合时代背景、社会需求，对教材的内容摘选、结构布局进行了缜密的安排。

依循这些原则，我们可以对教材的典型特质做一个梳理。

第一是内容的多元和结构的完整。教材的体例结构以歌曲为基础，每课都以一首歌曲为主，后附欣赏或乐理，歌曲多由外来曲调或已有曲调填词、译词而成。

第二是编写思路的严谨性。教材内容的编排，无论是各部分横向的关系上，还是纵向的时间序列、知识难易上，都遵循着严密的逻辑顺序。以歌曲为线索，从横向关系上看，每一课所附的欣赏曲目、基本概念，都与歌曲的来源有着密切的相关性，比如上册第一课的歌曲《渔翁》，是来自巴赫的作品，相应的欣赏内容就是关于巴赫的介绍——"音乐之父巴赫"；第二十三课的歌曲《凯旋进行曲》来自威尔第的歌剧《阿依达》（该书译作《阿伊达》），故这一课的赏析内容就是"歌剧《阿伊达》"。从纵向来看，歌曲的曲调大部分来源于国外，时间编排上，依循着从巴洛克时期到古典主义时期再到浪漫主义时期、民族乐派的顺序，选取了每个时期最有代表性的作曲家及其作品来进行学唱和赏析。巴洛克时期主要是巴赫与亨德尔的作品，古典主义时期主要是海顿、莫扎特、贝多芬的作品，浪漫主义时期主要是舒伯特、肖邦、门德尔松、勃拉姆斯、威尔第、古诺、奥芬巴赫、瓦格纳、G. 乔尔达尼的作品，民族乐派则是格里格的歌剧选曲。而除了按时间顺序、风格流派选曲以外，歌曲的选择与编排还和乐理知识的循序渐进相一致，如编者所言"本书所选歌曲，在排列上均依照音阶、调号、节奏、音程、音域的繁简难易，以及时令和作者年代的先后为序，希望教员不要任意颠倒次序"[1]。

第三是音乐要素的合理呈现，因材施教。教材为适合当时我国一般中学生的音域，书中的歌曲音域大多在B到d间，合唱因有声部划分而有所例外。歌曲依调号的次序排列，目的在于便于教师实施"固定唱名法"的教学，歌曲也可作为视唱练习使用。

第四是歌词的文学性与韵律性兼备。教材所有歌曲的歌词都极富文学美感，首先是古诗词之美，教材选取了很多中国经典的古诗词对国外的旋律进行填词，如"用俄罗斯民歌《从那岛屿后的河湾》填以李白的《长门怨》，用美国鲁特的《空中乐声》填以刘基的诗，用苏格兰民歌《水边和山崖》填以陶潜的《归鸟》，用英国哈利森的《黄昏来临》填以晏殊的《踏莎行》，用美国奥德威的《梦见家乡和老母》填以温庭筠的《更漏子》，用西班牙民歌《幻妮塔》填以黄遵宪的《今别离》，用英国莱登的《她明朗的微笑仍出现在他眼前》填以李白的《清平调》，用意大利名歌填以刘大白的《卖花女》，用H.R.阿伦的曲调填以苏曼殊的《别雅典女郎》"[2]。其次是歌词讲究原创美，教材有一部分歌词是由钱仁康自己填词的，还有32首是他翻译的歌词，无论是填词，还是翻译，都可以看出他全面、深厚的文学修养，比如他用古文为韦伯的《猎人合唱》所填的词：

[1] 音乐教育协进会. 增订实验　乐理 · 唱歌 · 欣赏合编　中学音乐教材：上册[M]. 上海：音乐教育协进会，1947：编辑例言1.

[2] 丁旭光. 钱仁康：学贯东西　治乐鸿儒[J]. 上海采风，2015（3）：37.

胡马秋肥宜白草，绣衣雕鞍意气豪。金鞭拂雪挥鸣鞘，呼鹰出远郊。弓弯满月不虚发，云鸧迸落连飞鸮，海边观者皆赞叹，猛气逼云霄。青骹白兔惊避，风鸢饿鸱哀号，壮士各献身手，一箭射双雕。日暮霜凝蹄滑，卤获满山腰，并辔争夸骁勇，呼酒共酬辛劳……[1]

还有用白话文为威尔第的《凯旋进行曲》所填的词：

你听，鼓角喧嚣，传遍四郊，欢声雷动，凯歌响彻云霄。你看：军旗炫烂，临风高飘；刀光闪处，得胜英雄来到，万千同胞，携幼扶老，夹道欢迎，举手相招。……[2]

这些有着中国文学韵味的古文或白话文，配上外国的曲调，非但不显得突兀，反而十分和谐规整，皆因词作者在词曲的相协上充分考虑了歌词行文与曲调的句法和节奏的适应性。

第五是对经典音乐作品、风格、要素的重视与全面呈现。教材虽以歌曲为纲进行编排，但实际上不是一般的歌曲学唱，体现了编者以经典音乐作品、风格、要素培养学生音乐素养的理念。编者特别强调音乐的欣赏，他提议教学中最好能“备留声机唱片”，而又考虑到国家正是战后满目疮痍之时，便巧妙地将歌曲与赏析相结合。这本教材歌曲曲调的来源，与一般学堂乐歌的不同之处在于：其所选歌曲，大多来源于名家大型音乐作品的选段，或另作歌词，或翻译原词；这样即便没有条件为学生提供欣赏曲目，他们也能在自我的演唱过程中，对音乐的形式和风格形成一般性了解和直观感受。另外，每首歌曲都配有钢琴伴奏，有些是钱仁康自己编曲的，包括上册的《秋季远足》《长门怨》《孔子》《小舟》《古树》《卖花女》《春景》《兰》《夜凉似水》《采莲》《秋柳》《新雁》《赤壁》，中册的《矿工》《秋日怀旧》《杜宇》《今别离》《守岁》，下册的《别雅典女郎》《思故乡》。

2.《中等音乐教材》

4–6

图 4–6 《中等音乐教材》，陈曼鹤、王瑜编著，音乐风社，1948 年

《中等音乐教材》由陈曼鹤、王瑜编著，音乐风社1948年出版。教材为中等学校学生而作，也适用于学生音乐素养较高的高等小学使用。教材分为“简谱乐学”和“歌曲”两部分，“简谱乐

[1] 音乐教育协进会. 增订实验　乐理·唱歌·欣赏合编　中学音乐教材：中册[M]. 上海：音乐教育协进会，1947：16-18.

[2] 音乐教育协进会. 增订实验　乐理·唱歌·欣赏合编　中学音乐教材：上册[M]. 上海：音乐教育协进会，1947：56-57.

学”部分内容见表4-4：

表 4-4 《中等音乐教材》中“简谱乐学”部分基本内容

章题	基本内容
序论 乐谱——音乐的视觉化	1. 音乐的性质 2. 乐谱及其种类 3. 乐谱的符号
第一章 乐音高低、长短的符号	1. 简谱的组织 2. 乐音高低固定的记号 3. 音符、休止符 4. 附点音符、附点休止符 5. 复附点音符、复附点休止符 6. 三连音二连音及其他 7. 装饰音 8. 乐音高低临时的记号
第二章 乐音强弱的记号	1. 音乐的三要素 2. 固定的强弱记号——节拍 3. 变强弱 4. 临时的强弱记号 5. 速度用语
第三章 音阶与调子记号	1. 音阶及其构造 2. 音阶的种类 3. 音名 4. 调与调的构成
第四章 表示情感的记号	1. 技术与情感 2. 表情用语

“歌曲”部分包括《拉纤行》《雪花》《傻大姐》《农家乐》《踏雪寻梅》《国庆献词》《蒙古小夜曲》《行船乐》《凯旋曲》《朋友快乐歌》《劳动歌》《清音》《期待》《听啊！听啊！听！》《可爱的阳光》《野蔷薇》《漂泊者的夜歌》《听！听！那云雀》《我想念着你，玛格瑞塔》《莲花》《静夜》《行军乐》《毕业别辞》《怀念家乡》《戏谑曲》《黎明快来临》《箫》《夜歌》《秋声》《摇篮曲》《渔翁乐》《故乡》《怀古》《糊涂老》《本事》《插秧谣》《红莓草》《念故乡》《忘忧歌》等。

该教材在内容摘选、呈现方式、教学建议上充分考虑到教学对象的主体需求和现实基础，将知识的可接受性作为主要考量指标。与当时大部分教材倾向于五线谱教学不同，这本教材不仅歌曲用简谱教学，乐理知识也是以简谱为基础进行讲解的。用简谱教学是因为“全国中等学校中，有五线谱教学设备者为数不多，且简谱亦自有其优点，能精通运用简谱，对中等学校毕业之学生已颇够应用。学生如欲更求深学，精通简谱后再学五线谱，可收事半功倍之效”[1]。而乐理部分也不是和一

[1] 陈曼鹤，王瑜. 中等音乐教材[M]. 上海：音乐风社，1948：编著者言1.

般乐理教材一样，追求全和深，而是现实地看到学生对于大部头乐理知识学习的畏难情绪，作为一种应对措施，有意将乐理知识写得浅显易懂，反复呈现；对于读谱法中的练习，编著者建议要逐一做完，教师如果能自做其他更有趣的练习，则无异于锦上添花。总之，这些都以能引发学生的兴趣、让他们在愉悦轻松的心情中进行学习为要义。由下列文字我们可以体会到教材在讲解乐理知识时所用到的亲切的、对话性的、可读性极强的表达：

第3节　乐谱的符号

§8　在§2曾经讲过，乐音有高低、长短、和强弱六种不同的变化，乐谱是记录音乐用的，所用的符号自然也可以分别为：记录高低音，记录长短音，和记录强弱音的符号六种。读谱其实也就是各种代替乐音的符号的读法，这在下面各章将分别讲述。

在学习途中，我们不要被那些陌生的符号名字所迷乱，最要紧的还是学会精通运用那些符号，正确地分别各种符号的高度、强度、和时值。

音乐艺术是一种复杂而微妙的艺术，从读谱法可以认识音乐的神奥。因为，耳朵听到的音乐似乎复杂，眼睛将可以帮助你分析音乐的结构。[1]

教材对于教师教学的自主性也给予了充分的空间，比如在歌曲的选择上，编著者明确指出有难有易，但教师不必按照顺序逐一教授，而是可以根据实际情况选择合适的曲目授之，对于那些二部合唱曲，如果觉得学生学唱不易，也可以只教唱主旋律单声部。

教材甚至在学生读教材的视觉体验上都有周全考虑，如歌曲部分的升降记号并不严格依照普通的记谱法来写，“如♭E调中，升半音5本应写作♮5，为方便眼睛，本书改写为♯5”[2]。

3. 《初级小学音乐课本》

4—7

图4—7　《初级小学音乐课本》（第一册），北平市教育局教材教法研究会编著，正中书局、中华书局、商务印书馆、独立出版社，1948年

《初级小学音乐课本》出版于1948年，由北平市教育局教材教法研究会编著，正中书局、中华书局、商务印书馆、独立出版社发行。该教材编写于抗日战争胜利后的解放战争时期，完全依照1941年教育部颁发的《小学音乐科课程标准》编写。全书共八册，由于笔者目前仅见第一册、第三册、第五册、第七册，所以以下分析将围绕着仅见的这四册教材进行。

[1] 陈曼鹤，王瑜. 中等音乐教材[M]. 上海：音乐风社，1948：4-5.
[2] 陈曼鹤，王瑜. 中等音乐教材[M]. 上海：音乐风社，1948：编著者言1.

教材第一、三册全部是歌曲，内容为唱游教材，第五、七册加入了视唱与乐理内容。教材的撰写重视音乐知识点的系统性，视唱与乐理的内容从简单到复杂，根据学生的接受能力循序渐进地讲解。乐理知识点穿插在歌曲的前面或后面，与歌曲一起进行教学。在教材中还逐渐加入了二声部的歌曲学唱内容，如第七册中的《赛马》《我愿》《可爱的家庭》等。在小学阶段，对学生进行初级音乐理论知识的熏陶和学习，有利于他们形成正确的音乐观，增强他们对音乐的了解与学习，提高他们学习音乐的兴趣。

1941年《小学音乐科课程标准》的教学目标提出："利用儿童的心理反应，授以优美雄壮的歌曲，以激发其活泼勇敢的情绪，并鼓励其进取团结的精神，以完成乐教的功能。"[1]音乐教学有两大功能，一是美育功能，二是德育功能。《初级小学音乐课本》很注重小学不同年龄段学生的审美感受、体验以及探究合作能力。在教材内容上，均根据小学生日常生活接触的、符合其年龄特征的内容进行选取，如家庭生活类、游戏类、自然物之类的歌曲《开学》（第三册）、《小老鼠》（第三册）、《小运动会》（第三册）等。在该教材中，德育功能也有体现，如对学生日常行为的规范《今天上学》（第一册）："今天上学/来做学生/见了老师/先要鞠躬/老师叫我/我要答声/老师讲书/我要细听/上了课堂/不要淘气/学学写字/学学做事/到了操场/来做游戏/你来拉我/我来拉你。"[2]又如为国家无私奉献的歌曲《我愿》（第七册）："谁能为国献肝胆/不计生死不怕难/飞渡边关抗强敌/扬我国威除国难/我愿。"[3]

对于小学的音乐教材来说，风趣幽默的歌词能帮助学生更加容易地了解歌词的大意。在这套教材中，有着幽默歌词的歌曲《小猫》（第一册）："三只小猫/带了手套/吃了糖和糕/妙妙妙妙妙妙妙。"[4]还有《王老先生打鼓》（第三册）、《公鸡与小狗》（第三册）等歌曲，歌词通俗易懂、风趣幽默，适合儿童的心理年龄特征。在歌词内容方面，教材选取的内容也适应当时的时代背景，歌词表达出的内容具有强烈的民族情感，传递出一种积极向上、团结的情怀。例如，歌曲《同唱中华》（第七册）："啊/听军乐的号筒声/飘飘在满天空/军乐齐声奏/颂扬我五千年神明华胄啊/听万众的唱歌声/飘飘在满城中/万众齐声唱/发扬我大中华民族之光。"[5]具有民族性、爱国情感的音乐教材在潜移默化中培养了学生的爱国精神、勇敢坚强的意志，以及对国家对社会的责任感和对祖国同胞的热爱和友善团结等等。

在该套教材中，虽然很多作品依旧是按照西方大小调和声体系进行创作的，但编者有意注重于中国传统的调式创作。"编辑大意"中提到：本书分八册，前四册采用听唱法，歌曲多采用五音调，偏重唱游教材，第五册多半采用听唱，少半采用视唱，第六册至第八册完全采用视唱，歌曲

[1] 课程教材研究所. 20世纪中国中小学课程标准·教学大纲汇编：音乐·美术·劳技卷[M]. 北京：人民教育出版社，2001：57.

[2] 北平市教育局教材教法研究会. 初级小学音乐课本：第一册[M]. 北平：正中书局，1948：1.

[3] 北平市教育局教材教法研究会. 初级小学音乐课本：第七册[M]. 北平：正中书局，1948：9.

[4] 北平市教育局教材教法研究会. 初级小学音乐课本：第一册[M]. 北平：正中书局，1948：4.

[5] 北平市教育局教材教法研究会. 初级小学音乐课本：第七册[M]. 北平：正中书局，1948：4.

加入七音调，偏重中国儿歌，民歌读谱采用固定唱名法，并附加视唱发音练习。[1]如第一册的《太阳》《老鸡带小鸡》等。从歌曲的创作手法来看，其中民歌元素、体现地方民族特色的内容较多，如东北民歌《苏武》（第七册）。

《初级小学音乐课本》的前四册为唱游教材，当时政府曾以法令的形式把音乐科与体育科合并为唱游科。通过唱歌与游戏的结合，把体育与音乐交叉在一起，符合儿童的心理发展特征，这种形式在现今的音乐教材中也经常出现。教材中没有写明唱游的做法，而在“编辑大意”里指出：本书关于插图歌曲伴奏及前四册唱游做法，拟于再版时补充或另作教授书以为教师参考之用。[2]

“编辑大意”还说道：“本书与国语常识教本配合以期相互发挥教学效率。”[3]例如根据国语课本编写的歌曲《下雪》（第一册）：“一片一片又一片/两片三片四五片/六片七片八九片/飞入水中都不见。”[4]歌曲《农夫种稻》（第一册）：“农夫种稻/种稻辛苦/我们吃饭/谢谢农夫/农夫种麦/种麦辛苦/我们吃面/谢谢农夫。”[5]编者根据国语常识教本谱曲，让小学生在学唱的同时还能提升国语能力。

此外，教材也存在不足，如教材中有部分歌曲的资料不够翔实，有些歌曲只有一个标题而没有曲作者的名字或作者佚名，如第七册的《秋天》等。结合时代背景来看，可能是由于当时音乐资料有限，文字资料不准。

4. 《合唱歌选》

4—8

图 4—8　《合唱歌选》，蔡曲旦编，南光书店，1947 年

《合唱歌选》由蔡曲旦编，南光书店1947年印行。蔡曲旦（1916—1995），中国男高音声乐家，1916年生于印尼，祖籍广东揭阳。1934年，蔡曲旦跟随意大利声乐教授Eccoloni学习声乐，1938年，以华侨身份回国并在广州参加中华民族解放先锋队，加入广东青年抗日先锋队。全民族抗战期间，首唱《杜鹃花》一曲，鼓舞抗战士气，被誉为“南中国歌王”。抗战胜利后，蔡曲旦在广

[1] 北平市教育局教材教法研究会. 初级小学音乐课本：第一册[M]. 北平：正中书局，1948：编辑大意1.
[2] 北平市教育局教材教法研究会. 初级小学音乐课本：第一册[M]. 北平：正中书局，1948：编辑大意1.
[3] 北平市教育局教材教法研究会. 初级小学音乐课本：第一册[M]. 北平：正中书局，1948：编辑大意1.
[4] 北平市教育局教材教法研究会. 初级小学音乐课本：第一册[M]. 北平：正中书局，1948：10.
[5] 北平市教育局教材教法研究会. 初级小学音乐课本：第一册[M]. 北平：正中书局，1948：5.

州和马思聪联合举行音乐会，两人有“北马南蔡”之称。1956年赴北京参加全国第一届音乐周，担任独唱节目演出，同年成为中国音乐家协会会员，担任中国音乐家协会广东分会常务理事和演出组组长。1979年赴香港定居，其间继续从事音乐研究及教学工作。蔡曲旦首创了“中国式声乐呼吸法”（the Vocal Breathing Method with the Theoretical of China，1980）理论，这一理论以中国数千年道家阐述的“丹田气”理论为基础，是一套主张将所衍生之丹田应运用于呼吸控制与头腔共鸣的科学性声乐呼吸方法。蔡曲旦著有《声乐呼吸法》一书，以及诗集《路》和《歌南阳》，并编著有《中国艺术歌曲选》《新歌选辑》《中美之歌》《大地之歌》《世界歌曲选》《合唱歌曲选》等。

编写一本专门的合唱教材一个重要的指导思想，在于合唱对于团结合作的集体主义精神培养有着强大的功能，这一点在教材的“编后话”中有详细的阐述：

合唱能够培养“共同合作”的精种与习惯，也可以训练“团结一致”的意志，因为在合唱中，每部与歌者都不能［出现］此强彼弱而脱节的现象，惟有各部的合作，在整齐的节奏里唱出巨人般的歌声，不然，每部自我为主，每部惟恐英雄无用武之地，大演特演其不合作，不协调，不融洽的精神。结果其所收的效果给以听众“摇头”以外，而听众的心灵也似乎吊在半空中的不安宁！

艺术是无穷无尽的，有了自我自满自足的心理，这艺术的可怜虫，等于自己宣布自己的死刑！

合唱的目的既是“合作”，那么合唱是训练合作的最好方式，合唱能够消灭自我的心理，使人们养成了“团结互助”的习惯，使人们有“集体合作”的精神去推动社会！

“合作”的习惯一养成，那么这习惯将是进步的原动力，无论是对团体，或是对社会。

合唱既然包含着教育的意义，我们提倡每一个团体都有合唱的组织，它的发展影响社会的风气将是不小，但这富有意义的工作，我们音乐的同志们，必须热烈真诚地携起手来，朝着这工作前进！[1]

虽然合唱教材有着良好的精神培育作用，但教材并没有因此牺牲音乐上的审美价值。歌集是合唱曲的合辑，没有呈现理论知识的讲解，但就这些合唱曲本身而言，其在曲调与题材方面的多样化摘选，体现了编者广博的音乐素养，以及对培养学生开阔的合唱视野的用心。教材的歌曲及词曲作者见表4–5：

表 4–5　《合唱歌选》歌曲及词曲作者

歌名	词作者（词来源）	曲作者（曲来源）
国歌	总理训词	程懋筠曲
宇宙的颂歌		Beethoveh①
歌之赞颂		Mozart
流浪民之歌	冯鹤逸译词	Chumann②
青年歌	陈原译词	Dunayevsky
民族歌手	张洪岛配词	爱尔兰民歌

[1] 蔡曲旦. 合唱歌选[M]. 桂林：南光书店，1947：编后话1.

（续表）

歌名	词作者（词来源）	曲作者（曲来源）
泰第安娜和奥里基（二重唱）		柴可夫斯基
念故乡	郑萍因、李抱忱作词	Dvorak③
伏尔加之歌	俄罗斯民谣	亚力山大洛夫
银色白桦田间矗立静悄悄	宋军配词	亚力山大洛夫
进军曲	宋军配词	Chgounod
胜利进行曲	田汉作词	贺绿汀
和平光明	鲁军词	贺绿汀
旗正飘飘	韦翰章④词	黄自曲
玉门出塞	罗家伦词	李惟宁曲
春游	沈心工词	法国民歌
Suliko	陈原译	亚力山大绥洛夫
春光		Alfred Wooler
不做寄生虫	老潘词	刘天浪曲
我们是中国的新儿童	宋军词	苏克曲
打铁谣	黎观瞰词	
跑步歌	誓刻词	
农夫的苦恼	孟根根词	马思聪曲
把国旗高高举起	巴栖词	黎观瞰曲
山在虚无缥缈间	韦翰章词	黄自曲
进行曲		韩德章曲
源头水	福建民谣	刘式昕曲
永安之夜		尼哥罗夫
渡长江	赖少其词	何士德曲
月圆歌	臧云远词	黄源洛
绥万邦	杨仲子词	杨萨浏
青年战斗员	方平词	舒模
我们热烈的相爱	弼昌词	舒模
胜利军进行曲	王亚平词	景星
建国齐努力		梁树纲
春耕歌	洪荒词	葛焱
秋声	黄自和声	Wrighton
新山歌		在鸣心⑤
全国年轻的好汉	童长庆词	刘天浪

注：①疑编者笔误，应为“Beethoven”。②疑编者笔误，应为“Schumann”。③疑编者笔误，应为“Dvořák”。④即韦瀚章。《山在虚无缥缈间》的作词者亦为韦瀚章。下同。⑤编者笔误，应为“杜鸣心”。

从曲调来看，教材中歌曲的曲调来源甚广，既有世界名曲如莫扎特、贝多芬、柴可夫斯基、德沃夏克的作品，也有来自苏联、波兰的进行曲式曲调，如《青年歌》《民族歌手》，还有各地的民歌、民谣曲调，如曲调来自法国民歌的《春游》、来自俄罗斯民谣的《伏尔加之歌》、来自福建民谣的《源头水》。这些歌曲多以学堂乐歌的填词形式呈现，但并没有来自日本的曲调，这与清末民初学堂乐歌多采用日本曲调形成了鲜明对比，这一方面与一些音乐人士对我们多采用日本曲调的批评声音有关，另一方面与当时的政治局势有关系。另外，教材中比例最大的还是原创曲调，尤其是抗战期间一些进步作曲家，如贺绿汀、马思聪、舒模、黄自等的作品。其中民谣风的《新山歌》是杜鸣心13岁时创作的为抗战鼓劲的歌曲。教材既兼顾了音乐呈现的经典性，又彰显了我国音乐创作的进步性和时代性。

从歌曲的题材来看，它也呈现了一种文化的多样性。首先是战争文化题材居多，其中词曲均是我国原创的抗战建国题材歌曲约有18首，以《旗正飘飘》为代表；还有国外的带有战斗性质的歌曲，如《青年歌》《民族歌手》《进军曲》等；一些与学生生活相联系的激励性歌曲，如《跑步歌》，从标题上看是对学生生活场景的描写，但实际歌词内容则倡导学生将锻炼身体与革命斗争相结合。这是一首带领唱的二声部合唱，$\frac{4}{4}$拍，契合跑步的氛围，情绪提示为“轻快，快乐的”，领唱部分为e小调，带有一种劝导的叙述性，歌词如下：

我们是未来的主人翁，负起建国大业的责任重，书本知识虽然要紧，锻炼身体也不能放松，带着文凭进棺材，上学读书何苦来？知识丰富人康健，才能算是好人材。来来来，同学们一齐来，来来来，不愿做病夫的靠拢来。[1]

领唱后是二声部合唱，转为E大调，曲调变得激昂奋进，带有口号的性质，歌词如下：

整起队伍来跑步，汗流夹［浃］背莫叫苦，苦尽甘来身体壮，身体强壮好读书，一二一，一二一，一二三四，一二一，一二一，一二一，好哥哥好姐姐，我们的年纪虽然小，跟着你们跑步还吃得消，年纪虽小吃得消，未来的主人翁呱呱叫，呱呱叫，看我们的精神多团结呀，听我们的脚步多齐一呀，团结齐心好现象，中国将来一定强。[2]

教材中还有一些艺术歌曲，曲调优美，歌词也颇具文学性，有些兼具艺术性和思想性，在含蓄唯美的意境中表达着爱国忧民的情感，比如由黄自作曲，韦瀚章作词的《山在虚无缥缈间》。这是一首三声部的女生合唱曲目，创作于1932年，选自我国第一部清唱剧《长恨歌》。据韦瀚章所言，他与黄自创作这部清唱剧，一方面是出于为音专合唱课程提供中国作品教材的“急切需要”，另一方面也是因为“强烈的民族意识的激励”，也就是为了表达“九一八”“一·二八”后“达于沸点”的“爱国热情”。[3]整个清唱剧意在借唐明皇“只爱美人醇酒，不爱江山”的故事，对国民政府统治不清明而导致民族灾难进行了讽刺，从而有力地配合了中国共产党领导的抗日救亡运动。

[1] 蔡曲旦. 合唱歌选[M]. 桂林：南光书店，1947：107.

[2] 蔡曲旦. 合唱歌选[M]. 桂林：南光书店，1947：107-110.

[3] 陈应时，陈聆群. 中国音乐简史[M]. 北京：高等教育出版社，2006：285.

该曲的曲调创作采用中西结合的手法，采用了我国民族五声调式创作，同时又用西洋的作曲技法复调的手法描绘了蓬莱岛的仙境，在女生三个声部之间、乐队各声部之间，以及合唱团与乐队之间自由模仿，曲调淳朴自然，如梦如幻。韦瀚章的歌词创作取意于白居易的《长恨歌》“忽闻海上有仙山，山在虚无缥缈间。楼阁玲珑五云起，其中绰约多仙子”，辞藻华美、意境温婉，却又语带无奈和讽刺：

香雾迷蒙祥云掩拥；蓬莱仙岛清虚洞，琼花玉树露华浓。蓬莱仙岛清虚洞，琼花玉树露华浓。却笑他红尘碧海，多少痴情种。离合悲欢离合悲欢，枉作相思梦；参不透镜花水月，毕竟总成空。[1]

《秋声》也是一首思想性与艺术性兼具的歌曲，曲作者是英国的伍赖顿，歌曲的中文译名是《她明朗的微笑出现在我眼前》。《秋声》是黄自为这首曲谱另外填的词，和声也由黄自配置。时值抗战时期，歌词前六句描述的秋天萧瑟悲凉的场景与当时国土沦丧有着象征性的对应关系。歌词后面出现“风雨急”“军行疾”，特别是结尾的“何日长驱夜出关”一句，隐含着驱除日寇，收复失地之意。

金风瑟瑟井梧残，满地清凉天未寒。

万里长空遇征雁，几行衰柳绝鸣蝉。

秋声淅沥在何处？似在疏林野草间。

正欲相寻寻未得，忽闻骤响满前山，

月下何来风雨急？更深谁弄管弦繁？

衔枚想见军行疾，何日长驱夜出关？[2]

歌曲中也有不涉及政治或现实斗争的歌曲，比如一些国外经典音乐，这些歌曲在歌词上主要是译词，而非创作新词。比如类似赞美诗一类的歌曲《宇宙的颂歌》《歌之赞颂》；描写国外生活的民歌如《伏尔加之歌》《银色白桦田间矗立静悄悄》；描绘生活场景、抒发情感的歌曲，如《春光》《春游》等；还有描写底层人民苦难生活的歌曲，如《打铁谣》《农夫的苦恼》等。

5.《音乐的欣赏》（初中第一集）

4—9

图 4—9　《音乐的欣赏》（初中第一集），潘澹明编，中华书局，1948 年

[1] 蔡曲旦. 合唱歌选[M]，桂林：南光书店，1947：113-116.

[2] 蔡曲旦. 合唱歌选[M]，桂林：南光书店，1947：160-163.

《音乐的欣赏》（初中第一集）由潘澹明编写，中华书局1948年出版发行，是当时比较少见的专门的音乐欣赏类教材。

与一般的音乐欣赏教材相比，该教材的撰写理念十分特别：不在意面面俱到的音乐分析、背景解读和内容描述，而重在将抽象的音乐具象化。编者认为，音乐是音的艺术，欣赏起来不像文学、绘画、建筑等其他艺术，有文字或具体的形象可以看到听到，易于了解倾悟。音乐是由抽象的音所组成的，有时间性而转瞬即逝，即便在音乐的描写中也包括具体的景物和情感，但其表达的方式仍然是渺茫而不可捉摸的，非具有音乐素养的人而不能理解。因此，对音乐要做充分的理解，必须满足两方面的条件："第一，必须明了所要欣赏的乐曲组织的形式、表现的感情、作曲者性格、传记、作曲者当时的时代精神，以及作曲时的情形，关于这乐曲的故事逸话等。这样，对于欣赏时的了解，可得到不少的帮助，并可使你对于所欣赏的乐曲，感到亲切而有味。第二，必须明了一些现代音乐常识，如旋律、音阶、和声、伴奏；各种器乐如：管弦乐、钢琴三重奏、弦乐四重奏等的组织法；各种声乐如独唱、二重唱、混声合唱等的组织法，以及各种乐器的认识等。"[1]该教材介绍音乐的欣赏方法，就偏重于第一项，选取的都是西洋音乐中的经典作品，侧重说明其形式、内容、表现的感情等，而略述关于作者的一些基本信息。至于第二项，对于音乐要素的了解，编者建议读者"最好多阅读各种音乐书籍，如《音乐的基础知识》、《音乐概论》——朱稣典编中华书局出版——等"[2]。

教材的基本结构框架以音乐的体裁为纲，呈现世界各地的名曲，在教材最开始有一些基本的音乐常识，教材的基本目录框架见表4-6：

表4-6 《音乐的欣赏》（初中第一集）基本目录框架

板块	内容
一、音乐与欣赏	1. 现代音乐的常识 旋律和音阶—和声与伴奏—合奏音乐—乐器的种类—独唱与合唱 2. 现代音乐的欣赏 演奏者—演奏会—歌剧场—喜歌剧—电影院—跳舞场与咖啡室—街头音乐—练习团体的音乐—无线电播音—留声机唱片
二、民谣曲	民谣曲概述 1. 家甜蜜的家（*Home, Sweet Home*） 2. 上帝保佑我国王（*God Save The King*） 3. 昔日（*Auld Lang Syne*） 4. 星条旗（*Star Spangled Banner*） 5. 家中的老福克（*Old Folks at Home*） 6. 老黑乔（*Old Black Joe*） 7. 马赛曲（*La Marseillaise*） 8. 莱因的守护（*Die Wacht am Rhein*） 9. 罗勒莱（*Loreley*） 10. 散塔罗雪亚（*Santa Lucia*） 11. 伏尔加船夫曲（*Volga Boatmen Song*） 12. 鸠（*La Paloma*）

[1] 潘澹明. 音乐的欣赏[M]. 上海：中华书局，1948：1-2.

[2] 潘澹明. 音乐的欣赏[M]. 上海：中华书局，1948：2.

（续表）

板块	内容
三、舞曲及进行曲	舞曲及进行曲概述 1. 梅奴爱舞曲（*Menuet*） 2. 茄伏脱舞曲（*Gavotte in D*） 3. 土耳其进行曲（*Turkish March*） 4. 军队进行曲（*Marche Militaire*） 5. 送葬进行曲（*Funeral March*） 6. 双鹰下（*Under The Double Eagle*） 7. 亚美利加巡逻队（*American Patrol*） 8. 婚礼进行曲（*Wedding March*）
四、艺术歌谣曲	艺术舞谣曲概说 1. 二个兵士（*The Two Grenadiers*） 2. 菩提树（*Der Lindmbaun*） 3. 摇篮歌（*Wiegenlied*） 4. 魔王（*Erlkonig*） 5. 亚凡马利亚（*Ave Maria*） 6. 悲歌（*Elegie*） 7. 尼娜的死（*Riholdo di*） 8. 听雪雀的歌声（*Lo，Hear the Gentle Lark*） 9. 听听那云雀（*Hark！ Hark！ The Lark！*） 10. 夜曲（*Serenade*）
五、钢琴曲	钢琴曲概述 1. 舞蹈的招待（*Invitation to The Waltz*） 2. 月光奏鸣曲（*Moonlight Sonata*） 3. 热情奏唱曲（*Sonata Appassionata in F Minor*） 4. 前奏曲（Prelude in D Flat Op.28 No.15） 5. 练习曲（Etude in E Major Op.10 No.3） 6. 即兴幻想曲（*Fantasic Impromptu in C Minor*） 7. 普罗耐司（*Polonaise Militaire in A Major*） 8. 匈牙利狂想曲第二（*Hungarian Rhasody* No.2）
六、梵华林曲及采罗曲	梵华林曲及采罗曲概述 1. 恶魔的颤音（*Trillo del diavolo*） 2. D长调协奏曲（Concerto in D Major Op.6） 3. G线上的咏叹调（Air on G String） 4. 回忆（*Souvenir*） 5. 谐谑曲（Humoresque Op.107，No.7） 6. 冥想曲（Meditation from Thais） 7. 白鸟（*Swan*） 8. 华想曲（*Romance*）

（续表）

板块	内容
七、室内乐	室内乐概述 1. 皇帝四重奏曲（Quartet“Kaiser”） 2. F长调四重奏曲中的谐谑曲（Quartet in F Major Scherzo） 3. C短调四重奏曲中的梅奴爱（Quartet in C Minor Menuet） 4. 四重奏曲“死与少女”D短调（Der Tod und das Meadchen） 5. C短调四重奏曲中的快速调（Quartet in C Minor Allegretto） 6. 变E短调四重奏曲中的谐谑调（Quartet in E Flat Scherzo）
八、管弦乐	管弦乐概述 1. 英雄交响乐（*Heroic Symphony*） 2. 第九合唱交响乐（*Choral Symphony*） 3. 惊愕交响乐（*Surprise Symphony*） 4. 未完成交响乐（*Unfinished Symphony*） 5. 新世界交响乐（*New World Symphony*） 6. 序曲“一八一二年”（Overture“1812”） 7. 组曲“阿尔尔之女”（*Suit L'Arlesienne*）
九、歌剧	歌剧概述 1. 浮士德（*Faust*） 兵士的合唱（Choeur des Solidats） 宝石歌（*Air des Bijoux*） 庭园二重唱（Laisser-moi Contempler） 2. 汤好柔（*Tannhauser*） 序曲（Overture） 大进行曲（March and Corins） 晚星歌（*Lied der Abendstern*） 巡礼的合唱（Pilgercher） 3. 卡孟（*Carmen*） 哈罢耐拉（*Habanera*） 斗牛歌（*Chanson de Torreador*） 蜜卡拉的咏唱（*Aria de Michaela*） 轻狂的歌（*Chanson Bohemer*）

教材每一首欣赏曲目都附有唱片信息，其赏析分析也如前所述，以内容描述、情感分析为主。比如《尼娜的死》（*Riholdo di*），所附唱片信息为“唱片　P　上低音部　50020”，欣赏分析如下：

这首歌曲，有西基利亚民谣之称。歌的题名和歌词的内容相适合，歌词的开始，大概是这样的：“尼娜死于寝床，业已三日，…………”在彼女的寝床旁边，有彼女的恋人，伤心地唱着愿彼女再生的歌。所以这首歌曲的旋律，充满着悲哀的情绪。[1]

还有一些曲目的赏析会讲述曲作者创作时的逸事，比如《听听那云雀》（*Hark! Hark! The*

[1] 潘澹明. 音乐的欣赏[M]. 上海：中华书局，1948：45.

Lark！）的主要赏析文字就是讲述曲作者创作时的趣闻：

修陪尔德的作曲，非常迅速，而且随时随地，想到就写的。这首“听听那云雀”一曲，是在维也纳郊外的一间咖啡室里作成，历时共仅十五分钟，可算是神圣的奇迹。那天，他和友人，在咖啡室内欢然谈笑，偶然看到那首云雀的诗，忽然乐兴涌起，急索纸笔。这时，匆促间那里有五线谱的纸，一个友人，就在菜单的后面，划上五条铅笔线，递给修陪尔德。修陪［尔］德就在这菜单纸上，写成了这一首名曲。[1]

[1] 潘澹明. 音乐的欣赏[M]. 上海：中华书局，1948：46.

本章小结

“革命的主要前提，即对于根本变革的需求必须扎根在个人的主体性中，扎根在他们的智力和热情中，他们的倾向和目标中。”[1]革命时期的音乐教材最主要的目标就是以一己之力，将读书的主体变成一股具有强大凝聚力的政治力量，用以抗衡外敌，推翻侵略性和剥削性的社会。革命精神的呈现与教化实现是教材的首要目标，其次才是审美性目标，在这样的理念指导下，革命时期的音乐教材有着独特的革命叙事性。

一、“共同歌唱”的革命叙事

这一时期的教材，精神上的引领和激励是首要宗旨。无论是专门的唱歌教材还是综合教材，无论是选材还是选曲，首先都需要以达成“抗战”“建国”的思想建构为己任，形成同仇敌忾、民族危亡、匹夫有责的氛围。共同的歌唱无疑能实现这种氛围的最大化，在群众革命音乐创作中，绝大多数是齐唱的歌曲，而合唱比以往任何时候都更受重视。这一时期，大量的合唱活动此起彼伏，比较有影响力的如1941年教育部在重庆夫子池举办的千人大合唱，活动由李抱忱主持，由重庆沙坪坝、磁器口、歌乐山一带的大中小学师生组成的二十余个合唱队参加，演出曲目有《我们是民族的歌手》《锄头歌》等十一首，军乐合奏两首。指挥有吴伯超、郑志声、金律声、李抱忱。[2]

群众歌曲是合唱运动中的主要歌曲体裁，也是音乐教科书中合唱的曲目来源。它“及时反映时代现实生活中众所关注的重大主题，表达社会公众所共有的情感和要求，主要为群众集体歌咏和传唱而作，被认为是群众歌曲的主要特征”[3]。其中比较有代表性的作曲者及其歌曲有：吕骥的《中华民族不会亡》《自由神》《保卫玛德里》和《新编九一八小调》，任光的《渔光曲》《大地行军曲》和《打回老家去》，张曙的《公仇》《筑堤歌》《战鼓在敲》和《保卫国土》，贺绿汀的《心头恨》《谁说我们年纪小》《春天里》和民歌编曲《四季歌》《天涯歌女》，麦新的《马儿真正好》和《铲东铲东铲》，以及周巍峙的《上起刺刀来》，孙慎的《救亡进行曲》，孟波的《牺牲已到最后关头》，沙梅的《指望大救星》，阎述诗的《五月的鲜花》，张寒晖的《松花江上》，老志

[1] 朱立元. 当代西方文艺理论[M]. 上海：华东师范大学出版社，1997：216.

[2] 孙继南. 中国近现代音乐教育史纪年：1840—2000[M]. 济南：山东教育出版社，2004：134.

[3] 陈应时，陈聆群. 中国音乐简史[M]. 北京：高等教育出版社，2006：321.

诚的《民族战歌》，江定仙的《新中华进行曲》和何安东的《大众的歌手》等。[1]这些都是常见于当时音乐教材中的歌曲，其中由光未然作词、冼星海作曲的《黄河大合唱》中的《黄河颂》《黄水谣》《保卫黄河》等，更是“抗战时期学校音乐课教材中选用率最高的歌曲作品”[2]。

二、“民族特色”的革命叙事

“民族特色”的彰显体现在这一时期音乐教材的编写理念和内容中，比如前面呈现的由陈恭则、陈宗秀编写的《小学音乐课本》，在教材的内容选取上也符合1941年的《小学音乐科课程标准》中规定的“歌词应含有儿童文学的意味，以鼓励儿童动作、兴奋个人感情、发扬民族精神为主”，“曲谱应尽量采用合于民族性的材料，但以快乐、活泼、勇壮、庄严而多变化为主”。[3]

教材彰显的民族性与当时革命音乐创作的民族性具有一致性。带有民族音乐要素的革命音乐创作，大量体现在革命时期的音乐作品中，这也与广泛发动群众运动不无关系。全民族抗战促使许多音乐创作者去到前线后方，在体验工农兵的生活中，深刻体悟到要使音乐真正触动老百姓的心灵、引发共鸣，传统音乐是最为合适的载体。因此，在这一时期产生了大量富有民族特色的革命歌曲，有些是“旧瓶装新酒”，将传统歌曲填上抗战主题的词；有些是在新创作的歌曲中吸收和运用民族音乐的音调与表现手法，比如聂耳的歌曲中就有很多富有民间色彩，但同时又在音调和形式上运用了新时代创作手法的曲目；黄自的《山在虚无缥缈间》将中国传统五声调式与西洋创作手法相结合；吕骥的《武装保卫山西》用到了戏曲说唱音乐的夹垛手法；贺绿汀的《保家乡》采用了民间小调分节歌的形式；刘雪庵的《长城谣》也具有鲜明的民族特色。这些都使得大众在演唱歌曲时能形成精神上的凝聚力，获得来自血脉深处的文化同一性、共鸣性和自豪感。这些歌曲在教材中的呈现使得教材中的“本民族音乐”与外来音乐文化形成了某种博弈或平衡。

三、“综合审美”的革命叙事

这一时期的音乐教材在传达革命理想信念时，也并未全然牺牲音乐的审美性，尤其是综合性教材，仍然看重培养学生全面的音乐素养，也关注音乐与其他学科、音乐学科自身内容的综合性。音乐学科与其他学科的综合性最为常见的形式是音乐与体育、音乐与国语、音乐与美术、音乐与社会的结合，如前面提到的《初级小学音乐课本》的前四册为唱游教材，是音乐与体育的融合，其中又含有音乐与国语的结合教学。音乐与美术的融合主要体现在教科书中的插画上，音乐与社会的综合

[1] 陈应时，陈聆群. 中国音乐简史[M]. 北京：高等教育出版社，2006：322.

[2] 孙继南. 中国近现代音乐教育史纪年：1840—2000[M]. 济南：山东教育出版社，2004：120.

[3] 课程教材研究所. 20世纪中国中小学课程标准·教学大纲汇编：音乐·美术·劳技卷[M]. 北京：人民教育出版社，2001：60.

则广泛体现在革命音乐对革命社会的反作用上。

另一个是音乐学科自身内容的综合性，即无论是以综合性教材的形式，还是不同类别教材的配合使用，都至少需要包含“乐理”“唱歌”“欣赏”三项内容，尤其是抗战结束后的教材，逐渐从单一的歌曲集又回归到了综合的教材模式。

四、“战时窘迫”的革命叙事

战争时期，因为物资的缺乏，印刷工厂和工具遭到破坏，音乐教材的正规出版基本停止了，这一时期的教科书在实际数量和质量上都不如前期。在写作和印刷上略显粗糙与不规范，比如蔡曲旦编的《合唱歌选》中的《跑步歌》，将“e小调”写成“E小调”，音符的高低音标记也出现漏标的现象；这首歌的第二小节为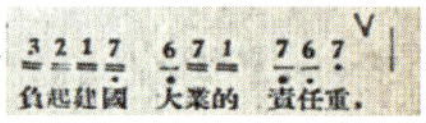

，此处第二个“7”，应该是低音“7”；《合唱歌选》中的目录将《新山歌》的曲作者“杜鸣心”写成了“在鸣心”；将《合唱歌选》中的《民族号手》印成了《民族歌手》；等等。

另外，虽然课程标准中强调教材要用五线谱且最好能有伴奏谱，但实际上战争时期的教材用简谱的居多。梅耐寒在《战时中学音乐教材初集》中也提到教材原定是印行正谱，唯以抗战期内诸多限制，又为着急于需求，故舍美而就义。这是编者认为最大的憾事！

后 记

音乐教科书是教师进行音乐教学的文本依据和载体，但仅止于此吗？如果教科书只是用来教学的文本，那么一百年前的教科书显然已经不能适用于当下的教学，我们研究它还有意义吗？我们应该以什么样的立场进入历史中的音乐教科书研究语境中？

音乐教科书不仅是音乐教学的工具，也是借由音乐教育刻写某一时代集体记忆的工具，并且随着不同时期音乐教科书在时间长河中的不断相遇、汇集，这种记忆的刻写也日渐积攒成厚重的文化事项。当今天的我们在博物馆、古籍网甚至故纸堆里再看见和翻阅一百年前的音乐教科书时，我们首先感慨的可能不是“原来当时的人学的是这些”，而是扑面而来的怀旧感和对历史的怀想。

音乐教科书是刻写集体记忆的重要工具。音乐教科书的选材通常以“经典之作”为标准，而“经典”往往与国家政权想要在大众的精神世界里刻写的集体记忆具有同一性。少数“经典”的选入，意味着更多数的“其他”被放弃，因此，教科书并不能全面地储存和展示它所属那个时代所有的音乐文化风貌。教科书作为一种国家层面的、面向最广泛群体的主流意识形态建构的最有效文本，在素材方面的选择、呈现与组织方式，无不受到社会发展或变革主体力量的影响和控制。在新旧社会更迭之际，教科书之间可能会呈现出多个主体力量的博弈；在社会政治相对稳定的时候，教科书则会在统一的课程标准（纲要）的规范要求下，既体现出当局者对国家各阶层利益的协调，又呈现出鲜明的当局利益的统领性，使教科书的建设与发展始终朝着有利于维系、巩固当前政治体制的方向行进。因此，教科书所储存的文化记忆，是它所属时代最具有代表性的、最能展现出当时的社会、政治、经济、文化主要风貌的，统治阶级最希望受教育者所获得的集体记忆。这种集体记忆虽然牺牲了实际上可能更为丰富的非主流文化，但为我们重塑主流历史记忆提供了可以迅速获得的、清晰的、可靠线索文本。

本书涉及的是清末民国时期的音乐教科书。在这段历史记忆中，中国现代意义的学校音乐教科书发端于19世纪初的教会音乐教科书，清末呈现出繁荣之势，民初获得蓬勃发展，直到战时发展受阻，艰难前行。作为历史记忆的文本，教科书首先是呈现主流音乐发展记忆的载体：教会音乐教科书所传播的西方乐理体系，改变了中国音乐的格局；西方音乐体系一步步入侵，甚至和中国传统音乐分庭抗礼；从“洋为中用”的学堂乐歌创作到中西并举的音乐创作。可以说教科书中呈现出来的主流音乐发展历史虽有开启中国音乐发展新纪元的意义，但并不复杂。

这一时期的音乐教科书本身又是一个关于这个时代的、复杂多维的记忆的客体。这种记忆指向储存于一个个音乐中的、揭露于一句句话语中的关于不同历史阶段的社会风貌、政治事件、文艺思潮、民俗风情等等。比如歌词中反映的重大历史事件，鸦片战争后中国社会格局翻天覆地的变化、清政府在改良中的挣扎直至被推翻、国民政府接管中国后的一度清朗再到颓败、民族危亡之际中国共产党的崛起和胜利，无一不是掷地有声的历史巨变。从中国现代学校音乐教育发展的角度而言，音乐教科书的名称是怎样在“唱歌”与“音乐”之间反复，最后恒定为“音乐”，其中与音乐教育、音乐课程标准（纲要）的发展变化息息相关。还有教科书的语言表述、书写方式、纸张类别、印刷质量、私人笔记（迹）、广告宣传……所有这一切都可以以一种时空错位的“记忆”模式，在我们今天再次打开老教科书时进入我们的视野里，为我们进入一百年前的“他者”世界铺设想象的路径，在共情中构筑着我们对那个历史的理解与认知，并照进当下的现实。

本书主要对清末民国时期音乐教科书做了时间上的梳理、文本表征的描述和基本内容的分析，兼及上述直接或间接、昭著或隐含的背景内容，但对于教科书如何通过上述种种刻写时代记忆，并对我们当下通过音乐教科书刻写社会主义主流价值观的集体记忆有什么样的启示或反思尚未做深入探讨，这也是我们后续研究的一个重要方向！

2024年4月5日于广州

（邓兰，广东技术师范大学音乐学院教授、硕士生导师）